II. WELTKRIEG
HANDFEUERWAFFEN

John Weeks

II.WELTKRIEG
HANDFEUERWAFFEN
John Weeks

wehr&wissen

Vorsatzpapier: Mit einem Bren Maschinengewehr und Lee-Enfield Gewehren bewaffnet, helfen britische Truppen vor der Niederlage Frankreichs 1940 die Maginot-Linie zu schützen.

Titelseite: Während des Feldzuges im Pazifik waten mit dem Garand M1 bewaffnete US-Truppen an Land.

Unten: Italienische Truppen während einer Ausbildungsübung kurz vor Ausbruch des Krieges.

Seite 6: Männer des Afrikakorps machen während des Feldzuges in Nordafrika ihr Maschinengewehr einsatzbereit.

Bildernachweis:

Imperial War Museum/Orbis: Endpapers, 13, 16–17, 29b, 72–73, 75, 77, 81, 82, 86–87, 92–93, 104–105, 131, 138
US Marine Corps/Orbis: Title Page, 11, 128–129, 132
Orbis: 8–9
IWM/Robert Hunt Library: 10, 38, 78–79b, 102–103
Bundesarchiv/RHL: 18–19, 28
Armeria Eugenio Sacchi, Milano/Istituto Geografico de Agostini, Novara: 20, 76
Raccolta ditta Armi Jäger, Milano/IGDA: 21, 22b, 46, 46–47t, 124
RHL: 22t, 35b, 58, 66–67, 112, 125t
Museo Storico Italiano della Guerra, Rovereto/IGDA: 24l, 24r, 26–27t, 26–27b, 30l, 30r, 35t, 37, 46–47, 47, 52, 52–53, 62, 75t, 83, 84–85, 87, 96–97, 102, 116t, 117, 118, 128–129, 130–131

Orbis: 25
John Weeks: 28l, 29t, 32, 39, 40, 40–41, 54–55, 56–57, 60, 61, 64–65t, 64–65b, 68–69, 69, 70–71, 74, 78–79t, 80–81, 88–89, 90–91, 94–95, 98, 99, 100–101, 106, 108–109t, 108–109b, 114–115, 118–119, 120, 120–121, 125b, 126, 137, 138–139, 140–141
SADO/RHL: 32–33
RHL: 36
Museo Nazionale d'Artiglieria, Torino/IGDA: 34, 94, 132–133, 134–135
Bibliotheque Nationale/IGDA: 42–43
Museo della Pusterla di Sant' Ambroglio, Milano/IGDA: 44
Signal/Orbis: 45l
Fabbricca d'Armi Beretta/IGDA: 45r
Raccolta P. Beretta/IGDA: 48–49t, 48–49b
Signal/IGDA: 51
Keystone/Orbis: 63, 140t
Fox Photos/Orbis: 88
ECP Armées/RHL: 101
Museo degli Alpini, Trento/IGDA: 107, 110–111, 112–113
Novosti/Orbis: 109, 113, 114, 116b
Masami Tokoi/Orbis: 121
US Marine Corps/RHL: 122–123, 136–137, 140b
D. Lubin/Orbis: 126–127

© Orbis Publishing Limited, London 1979
© der deutschen Ausgabe Wehr & Wissen Verlagsgesellschaft mbH, Bonn, 1979

Übersetzung und Bearbeitung: Gerhard Dommel
Gedruckt in Italien durch IGDA, Novara

ISBN 3-8033-0290-0

Inhalt

Vorwort	7
Einführung	8
Arbeitsweise der Handfeuerwaffen	12
Deutschland	18
Pistolen	20
Gewehre-Handlader (Mehrlader)	23
Selbstladegewehre	26
Maschinenpistolen	30
Maschinengewehre	34
Anti-Tank-Gewehre	39
Italien	42
Pistolen	44
Gewehre-Handlader (Mehrlader)	46
Maschinenpistolen	48
Maschinengewehre	50
Anti-Tank-Gewehre	56
Japan	59
Pistolen	60
Gewehre-Handlader (Mehrlader)	61
Maschinenpistolen	64
Maschinengewehre	66
Anti-Tank-Gewehre	70

Großbritannien	72
Pistolen	74
Gewehre-Handlader (Mehrlader)	77
Maschinenpistolen	81
Maschinengewehre	84
Antik-Tank-Gewehre	91
Frankreich	92
Pistolen	94
Gewehre-Handlader (Mehrlader)	95
Maschinenpistolen	98
Maschinengewehre	100
Sowjetrußland	104
Pistolen	106
Gewehre-Handlader (Mehrlader)	107
Selbstladegewehre	109
Maschinenpistolen	111
Maschinengewehre	115
Anti-Tank-Gewehre	119
Vereinigte Staaten	122
Pistolen	124
Gewehre-Handlader (Mehrlader)	126
Selbstladegewehre	128
Maschinenpistolen	133
Maschinengewehre	136
Begriffserläuterungern	142
Bibliographie (Quellenverzeichnis)	142
Stichwortverzeichnis	143

Vorwort

von Brigadier Peter Young, DSO, MC, MA, FSA.

Erfolg im Kriege hängt von vielen Faktoren ab; Fragen der Politik, Strategie und der Logistik beeinflußen seinen Ausgang. Kommt es jedoch zum Kampf auf dem eigentlichen Schlachtfeld, ist nur die Taktik entscheidend. Dort sind die Hauptfaktoren die Ausnutzung des Geländes und der Einsatz der Waffen. Ohne gründliche Kenntnis der Waffen und ihrer Besonderheiten kann der moderne Soldat im Kampf nur geringen Erfolg erwarten.

Die Armeen von 1939 zogen im allgemeinen mit den Handfeuerwaffen von 1918 in den Krieg. Es entspricht den Tatsachen, daß die Deutschen die Maschinenpistole eingeführt hatten, und die Briten das für unzählige Ladehemmungen anfällige Lewis-Maschinengewehr durch das robuste und zuverlässige Bren ersetzten. Aber die Weiterentwicklung von Waffen war in den 20 Jahren nach dem Kriege, der alle künftigen Kriege hatte verhindern sollen, vernachlässigt worden. Es kann sein, daß eben diese Unterlassung den Zweiten Weltkrieg auslöste. Nach Aussage des Autors brachte gerade diese Periode besonders bedeutende Fortschritte bei den Waffenkonstruktionen.

Ein im Kampf eingesetzter Soldat wünscht sich Waffen, die eine gute Reichweite und Feuergeschwindigkeit besitzen, treffsicher, leicht zu tragen, widerstandsfähig und leicht zu warten sind. Man sollte annehmen, daß diese Forderungen durch menschliche Fähigkeiten erfüllt werden könnten. Der nicht uninteressante Teil dieses Buches besteht in der Beleuchtung der Umstände, unter denen übertrieben sparsame Regierungen und konservative Kriegsministerien es fertigbrachten, ihre Truppen in den Zweiten Weltkrieg mit Waffen zu schicken, die bereits 1918 veraltet waren. Die Franzosen beispielsweise besaßen das Lebel-Gewehr — das 1886 in der Infanteriebewaffnung das allerneueste darstellte!

Es ist interessant zu erfahren, daß die Deutschen, deren militärischen Fähigkeiten so oft bewundert werden, ebenfalls Fehler begehen konnten. Die Produktion des Modells 98 beweist es. Nachdem zwischen 1940 und 1944 viele deutsche Gewehrschützen ihr Ziel in meinem Falle vermißten, habe ich mich oft gewundert, warum die Deutschen, die ihre Granatwerfer und Leichten Maschinengewehre so gekonnt einsetzten, solch schlechte Gewehrschützen waren. Nun, jetzt weiß ich es. Ohne meine Gefühle zu berücksichtigen, schreibt der Autor: ››Unglücklicherweise war es ein relativ unhandliches Gewehr beim Schuß und die Handhabung des Verschlusses war höchst enttäuschend. Die Visier-Reichweite war kurz, was gutes Schießen beeinträchtigte.‹‹ *Bei den 3. Kommandos, die ich in Italien und in der Normandie befehligte, waren wir immer froh, die Luger oder die Schmeißer in unseren Besitz zu bekommen und benutzten manchmal das MG 34. Niemals hat jemand einen Gedanken daran verschwendet, ein deutsches Gewehr zu behalten. Die Feuerkraft des Zuges ist der entscheidende Faktor im Infanterieeinsatz und durch die Ausrüstung ihrer Männer mit einem Gewehr, das gemessen am Garand oder sogar dem Lee-Enfield, so wenig wirkungsvoll war, erschwerten sich die Deutschen auf der Ebene der Infanteriegruppe ihr Leben unnötigerweise.*

Dieses ist ein faszinierendes Buch, geschrieben von einem wirklichen Experten und voller Informationen. Den Männern, die diese Waffen während des Zweiten Weltkrieges mit sich herumtragen mußten, enthüllt es wirkliche Überraschungen, aber es wird bei einem viel weiteren Kreis von Militärgeschichtlern, Sammlern von Militaria und ››war-gamers[1]‹‹, *die das Interesse an unserer kriegsgeschichtlichen Vergangenheit wachhalten, Anklang finden.*

---

1 Anm. des Übers.: ››war-gamers‹‹ sind Personen, die als Hobby Planspiele durchspielen. Im deutschen Sprachraum ist dieses Hobby weniger, jedoch im angelsächsischen Bereich (USA/England) sehr weit verbreitet.

Einführung

Das Lexikon definiert Handfeuerwaffen als Waffen, die in der Hand getragen werden können, wie z. B. Pistolen, Revolver, Schrotflinten oder Gewehre. Diese ziemlich weitläufige Klassifizierung reicht allgemein für die meisten Zwecke aus. Es gibt andere, die versuchen, die Grenzen festzulegen, was berechtigterweise noch als Handfeuerwaffe bezeichnet werden kann. Es ist heute üblich, das Kaliber für Handfeuerwaffen auf ein Maximum festzulegen und alle größeren Waffen als Geschütz (cannon) oder als automatisches Geschütz (automatic cannon) zu bezeichnen. In dieser Studie wollen wir solche Komplikationen vermeiden, uns an die einfachste Definition halten und Handfeuerwaffen als solche betrachten, die nach der Beschreibung im Lexikon in der Hand getragen werden können, obwohl sich von Zeit zu Zeit herausstellen wird, daß

mehr als eine Hand zum Tragen erforderlich sein kann.

Handfeuerwaffen sind die Einheitswaffen in jeder Armee, denn alle Soldaten werden während ihrer Grundausbildung mit einem Gewehr ausgerüstet und erhalten damit ihre Schießausbildung. Danach können sie Artilleristen oder Panzerfahrer werden, aber diese zuerst erworbenen Fähigkeiten hinterlassen einen bleibenden Eindruck, und in extremen Ernstfällen wird von ihnen verlangt, daß sie sie zu gebrauchen verstehen. Für die Infanterie sind Handfeuerwaffen schließlich die Grundlage für ihre Existenz. Trotz der Einführung eines ganzen Spektrums moderner Infanteriewaffen, Mörser, Handgranaten, Raketenwerfer und ähnlichem, sind das Gewehr und das Bajonett noch immer letztlich das, was den Tag entscheidet und den Feind zur Aufgabe zwingt. Niemals wurde das deutlicher als während des Dschungelkrieges in Vietnam.

Der Zweite Weltkrieg war eine Periode ungewöhnlich großer Fortschritte in der Waffenentwicklung, einschließlich der Handfeuerwaffen. Möglicherweise wird sie sich niemals wiederholen. Waffen sind heute viel zu teuer, zu groß und zu kompliziert, um mit ihnen in gleichem

Maße wie zwischen 1939 und 1945 zu experimentieren. Am Anfang jenes Krieges besaß die Infanterie noch viel von der einfachen Ausrüstung, die schon von ihren Vätern 20 Jahre vorher im Ersten Weltkrieg benutzt worden war. Aber bis zum Ende des Krieges hatten sich tiefgreifende Änderungen vollzogen. Bei nur wenigen Soldaten waren die Fähigkeiten lediglich auf die Handhabung des einfachen Gewehrs und Bajonetts beschränkt. Es gab jetzt eine ganze Reihe von Waffen, die beherrscht und eingesetzt werden mußten. Aus diesem Grunde übt der Krieg für den Forscher auf dem Gebiet von Handfeuerwaffen eine solche Anziehungskraft aus, denn die Entwicklung der verschiedenen Sy-

Unten: US Truppen mit einer reichen Auswahl von Handfeuerwaffen. Die gezeigten Waffen wurden durch sie bei Dschungelkämpfen im Pazifik von den Japanern erobert.

steme kann leicht verfolgt werden, weil sie innerhalb einer kurzen Zeitspanne abläuft. Ohne Frage wird es für den allgemein interessierten Leser hilfreich sein, wenn wir die erfolgten Veränderungen kurz beleuchten und in diesem Buch beschreiben.

Eine der bemerkenswerteren Neuerungen war das Erscheinen der Maschinenpistole. Von einer obskuren Kuriosität im Jahre 1918 und einer verachteten Gangsterwaffe in den 30er Jahren entwickelte sie sich bis zur Mitte des Krieges zu einer Hauptwaffe. Dabei half ihr der psychologische Effekt, ausgelöst von den deutschen Fallschirmjägern, die in reicher Zahl mit ihnen ausgerüstet waren, und die Erkenntnis, daß bil-

schinenpistolen am Ende ihrer Laufbahn stehen und durch leichte Hochleistungsgewehre ersetzt werden, die bei gleichem Gewicht größere Feuerkraft besitzen. Aber während ihrer Blütezeit war die Maschinenpistole die Krönung der Handfeuerwaffen.

Der Zweite Weltkrieg erlebte ebenfalls die Einführung der Selbstladegewehre auf breiter Basis. Die US-Armee begann mit einem Selbstlader, der Garand, und behielt sie durchgehend in den Streitkräften. Bis 1945 wurden etwa 4,2 Millionen hergestellt. Andere Länder experimentierten mit einer Vielzahl von Konstruktionen und benutzten sie hauptsächlich in begrenzter Anzahl bei Spezialtruppen. Aber der überwiegen-

lige Feuerkraft auf breiter Basis oft die Entscheidung im Kampf herbeiführte. Die Maschinenpistole bedeutete für den einzelnen Infanteristen eine gewaltige Verbesserung seiner Feuerkraft auf kurze Entfernungen und stellte eine ideale Ergänzung zu den Hochleistungsgewehren dar. Sie war leicht herzustellen, leicht zu tragen und einfach in der Handhabung. Ihre einzigen Nachteile waren eine kurze Reichweite und gelegentliche Ladehemmungen. Die meisten Modelle konnten die Munition des Gegners verfeuern, eine hilfreiche Eigenschaft, die nur wenige andere Waffen besaßen. Die Herstellung von Maschinenpistolen entwickelte sich bis zum Kriegsende zu einer bedeutenden Industrie. Insgesamt wurden sicherlich etwa 10 000 000 Exemplare hergestellt, von denen sich viele, wenn nicht gar die meisten, in die Nachkriegsjahre hinüberretteten. Trotz solcher Startbedingungen sieht es heute danach aus, daß Ma-

Oben: Winston Churchill inspiziert eine der ersten Maschinenpistolen, die nach England geschickt wurden.

de Teil der Infanteristen war von 1939 bis 1945 mit Mehrladern dieser oder jener Art ausgerüstet, und nicht eher als in den 50er Jahren wurden die Selbstladegewehre allgemein üblich. Die Deutschen brachten — um die moderne Bezeichnung dafür zu benutzen — das Sturmgewehr heraus. Obwohl in geringer Anzahl hergestellt, und trotz des bescheidenen Anfangs war das der Beginn eines neuen Trends in der Entwicklung moderner Gewehre. Es entstammte einer weiteren deutschen Überlegung, der Verwendung einer schwächeren Patrone.

Bei der schwächeren Patrone handelte es sich um keine neue Erkenntnis. Es war seit vielen Jahren, und ganz bestimmt seit 1917 erkannt worden, daß die übliche Gewehrpatrone für die meisten Zwecke viel zu stark war und ein viel zu schweres Gewehr erforderte. Aber die Wirtschaftlichkeit der Munitionsherstellung und die gewaltigen Munitionsvorräte aller Länder erschwerten eine Änderung sehr und keine Regierung strebte das in Friedenszeiten an. Auch hier war Deutschland wiederum der Initiator. Es entwickelte eine verkleinerte 7,92-mm-Patrone und benutzte sie in den während der ersten Kriegsjahre konstruierten Sturmgewehren. Diese mittelstarke Patrone ermöglichte eine radikale Änderung in der Waffenentwicklung und gab dem Schützen eine wirklich vielseitige Waffe in die Hand. Aber auch hier verhinderten wirtschaftliche Gesichtspunkte die volle Verwirklichung der neuen Konzeption, und ein nur kleiner Anteil der deutschen Produktion von Handfeuerwaffenmunition wurde umgestellt. Ironischerweise waren es die Sowjets, die davon profitierten, denn sie kopierten die erbeuteten Patronen und führten eine vorhandene Konstruktion zu deren Verwendung ein. Sie entwickelten diese Waffe weiter. Das endgültige Ergebnis war die berüchtigte Kalashnikow AK 47 von 1947, der Waffe jeder revolutionären Bewegung heutiger Tage.

Verbunden mit der Sturmgewehr- und Maschinenpistolenentwicklung war eine grundlegende Änderung der Überlegungen bei der Handfeuerwaffenherstellung, deren Ursachen in der Notwendigkeit der Produktion einer gewaltigen Zahl von Handfeuerwaffen in einer sehr kurzen Zeit lagen. Bis 1930, und in einigen Fällen auch oft danach, wurden Handfeuerwaffen nach herkömmlichen Methoden, hauptsächlich durch (maschinelles) Fräsen ganzer Metallblöcke, sorgfältiger Handarbeit bei der Zusammensetzung und feinen Toleranzen hergestellt. Bei der Produktion von Maschinenpistolen war das finanziell nicht tragbar. Daher führte man die Methoden der Automobilherstellung ein. Die Prägetechnik trat an die Stelle teurer Schmiedearbeit, Kunststoff ersetzte Nußbaumholz und die Toleranzen waren nicht mehr so gering. Das funktionierte sehr gut, und Sturmgewehre wurden auf die gleiche Art hergestellt. Durch Anwendung dieser Methoden konnte die Fertigung der verschiedenen Einzelteile auf mehrere Fabriken verteilt werden. Man brauchte diese Teile lediglich für die Endmontage zusammenzuführen. Auch hier war Deutschland wieder führend (obwohl Rußland schnell genug aufholte). Trotz der laufenden Bombardierungen der bekannten deutschen Waffenschmieden durch die Alliierten wurde die Produktion der einfacheren Waffen nie ernstlich beeinträchtigt.

Eine weitere Kriegserscheinung war die Panzerbüchse. Die ersten wurden 1917 von den Deutschen benutzt. Ihr Erfolg bewirkte bis 1939 ihre Einführung bei einer Reihe von Armeen der Kontinente. Nur wenige von ihnen wurden jemals eingesetzt. Von 1941 ab waren sie veraltet, weil die Panzerung der Kampfwagen ihre ziemlich wirkungslose Munition übertroffen hatte. Bis 1945 waren sie alle bis auf wenige in der Sowjetarmee verschwunden. Ihnen war nur ein kurzes und wenig erfolgreiches Leben beschieden, aber sie sind ein höchst interessantes Studienobjekt, und die Erfindungsgabe ihrer Konstrukteure war erstaunlich. In den folgenden Kapiteln wollen wir einige näher betrachten, obwohl manche davon nicht im eigentlichen Sinne als Handfeuerwaffen bezeichnet werden können.

Zusammen mit den Konstruktionsänderungen ergaben sich Änderungen in der Konzeption des Einsatzes der Waffen. Vor dem Kriege galt der Gewehrschütze traditionell als das Rückgrat der Infanterie. Der Erste Weltkrieg war noch mit Wellen angreifender Infanterie mit aufgepflanztem Bajonett und unterstützendem Artilleriesperrfeuer gegen Schützengräbenlinien geführt worden. Die Vorstellung über die Allmacht des Gewehrschützen war auch im Jahre 1939, trotz der bewiese-

nen Wirksamkeit des Maschinengewehrs gegen ihn, noch nicht vollständig ausgestorben. Aber im deutschen Heer war jede Gruppe mit einem Maschinengewehr ausgerüstet und ihre Aufgabe bestand darin, das Maschinengewehr im Einsatz zu halten. Der Gewehrschütze war dem Maschinengewehr gegenüber von zweitrangiger Bedeutung, denn das Maschinengewehr bildete die Hauptfeuerkraft der Einheit. Großbritannien hatte eine andere Auffassung. Obwohl es die Gruppe mit einem leichten Maschinengewehr ausrüstete, wurde es nicht als seine Hauptschlagkraft betrachtet. In den USA glaubte man, daß wegen der Garand das Maschinengewehr ganz fortfallen könnte, obwohl diese Auffassung bald re-

Oben: Eine Maschinengewehr-Bedienungsmannschaft gibt mit einem wassergekühlten Browning-MG während des Vorrückens der US-Marine Feuerschutz.

vidiert und das automatische Browning-Gewehr zur Unterstützung der Gewehrschützen eingeführt wurde. Die Bestätigung brachten die lang dauernden heftigen Kämpfe in Rußland, dem Pazifik und in Italien. Es stellte sich bald heraus, daß Feuerkraft mehr als alles andere zählte, und im Kampf ersetzte das Maschinengewehr das Gewehr als Hauptwaffe. Bajonette wurden kaum noch zu irgend etwas anderem als zur Bewachung von Gefangenentransporten gebraucht.

In den folgenden Kapiteln wollen wir die Geschichte der Handfeuerwaffen jeder einzelnen Nation im Zweiten Weltkrieg verfolgen. Es umfaßt ein gewaltiges Gebiet und kann hoffnungslos kompliziert sein. Unsere Absicht ist es, das Thema in allgemein verständlicher Art zu behandeln und die Gründe für jeden Aspekt zu erklären. Nicht jede Waffe kann berücksichtigt werden, und manche mögen mit der Auswahl nicht zufrieden sein. Aber das Auswahlkriterium war ihre gebräuchlichste Verwendung. Einige ungewöhnliche wurden ebenfalls eingefügt, weil sie wegen ihrer Konstruktion oder ihres Einflußes auf die militärische Denkweise von besonderem Interesse sind. Da sich einige technische Einzelheiten in einem solchen Werk nicht vermeiden lassen, wird im nächsten Kapitel versucht, die hauptsächlichen Funktionen bei Handfeuerwaffen für diejenigen zu erläutern, die damit nicht vertraut sind. Der Experte kann, wenn er will, diese Seiten überschlagen, ohne den Hauptfaden des Buches zu verlieren. Für diejenigen, denen das Innenleben von Gewehren und Maschinenpistolen weniger bekannt ist, mag es eine hilfreiche Zusammenfassung sein.

11

Arbeitsweise der Handfeuerwaffen

Die in diesem Buch beschriebenen Handfeuerwaffen weisen alle ähnliche Grundzüge auf, denn bei ihnen setzt sich die Munition aus zwei Teilen, der Patronenhülse und dem Geschoß, zusammen. Meist besteht die Hülse aus Messing, obwohl manche auch aus Stahl gefertigt sind und sie erfüllt mehrere Aufgaben. Erstens enthält sie das Treibmittel und schützt es vor Feuchtigkeit und Beschädigung. Zweitens befindet sich in ihrem Boden das Zündmittel. Wir werden uns aber lediglich mit einer Art, und zwar nur mit der in Form eines einfachen Zündhütchens oder einer Zündkapsel befassen, die durch einen Schlagbolzen oder durch einen Schlaghammer gezündet werden. Drittens befindet sich auf dem Hülsenhals das festsitzende Geschoß. Das ermöglicht das gleichzeitige Laden von Treibladung und Geschoß in einem Vorgang. Schließlich wirkt sie als Abdichtung am hinteren Laderaum. Bei Abgabe des Schusses dehnt sich die Hülse und füllt die geringen Zwischenräume zur Wandung des Patronenlagers aus. Sie verhindert so ein Entweichen des hochkomprimierten Gases nach hinten. Das ist also die eigentliche Patrone, die in allen Größen und in unglaublichen Mengen nach modernsten automatisierten Methoden hergestellt wird.

Wenn eine dieser Patronen abgefeuert wird, verbrennt die Treibladung sehr schnell. In den meisten Fällen innerhalb von ein- oder zweitausendstel Sekunden. Dabei entwickelt sich eine große Menge heißen Gases. Die Gasmenge ist in ihrem Volumen etwa 14 000 mal größer als die Menge des Treibmittels in unverbranntem Zustand, was natürlich einen gewaltigen Druck in der Hülse erzeugt. Tatsächlich beträgt der Druck dann etwa 2,81 Tonnen pro Quadratzentimeter, der sich auf Hülsenwand, Hülsenboden und auf den Boden des Geschosses auswirkt. Dieser gewaltige Druck treibt das Geschoß durch den Lauf zur Mündung hinaus und verleiht ihm seine gewaltige Beschleunigung. An der Laufmündung entweicht das Gas mit einem für Handfeuerwaffen charakteristischen Knall und erzeugt dabei gleichfalls ein Mündungsfeuer. Während sich das Geschoß im Lauf nach vorn bewegt, tritt bei der Waffe eine Rückstoßbewegung ein. Sie entsteht dadurch, daß die Hülse den gleichen Druck nach hinten wie ihn das Geschoß nach vorn erhält. Ein kleines, langsames Geschoß erzeugt einen geringen, ein schweres, schnelles Geschoß einen starken Rückstoß. Die Stärke des Rückstoßes ist vom Geschoß und seiner Geschwindigkeit abhängig. Weder Federn noch Rückstoßdämpfer können ihn ganz verhindern. Alles was sie bewirken können, ist eine Minderung der Rückstoßwirkung auf den Schützen. Aber wie wir sehen werden, kann der Rückstoß auch sehr nützlich sein.

Bei dem im Diagramm gezeigten Grundmodell ist der Lauf das Hauptteil. Innen hat der Lauf spiralenförmige Züge, die den Drall des Geschosses beim Verlassen des Laufes verursachen und ihm somit Stabilität auf seiner Flugbahn verleihen. Die Länge des Laufes ist so beschaffen, daß das gesamte Pulver bis zum Austreten des Geschosses aus dem Lauf verbrannt wird, um ihm den größtmöglichsten Schub zu geben, denn ein zu kurzer Lauf würde ein nutzloses Entweichen des Gases, ein großes Mündungsfeuer und eine Detonation an der Laufmündung hervorrufen. Am hinteren Ende des Laufes befindet sich eine Kammer oder ein Patronenlager, in die die Patrone eingeführt wird. Das Patronenlager wird dann durch einen Verschluß oder einen Verschlußblock, in dem der Schlagbolzen sitzt, verriegelt. Beim Grundmodell des Gewehrs ist das Verschlußstück fest mit dem Lauf verriegelt. Dadurch zieht beim Schuß der Druck auf das Verschlußstück die Waffe nach hinten und verursacht so die Kraft des Rückstoßes.

Es gibt viele Arten der Verriegelung, aber die häufigsten sind die drei folgenden. Die erste und gebräuchlichste erfolgt durch einen Drehverschluß. Dieser Verschluß besitzt Verriegelungswarzen, die in Aussparungen am Gehäuse oder am Laderaum einrasten. Der Verschluß wird bei der Ladebewegung nach vorn gebracht und erhält eine Drehung, wobei die Warzen in die Aussparungen einrasten. Diese Methode ist einfach, zuverlässig und robust. Die zweite Methode erfolgt durch eine Art von Stützriegel oder Stützklappen. Der Verschlußkopf wird durch den Stützriegel, mit dem er verbunden ist, gegen den Laufanschlag gedrückt. Dabei verriegelt sich der Stützriegel mit den im Verriegelungsstück befindlichen Verriegelungsnuten. Auch das ist in großen Zügen dargestellt, eine einfache Methode. Aber es gibt viele Arten von Stützklappen und Stützriegeln und zahlreiche Methoden für ihre Anwendung. Hinzu kommt noch die Familie der Kippverschlüsse. Bei ihnen dient das gesamte Verschlußstück als Verriegelung. Wenn es den Laufanschlag erreicht hat, wird es seitwärts (oder auch nach oben oder unten) gekippt, so daß sein hinteres Ende in einer Aussparung am Gehäuse einrastet. Auch hier wieder führen Einfallsreichtum und Erfindergeist zu den verschiedensten Methoden für die Ver- und Entriegelung.

Indem wir uns dem zuwenden, was bei einer Handfeuerwaffe im einzelnen alles notwendig ist, um ein Geschoß abzufeuern, sehen wir, daß dafür eine ganze Reihe mechanischer Funktionen erforderlich sind, die sich folgendermaßen aufgliedern. Bei Abgabe eines Schusses muß das hintere Laufende solange verriegelt bleiben, bis der Druck auf den Sicherheitsspiegel abgesunken ist. Dann muß der Verschluß **entriegelt** werden. Eine neue Patrone wird dem Verschluß **zugeführt** und in das Patronenlager **eingeführt**. Das Patronenlager wird dann durch das Verschlußstück oder durch den Verschluß **verriegelt** und dabei gleichzeitig der Schlagbolzen gespannt. Schließlich wird der Schuß **abgefeuert**. Bei den einfachen Handladern (Mehrladern) werden diese Vorgänge durch den Schützen durch Öffnen und Schließen des Verschlusses bewirkt. Bei einem Revolver übernehmen Hahn und Abzug diese Funktionen, wobei der Finger des Schützen die auslösende Kraft bildet. Bei Maschinengewehren und allen anderen automatischen Waffen dagegen erfolgt der Ablauf dieser Vorgänge durch Ausnutzung der Energie der Treibladung jeder Patronenhülse. Wenn man berücksichtigt, daß der Mechanismus einerseits so klein und leicht wie möglich und andererseits stark genug sein muß, um den enormen Beschleunigungen und Druckbelastungen ohne Schaden zu widerstehen, war es für den Konstrukteur keine leichte Aufgabe, den impulsiven Druck der Treibladung für alle diese Vorgänge auszunutzen. Bei den meisten Armeen bestand die Forderung, daß das verwendete Material möglichst billig, der maschinelle Aufwand bei der Herstellung gering und alle Teile austauschbar sein sollten.

Rechts: Die Maschinenpistole erlangte während des Krieges große Popularität. Auf diesem Bild trainieren britische Truppen mit der militärischen Version der amerikanischen Thompson.

Einige Konstruktionen sind kompliziert, manche einfach. Einige funktionierten gut, andere verursachten laufend Ärger. Zum Teil sind sie elegant und schön im Aussehen, zum Teil aber auch einfach häßlich. Es ist das gewaltige Ausmaß technischer Genialität, was die Betrachtung von Handfeuerwaffen so unwiderstehlich und anziehend macht. Durch nichts anderes werden sie in ihrer Vielfältigkeit und Verschiedenheit erreicht. Obwohl angenommen werden könnte, daß wir in diesem Buch den größten Teil behandeln, ist der Umfang aller Systeme viel größer als lediglich der des Zweiten Weltkrieges. Noch heute wächst ihre Zahl ständig.

Am kompliziertesten sind die automatischen Waffen, die in ihrem Grundkonzept jeweils eines der drei verschiedenen Systeme **Gasdruck**, **Verriegelung** und **Rückstoß** verwenden. Bei einigen waren zwei Systeme kombiniert, eine gleichzeitige Verwendung aller drei ist uns nicht bekannt. Das **Verriegelungssystem** bildet das älteste, und es liegt nahe, es als erstes zu untersuchen. Bei ihm gleiten der zu einer Einheit verriegelte Lauf und Verschluß unter der Kraft des Rückstoßes zurück. Diese kombinierte Masse ist ausreichend, um zu verhindern, daß sie nicht mehr als etwa 12,5 mm zurückgleiten, bevor das Geschoß die Mündung verläßt und der Druck abgefallen ist. Der Lauf bleibt dann stehen, während der Verschluß mit eigener Schwungkraft weiter zurückgeht, nachdem er

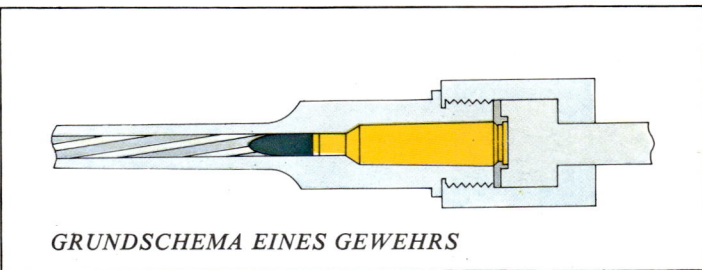

GRUNDSCHEMA EINES GEWEHRS

sich aus der Verriegelung mit dem Lauf gelöst hat. Beim Rücklauf zieht er die Patronenhülse heraus und wirft sie aus. Nachdem er seine hinterste Stellung erreicht hat, wird er durch die Vorholfeder wieder nach vorne getrieben und führt dabei eine neue Patrone in das Patronenlager ein. Der Lauf wird gewöhnlich durch eine eigene Feder in seine Lage zurückgebracht, aber in einigen wenigen Konstruktionen unterstützt ihn dabei auch der Verschluß.

Dieses Prinzip findet bei einer großen Anzahl von Maschinengewehren und automatischen Pistolen Verwendung. Es gilt als zuverlässig, robust und wenig störanfällig; außerdem ermöglicht es einen einfachen Laufwechsel. Andererseits ist dieses System für ein Gewehr ziemlich schwer und kann kaum reguliert werden. Da es ohnehin nicht besonders impulsiv ist, mußten in die meisten Maschinengewehre Rückstoßverstärker zur Unterstützung eingebaut werden. Der Verstärker bildet eine Vorrichtung an der Laufmündung, in der eine bestimmte Menge Gas aufgefangen wird, das bei seiner Ausdehnung auf einen dort angebrachten Flansch einwirkt.

Der Nachteil dieses Rückstoßsystems liegt in seinem höheren Gewicht und in der Tatsache, daß sich der Lauf vor und zurück bewegen muß. Aber bei ihm sind weniger Teile als bei anderen erforderlich. Das verleiht ihm eine Zuverlässigkeit, auf die man bei einem Maschinengewehr nicht verzichten kann.

Die nächste Arbeitsweise ist das **Gasdrucksystem**, bei dem eine geringe Menge des Gases durch eine Bohrung im Lauf abgeleitet und zum Antrieb eines Gaskolbens benutzt wird. Diese Bohrung befindet sich etwa in der Mitte des Laufes, so daß das Geschoß bereits ein gutes Stück des Weges bis zum Verlassen des Laufes zurückgelegt hat, wenn es diese Stelle passiert. Die entweichende kleine Gasmenge ist in ihrer Auswir-

kung auf das Geschoß ohne Bedeutung. Das Gas wird zum Laderaum hin zurückgeleitet und trifft dabei unmittelbar auf einen Kolben. Er ist mit dem Verschlußstück verbunden und wirkt direkt auf den Verschluß ein, indem er ihn vom Laderaum nach hinten drückt und dabei die Entriegelung bewirkt. Gleichzeitig wird beim Rücklauf die Vorholfeder gespannt. Der Zyklus des Ladevorgangs wiederholt sich, indem alle Teile wieder nach vorn schnellen. Der Kolben bewirkt schließlich mit einer letzten Bewegung die erneute Verriegelung. Dieses System wird bei Gewehren und leichten Maschinengewehren bevorzugt, weil es von geringem Gewicht ist und der Gasdruck sich leicht regulieren läßt, wodurch die Schußfolge (Kadenz) verändert und der Widerstand von Hemmun-

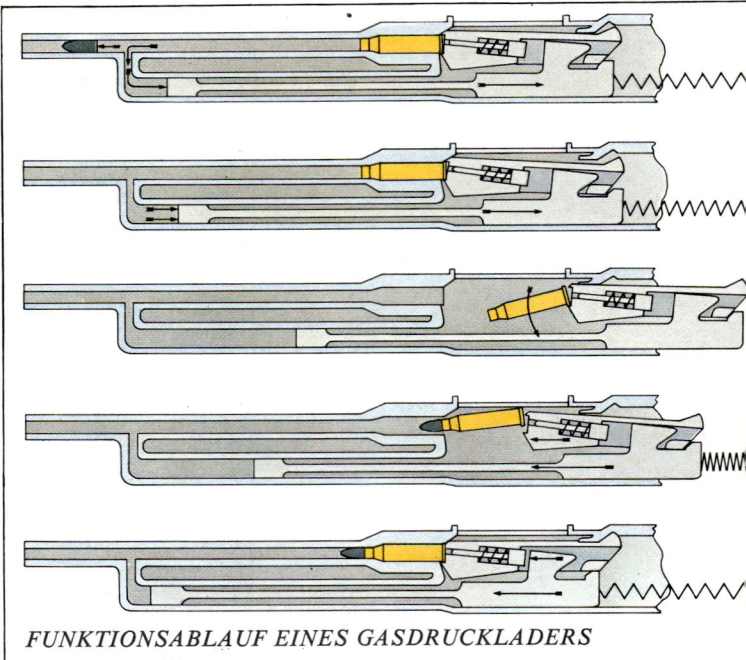

FUNKTIONSABLAUF EINES GASDRUCKLADERS

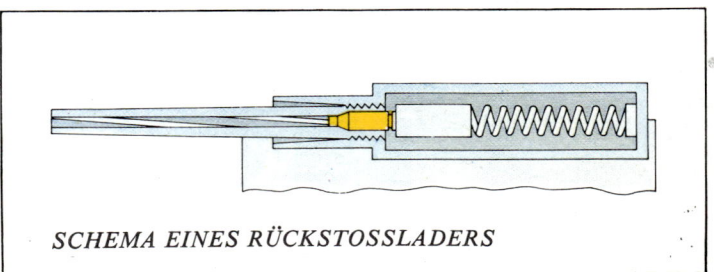

SCHEMA EINES RÜCKSTOSSLADERS

gen oder Verschmutzungen in der Waffe überwunden werden kann. Der Laufwechsel ist nicht so einfach wie bei dem Verriegelungssystem, läßt sich aber ohne zu große Schwierigkeiten lösen. Ein gutes Beispiel für einfachen Laufwechsel bildet das britische Bren.

Die letzte Methode ist das **Rückstoßsystem**, daß sich beinahe von selbst erklärt. Hier erzielte man seit dem Ende des Zweiten Weltkrieges sehr beachtliche Fortschritte, so daß die folgenden Bememerkungen nur für die in diesem Buch beschriebenen Waffen gelten. Während der Kriegsjahre war jenes System sehr viel weniger leistungsfähig als heute. Bei dieser Arbeitsweise erfolgt keine Verriegelung des Patronenlagers, sondern lediglich eine Abdichtung des hinteren Laufendes durch die Masse des Verschlusses bis zu dem Zeitpunkt, wo das Geschoß den Lauf verläßt. Auch wenn das nicht in allen Fällen so einfach ist, trifft diese Beschreibung in der Regel für die Pistolen wortgetreu zu, die schwächere Patronen verfeuern. Es funktioniert, weil die Kraft des verbrennenden Pulvers ausreicht, um dem Verschlußstück sein Trägheitsmoment überwinden und einen bedeutenden Weg zurücklegen zu lassen. Alle herkömmlichen Maschinenpistolen arbeiten nach dem Rückstoßsystem. Aber für den Erfolg sind gewisse Voraussetzungen erforderlich. Erstens dürfen die Patronen nicht zu stark sein. Folglich werden bei ihnen Patronen, ähnlich der Pistolenmunition, verwendet. Zweitens muß die Hülse zylinderförmig sein. Das ist notwendig, damit sie die Ladeöffnung auch abdichtet, selbst wenn sie sich nicht vollkommen im Patronenlager befindet. Bei konischen Hülsen, wie bei denen eines Gewehrs, bewirkt die geringste Bewegung nach hinten einen Zwischenraum um die Hülse und ermöglicht ein Entweichen des Gases. Beim Rückstoßsystem ist aber diese Wirkung beabsichtigt.

Das Diagramm zeigt die wichtigsten Bestandteile des Systems. Man sieht, wie die Hülse sich aus der Ladeöffnung herausbewegt, aber sie noch gegen jeden Gasdruck abdichtet. Das würde die Anordnung in einer einfachen automatischen Pistole sein. Maschinenpistolen weichen gewöhnlich geringfügig davon ab. Die einfacheren Maschinenpistolen haben einen festen Schlagbolzen an der Stirnfläche des Verschlusses. Der Verschluß ist schwer und wiegt etwa 0,5 Kilogramm. Er besitzt einen Patronenzuführer und einen Patronenauszieher. Alle diese Maschinenpistolen sind zuschießende Waffen, d. h. daß der Verschluß hinten gehalten wird und erst bei Betätigung des Abzuges nach vorn schnellt. Beim Vorschnellen des Verschlusses nimmt er eine Patrone aus dem Magazin mit und führt sie in das Patronenlager ein. Beim Zulauf des Verschlusses auf den Laufanschlag sind Zünder und der feststehende Schlagbolzen aufeinander ausgerichtet. Kurz bevor der Verschluß den Laufanschlag erreicht, erfolgt die Zündung. Anders gesagt, die Patrone wird abgefeuert, während der Verschluß noch geöffnet ist. Der Verschluß geht bei sich erhöhendem Gasdruck weiter nach vorn. Jener Druck bremst den Verschluß ab, bis in einer guten Waffe seine Stirnfläche gerade eben den Laufansatz berührt und dann wieder nach hinten gleitet. Bei dieser Anordnung sind genaueste Überlegungen notwendig, und in ihrer Abstimmung aufeinander sind Abstände und Zeitabläufe sehr kritische Faktoren. Die Patrone wird in dem Moment gezündet, wo der Verschluß noch etwa einen dreiviertel Millimeter auf dem Weg nach vorn zurückzulegen hat. Der Gasdruck entwickelt sich innerhalb einer tausendstel Sekunde. Während er seinen Höhepunkt erreicht, darf nicht allzuviel von der Hülse am Patronenlager herausragen, denn sie würde sonst zerreißen. Der Erfolg des Systems beruht auf der Abstimmung von Gewehrkonstruktion und Beschaffenheit der Munition. Irgendwelche Änderungen bei der Munition würden die Funktion stören, weshalb jede Maschinenpistole nur für eine bestimmte Munitionsart konstruiert ist. Für die überwiegende Zahl während des Zweiten Weltkrieges war das die 9-mm-Parabellum-Patrone, die auch weithin für Pistolen verwendet wurde.

Das eben beschriebene System wird als Vorlaufabfeuerung oder zuschießende Waffe bezeichnet und nur in Maschinenpistolen benutzt. Es hat den Vorteil, daß bei ihm der Verschluß halb so schwer sein kann als bei einem einfachen Rückstoßsystem, weil die Patronenhülse die Hälfte der Kraft abgibt, um die Energie des sich nach vorwärts bewegenden Verschlusses abzubremsen. Bei einem einfachen Rückstoßsystem müßte der Verschluß für eine Waffe mit einer 9-mm-Parabellum-Patrone etwa 1,5 Kilogramm wiegen, und es würde schon einiges erfordern, ihn in seinem Rücklauf aufzuhalten. Die Schußerschütterung bei der Waffe wäre gewaltig, um es gelinde auszudrücken. Die notwendige Stärke des Gehäuses und der Federn würde das Gewicht beachtlich erhöhen.

Der Nachteil bei diesem System ist die Zeit, die der Verschluß

braucht, um zur Abgabe des ersten Schusses nach vorn zu schnellen, was auf der ganzen Länge des Gehäuses erfolgen muß. Das kann den Schützen häufig am genauen Zielen hindern. Aber es gibt keinen Weg es zu ändern und muß in Kauf genommen werden. Bei Dauerfeuer ist die Schußerschütterung der Waffe selbstverständlich beträchtlich. Die meisten neigen dazu, sich dabei aufzubäumen. Ungezählte Ideen beschäftigten sich damit, diesen Mängeln abzuhelfen. Die meisten sahen eine Art Stabilisator an der Mündung vor, der den Gasdruck deflektierte und das Aufbäumen abstellen sollte. In Wirklichkeit nutzten sie aber nichts. Bei der einfachen Pistole als Rückstoßlader existiert ein solches Problem nicht, denn sie feuert nur mit geschlossener Ladeöffnung und benutzt zur Zündung eine Art von Schlaghammer oder Schlagbolzen.

Bevor das Gebiet des Mechanismus endgültig verlassen wird, mag es angebracht sein, zu betrachten, was der Konstrukteur mit seinem System erreichen will. Automatische Waffen, wie das Maschinengewehr, sind leistungsfähige und schnelle Maschinen und widerstehen gewaltigen Krafteinwirkungen und Belastungen. Ein gewöhnliches Maschinengewehr feuert die übliche Patrone mit normaler Stärke (z. B. etwa .30 Zoll oder 7,92 mm) mit einer Schußfolge von 600 Schuß/min. In einer Minute erzeugt die Treibladung 177 PS. Der größte Teil dieser Energie geht an der Mündung als Hitze und Mündungsgasdruck verloren, aber 44 PS werden zum eigentlichen Antrieb des Geschosses ausgenutzt. Beim Abfeuern von zehn Patronen in einer Sekunde bedeutet es, daß der Mechanismus in jeder Sekunde zehn Mal durch den Zyklus, des Verriegelns, Zündens, Entriegelns, Ausziehens, Auswerfens, Spannens, Zuführens und Ladens geht. Der Verschluß vollzieht zwanzig Bewegungen, wobei jede Strecke etwas größer als die Länge der ganzen Patrone ist. Für diese ganzen Abläufe ist nur sehr wenig Zeit vorhanden, weil jeder lange genug zum Stillstand kommen muß, damit die einzelne Patrone abgefeuert werden kann. Tatsächlich erreicht bei diesem typischen Maschinengewehr der Verschluß auf seiner Vorwärts- und Rückwärtsbewegung eine Höchstgeschwindigkeit von ungefähr 20 km/h, und die Vorholfeder muß dazu in der Lage sein, diese Bewegungen aufzufangen, zu vermindern und ihn mit der gleichen Geschwindigkeit wieder nach vorn bringen. Die Beanspruchung der Einzelteile können enorm sein. Trotzdem verlangt man von jedem, daß es klein, leicht und zuverlässig ist. Alles muß auf dem kleinstmöglichsten Raum untergebracht werden und von einem Mann ohne Anstrengung getragen werden können. Schlamm, Staub, Eis oder Schnee dürfen kein Versagen zur Folge haben.

Als nächstes ergibt sich das Problem der Erhitzung. Jede Patrone erzeugt eine gewaltige Hitze und ein großer Teil davon wird auf das Metall von Patronenlager und Lauf abgeleitet. Wenn nicht irgendwelche Vorkehrungen zur Kühlung getroffen werden, würde der Lauf glühend heiß und das Laufinnere schmelzen. Bei den meisten der ersten Maschinengewehre — hauptsächlich bei der Familie der Maxims — wurde der Lauf durch einen Wassermantel gekühlt. Das ist zwar leistungsfähig und wirksam, aber es sind damit Komplikationen und höheres Gewicht verbunden. Jedenfalls können wassergekühlte Läufe viele tausend Schuß abgeben, ohne jemals gefährlich heiß zu werden. Sie waren bei den mittleren Maschinengewehren, die Unterstützungsfeuer schossen, allgemein üblich. Die Alternative dazu bildet die Luftkühlung. Sie ist leichter und einfacher, aber bei weitem nicht so wirkungsvoll, abgesehen bei Verwendung unter besonderen Bedingungen, wie beim Einbau in Flugzeuge, wo ein ständiger Luftstrom herrscht.

Bei den gewöhnlichen Maschinengewehren der Infanterie erhitzt sich der Lauf sehr schnell, auch wenn er mit Kühlrippen versehen ist. Die einzigen praktischen Lösungen bestehen darin, entweder den Lauf so massiv und schwer zu halten, daß er einer großen Hitze widerstehen kann oder daß er leicht auszuwechseln ist oder beide Eigenschaften in sich vereint. Das deutsche MG 42 besaß einen massiven und leistungsfähigen Lauf. Bei ihm war gleichzeitig auch ein sehr rascher Laufwechsel möglich, selbst in fast glühend heißem Zustand. Einige andere Konstruktionen versagten jämmerlich mit ihren Vorrichtungen zum Anfassen des heißen Laufes beim Laufwechsel. Offenbar verließ man sich auf Rekrutenausbilder, die Schützen mit Asbesthänden heranbilden konnten. Die Hitze beschränkt sich allerdings nicht allein auf den Lauf. Sie wird auf Gehäuse und Verschlußstück übertragen und erfaßt alle arbei-

tenden Teile. Nach ein paar hundert Schüssen schon wird die ganze Waffe erheblich heiß. Die Hitze wirkt sich auf die Toleranzen der gleitenden Teile aus und kann ebenfalls die Wirksamkeit der vielen kleinen Federn, die die verschiedenen Einzelteile betätigen, beeinträchtigen. Somit ist das Los eines Konstrukteurs von Maschinengewehren nicht unbedingt sehr glücklich.

Bevor wir uns nun endlich den eigentlichen Waffen zuwenden, muß ein Wort über das Laden der Munition gesagt werden. Technisch wird das als Munitionszuführung bezeichnet. Es gibt zwei Grundarten, das Magazin und den Gurt. Die Magazine sind rechteckige Behälter aus Walzblech, die fünf bis fünfzig Patronen in senkrechten Reihen halten. Es können Einzelreihen, nebeneinander versetzte Reihen oder in seltenen Fällen Doppelreihen sein. Am oberen Teil des Magazins sind zwei gebogene Magazinlippen angebracht, die jeweils nur eine Patrone freigeben. Im unteren Teil befindet sich als Zubringer ein loser Boden mit Feder, der die Patronen nach oben gegen die Magazinlippen drückt. Der Verschluß liegt über der obersten Patrone, aber wenn er seine hinterste Stellung erreicht, wird die Patrone vor seiner Stirnfläche nach oben gedrückt und mit der Vorwärtsbewegung des Verschlusses herausgeschoben. Über eine kleine Überbrückung gelangt sie in die Verschlußbahn und in den Laderaum. Magazine werden bei Pistolen, Gewehren, den meisten Maschinenpistolen und einigen leichten Maschinengewehren

16

verwendet. Sie sind leicht, widerstandsfähig, einfach und einfach zu laden. Bei automatischen Waffen haben sie den Nachteil, daß bei ihnen die Menge der Munition sehr begrenzt ist und sie ständig gewechselt werden müssen. Bei schnellfeuernden Maschinenpistolen kann das sehr von Nachteil sein.

Die Gurtzuführung erklärt sich schon durch ihren Namen. Die Patronen werden nebeneinander in einen Gurt, der aus Gewebe oder Metallgliedern besteht, geladen. Dem Gewebegurt wurde durch das Maxim der Weg gebahnt. Er befriedigt nicht ganz, weil er hinderlich ist und Feuchtigkeit aufnimmt, was die Munition beeinträchtigt.

Unten: Britische Truppen posieren 1940 mit Thompson-Maschinenpistolen, von denen die meisten mit dem veralteten Trommelmagazin ausgerüstet sind.

Wie bei allen anderen Bestandteilen der Handfeuerwaffen gab es auch bei der Munitionszuführung einige Abweichungen. Eine davon ist ein spezieller Typ, bekannt als Trommelmagazin. Es stellt den Versuch dar, eine ausreichende Menge von Munition bei einer Maschinenpistole mitzuführen und wurde hauptsächlich durch seine Verwendung bei der amerikanischen Thompson und der sowjetischen PPSh-41 bekannt. In

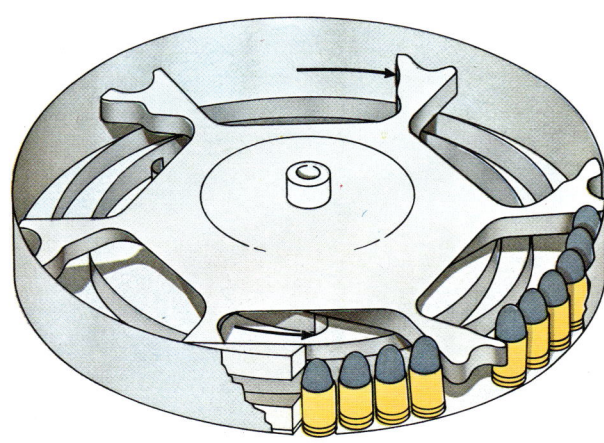

Oben rechts: Ein wassergekühltes Browning M 1917 A 1 1943 in Italien. Offensichtlich handelt es sich um ein gestelltes Bild, weil sich weder ein Munitionsgurt noch ein Kühlwasserbehälter an der Waffe befindet.

Rechts: Die luftgekühlte Version M 1919 A 4 der obigen Waffe. Das Dreibein ist viel kleiner und leichter und die gesamte Waffe beweglicher.

einem Trommelmagazin sind die Patronen spiralenförmig angeordnet und werden durch eine Uhrfeder herausgeschoben, die nach dem Laden von Hand aufgezogen werden muß. Trommelmagazine sind beim Tragen schwere und unhandliche Gegenstände. Obwohl sie für den Schützen eine brauchbare Munitionsreserve bedeuten — 50 Schuß bei der Thompson und 72 Schuß bei der PPSh-41 — stehen sie im Widerspruch zu dem leichten Gewicht und der Handlichkeit, die eine Maschinenpistole bietet. Sie sind außerdem anfälliger gegen Beschädigungen als einfache Kastenmagazine. Das amerikanische Heer gab sie sehr bald auf, die Sowjets hingegen hielten bis zu Kriegsende an ihnen fest.

Eine andere Art der Zuführung ist das Streifenmagazin aus Metall. Es wurde durch Hotchkiss vor dem Ersten Weltkrieg entwickelt und die Japaner machten es sich bei ihrer Maschinengewehrkonstruktion von Nambu zu eigen. Das Streifenmagazin besteht aus einem flachen Rahmenwerk aus dünnem Metall, das auf der obersten Seite eine Anzahl von Patronen (gewöhnlich 30) mittels gestanzten Klammern hält. In Wirklichkeit ist das Streifenmagazin nichts anderes als ein steifer Metallgurt, wobei die Zuführung auf die gleiche Weise wie beim üblichen Gurt erfolgt. Es vereint die Nachteile des Magazins und des Gurtes in sich. Außerdem ist es schwach, kann leicht beschädigt werden und schützt die Munition nicht vor Verschmutzung.

DEUTSCHLAND

Während des Ersten Weltkrieges ist die Infanterie in allen Armeen die vorherrschende Waffengattung gewesen, ganz besonders in Deutschland. Aber bei Ausbruch des Zweiten Weltkrieges bestand kein Zweifel daran, daß der Schwerpunkt bei den neuen gepanzerten Verbänden liegen würde. Sie erhielten nach Möglichkeit von allem das Beste. Jedoch ungeachtet dieser Schwerpunktverlagerung innerhalb der Streitkräfte, hatte das Heer den Vorrang bei den Handfeuerwaffen. Die Luftwaffe und Marine, bei denen ein Bedarf zur Bewaffnung ihres Personals — in erster Linie mit Pistolen — bestand, mußten sich mit dem zweiten Platz und mit einer Vielzahl gewöhnlich nicht standardisierter — häufig aus zivilem Besitz stammender und zumeist erbeuteter Waffen aus besetzten Ländern begnügen. Obwohl das bei ihnen nicht ins Gewicht fiel, bedeutete es doch einen weitgestreuten Bedarf an Ersatzteilen und Munition.

Die Vorkriegsplanung bezüglich der Infanteriewaffen war nicht sehr spekulativ, mit Ausnahme der Maschinengewehre, die als Hauptfeuerkraft des Bataillons galten. Durch Nutzung der in deutschem Besitz befindlichen Firmen im Ausland, wie z. B. Solothurn in der Schweiz, ließ

sich die Entwicklung trotz der Beschränkungen des Versailler Vertrages fortsetzen. Beim Aufbau der Wehrmacht war somit 1934 die Basis für eine Serie von Handfeuerwaffen vorhanden, auf die man sich stützen konnte. Nach deutscher Auffassung mußte ein Maschinengewehr eine hohe Feuergeschwindigkeit und eine Gurtzuführung besitzen. Obwohl man angesichts der knappen Bestände in den Jahren 1942 und 1943 einige Maschinengewehre mit Magazinzuführung der ZB-Serie verwendete, wurde selbst nie ein solches hergestellt. Statt dessen hatten die MG 34 und 42 zwei Aufgaben zu erfüllen, als leichtes Maschinengewehr im Zuge und als Unterstützungswaffe auf Kompanieebene. Durch einen schnell auswechselbaren Lauf konnte die Waffe[1] für ziemlich lange Zeit Dauerfeuer abgeben. Innerhalb der NATO wurde sie als Mehrzweck-Maschinengewehr bekannt. Ihre Wirkung war beachtlich. Die Alliierten erreichten nie extrem hohe Feuergeschwindigkeiten, da sie das als Munitionsverschwendung ansahen. Trotzdem benutzten sie erbeutete deutsche Maschinengewehre nur allzu gern. Die Erkenntnis großes Gewicht auf den Wert des Maschinengewehrs zu legen, wurde immer wieder in Rußland bestätigt, wo die einzige Antwort auf die Massenschwärme der sowjetischen Infanterie im schnellfeuernden Maschinengewehr und in genügender Munition bestand. Selbstverständlich hätte eine schnellere Schußfolge der Selbstladegewehre ebenfalls ihre Wirkung gehabt, aber es waren die Maschinengewehre die den Ausschlag gaben. Das wußten die Deutschen.

An den Modellen der Vorkriegszeit festhaltend, waren die Deutschen, sobald die eigentlichen Kampfhandlungen begonnen hatten, niemals abgeneigt auch neue Ideen zu erproben. Eine der erstaunlichsten Tatsachen der deutschen Kriegsanstrengungen ist der Einsatz an Zeit, Geld und Arbeitskraft, die für die Entwicklung fortschrittlicher Projekte aufgewandt wurden, während sich das Land mitten in einer furchtbaren Krise befand. Ein gutes Beispiel bilden — abgesehen von der Flugzeug- und Raketenentwicklung — die Selbstladegewehre.

Nachdem sich das deutsche Heer für das Modell von Mauser mit Zylinderverschluß entschieden hatte, vergab es 1940 zwei Aufträge für Selbstladegewehre. Zur gleichen Zeit bestellte die Luftwaffe ihr FG 42[2] und wetteiferte um die gleichen Werkkapazitäten. Als nächstes kamen die zwei Selbstlader 1942, Haenel- und Walther-Konstruktionen, von denen die Haenel ausgewählt wurde. Schließlich folgte die Reihe der Gewehre 43, und mit dem hervorragenden Sturmgewehr 1944 erreichte man den Höhepunkt. Aber es war kein vernünftiger, stetiger Entwicklungsprozeß, wie man annehmen sollte, denn an jeder Stufe wurde eine ganze Anzahl von Waffen produziert und an die Truppe ausgeliefert. Ein beträchtlicher Anteil der Bemühungen ging somit durch wenig glückliche Modelle verloren. Getreu dem deutschen Konzept, wurde jede Entwicklung im freien Wettbewerb ausgeschrieben, aber der Verlierer konnte sicher sein, irgendeinen anderen Auftrag zu erhalten, der ihn für das Geld und die Leistungen entschädigte, die er bei der Entwicklung seiner Waffe aufgewandt hatte. Es war ein Wettbewerb, bei dem niemand verlor. Ein derartiger Luxus mußte in einem totalen Krieg fehl am Platze sein. Deutschland benötigte lange Zeit, um zu erkennen, daß der

Unten: Ein mit MG 34 und einer Maschinenpistole MP 38 bewaffneter Soldat am Stadtrand Stalingrads.

Krieg auch rüstungsmäßig total zu führen sei. Nach dem Zusammenbruch Frankreichs hatte man zahlreiche Rüstungsaufträge widerrufen, weil man annahm, daß der Krieg zu Ende gehe.

Trotz eines Klimas überwältigender nationaler Einigkeit und des Einflusses nationalsozialistischer Ideologie war die deutsche Rüstungsproduktion bis spät in den Zweiten Weltkrieg hinein durchaus schlecht organisiert. Bis Mitte 1943 arbeitete die Industrie des Landes nur mit etwa 60 % ihrer Leistungsfähigkeit für die Kriegsanstrengungen Das änderte sich solange nicht, bis Albert Speer die Zügel fest in die Hand nahm, Arbeitskräfte dort einsetzen ließ, wo er sie benötigte und die Werke anwies, Rüstungsgüter nach einem nationalen Plan herzustellen, so daß ein einigermaßen koordinierter, sinnvoller Produktionsausstoß erkennbar wurde. Von da an bis zum Kriegsende war die Produktionsleistung der deutschen Fabriken verblüffend. Sie wurde durch die Bombardierungen weit weniger gestört, als es die Alliierten glaubten. Tatsächlich steigerte sich die Produktion mancher Fabriken sprunghaft. Mauser fertigte 1944 mehr Maschinengewehre als in irgendeinem anderem Kriegsjahr.

Der wahrscheinlich größte Beitrag, den die deutschen Konstrukteure während des Zweiten Weltkrieges leisteten, bestand in der Anwendung moderner Produktionsmethoden. Vor 1940 wurden Handfeuerwaffen in einem zeitraubenden Verfahren aus Metallblöcken gefertigt. Deutschland übernahm die Führung in der maschinellen Herstellung von Waffen, einer Idee, der alle anderen folgten.

Als die heimische Industrie nicht mehr Schritt halten konnte, wurden Fabriken in den besetzten Ländern zur Schließung der Lücken eingeschaltet. Einige von ihnen stellten deutsche Waffen her, andere produzierten ihre eigenen Konstruktionen, die von den Deutschen verwendet worden sind. Besonders wenn es um die Beschaffung von Ersatzteilen und um Ergänzungen ging, waren diese Maßnahmen bei den Intendanturbeamten des Nachschubs nicht geschätzt, aber sie bewirkten, daß zu jeder Zeit genügend Waffen zur Verfügung standen. Zweifellos gab es besorgniserregende Zeiten von Engpässen, aber sie traten erst gegen Ende des Krieges auf. Bei den Alliierten gab es solche Engpässe bereits zu Beginn der Kampfhandlungen, und zwar als Folge der mageren Jahre schlechter Vorbereitungen und finanzieller Einschränkungen.

Die deutschen Infanteriebataillone, die es auszurüsten galt, waren stets kleiner als die der Alliierten. 1944, als die Verluste des Krieges schmerzlich spürbar wurden, reduzierte man die Truppenteile in ihrer Stärke, um sie dem schwindenden Personalaufkommen anzupassen. Die Stärke eines Bataillons sank auf 653 Mann, etwa um ein- bis zweihundert geringer als bei dem der Alliierten. Diese 653 Mann waren mit folgenden Handfeuerwaffen bewaffnet: 436 Gewehre, 111 Pistolen, 105 Maschinenpistolen und 33 Maschinengewehre. Die Gesamtzahl der vorhandenen Waffen belief sich auf 684. Der Zahlenunterschied erklärt sich daraus, daß die Maschinengewehrschützen zusätzlich mit einer Pistole bewaffnet waren. Interessant ist die hohe Zahl der Pistolen, da lediglich 16 Offiziere zur Sollstärke gehörten. Zählt man sie zur Zahl der Maschinengewehrschützen hinzu, verbleiben 62 Pistolen, die von Unteroffizieren und Bedienungsmannschaften getragen wurden. Die Bataillone waren in drei Schützenkompanien mit je drei Zügen gegliedert. Im ganzen befanden sich zehn Maschinengewehre in einer Kompanie. Eine schwere Kompanie verfügte über 81-mm-Granatwerfer und acht schwere Maschinengewehre. Es handelte sich um einen modernisierten, personell relativ schwachen Verband, dem es an ausreichender Unterstützung und Beweglichkeit mangelte. Für seine Hauptaufgabe in diesem Stadium des Krieges, die Verteidigung, war er aber gut geeignet.

Pistolen

Deutsche Wehrmachtspistolen sind wahrscheinlich bekannter als andere, und viel ist über sie geschrieben worden. Es hat sich geradezu ein Kult um deutsche Pistolen gebildet, in dem die Luger einen besonderen Ehrenplatz einnimmt. Es ist etwas schwierig diese Anziehungskraft zu verstehen, da die Pistolen selbst weder besser noch schlechter als viele andere waren. Es könnte aber von der Tatsache herrühren, daß sie in ihrer Form einzigartig und verschieden von den sonst meist gebräuchlichen gewesen sind. Das deutsche Heer führte schon im frühen zwanzigsten Jahrhundert Selbstladepistolen ein und behielt sie während der beiden Weltkriege hindurch bei, so daß eine große Anzahl von ihnen hergestellt und von den Alliierten erbeutet worden ist. In dieser Abhandlung können wir nur drei sehr beliebte und weit verbreitete Modelle näher betrachten, nämlich die Parabellum 08 (Luger), die Mauser und die Walther P 38. Viele andere waren noch im Gebrauch. Mehr deutsche Soldaten trugen Pistolen als das bei den Alliierten üblich war. Eine Pistolentasche bildete häufig praktisch einen Teil der Uniform.

Obwohl die Standardmunition für Pistolen die Patrone für die 9-mm-Parabellum war, gab es niemals eine genügende Zahl von dieser Waffe, um alle Teilstreitkräfte damit auszustatten. Eine Alternative bildete gewöhnlich das Kaliber 7,65 mm. SS und Polizei bedienten sich der 7,65-mm-Pistolen verschiedener Fabrikate, ebenso die Luftwaffe. Man verfügte über einen ausreichenden Bestand an diesen Waffen, weil die deutsche Polizei schon immer mit ihnen bewaffnet war. Es existierte daher eine Industrie, die darauf spezialisiert gewesen ist, Waffen dieser Kaliber herzustellen. Deutsche Offiziere durften ihre eigenen Pistolen erwerben. Viele von ihnen, besonders die Stabsoffiziere, zogen die kleineren 7,65-mm-Kaliber vor.

Bei der Infanterie wurden die Pistolen von Soldaten getragen, deren Aufgabe den Gebrauch von Gewehren nicht gestattete. Es handelte sich um Fernmelder, MG-Schützen und Bedienungsmannschaften von Granatwerfern. Jeder Fallschirmjäger besaß eine, weil ihre anderen Waffen in Abwurfbehältern abgesetzt werden mußten und es einige Zeit dauern konnte, bis sie im Absprunggebiet aufgefunden wurden. Marine-Prisen-

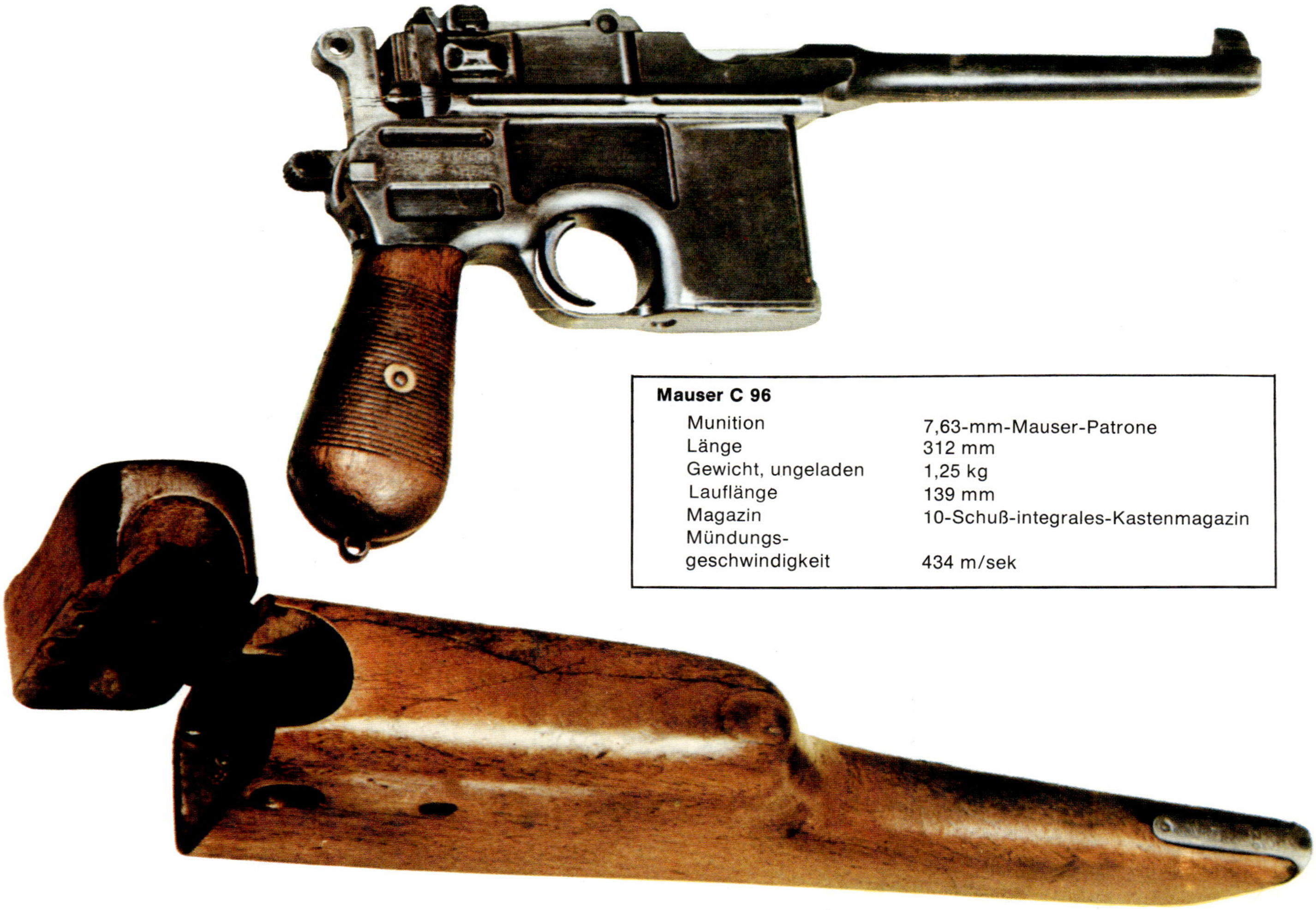

Mauser C 96	
Munition	7,63-mm-Mauser-Patrone
Länge	312 mm
Gewicht, ungeladen	1,25 kg
Lauflänge	139 mm
Magazin	10-Schuß-integrales-Kastenmagazin
Mündungs-geschwindigkeit	434 m/sek

Luger P 08	
Munition	9-mm-Pistolenpatrone 08
Länge	223 mm
Gewicht, ungeladen	0,87 kg
Lauflänge	102 mm
Magazin	8-Schuß-Kastenmagazin
Mündungs-geschwindigkeit	350 m/sek

und Landungskommandos waren ebenso wie viele der Offiziere und Portepeeunteroffiziere der Landkommandos mit ihnen ausgestattet. Die Flugzeugbesatzungen der Luftwaffe trugen sie zu ihrem Schutz bei einem eventuellen Abschuß, und die Besatzungen aller Panzerfahrzeuge hatten ebenfalls Pistolen.

Die Anzahl der in den Streitkräften vorhandenen Pistolen war enorm und enorm die Last für die deutsche Industrie, sie herzustellen. Unter diesen Umständen überrascht es wenig, daß man sich unmöglich auf ein Modell beschränken konnte. Unter der Vielfalt an Modellen und Typen innerhalb der drei Teilstreitkräfte waren drei hauptsächlich vorherrschend.

Bei der Mauser C 96 handelte es sich um eine der ältesten im Zweiten Weltkrieg benutzten Pistolen. In beschränkter Zahl war sie in der deutschen Wehrmacht vorhanden. Offiziell nie eingeführt, stellte Mauser während des Ersten Weltkrieges 150 000 Stück (Kaliber 9 mm) her, als sich zeigte, daß ein ernsthafter Mangel an Handfeuerwaffen bestand. Diese Pistolen, oder zumindest viele von ihnen, waren 1939 eingelagert und wurden wieder an die Einheiten ausgegeben. Die Mauser war eine große, starke Pistole und ursprünglich für eine 7,63 mm Hochgeschwindigkeits-Spezialpatrone geschaffen worden. Nach Austausch des Laufes verkraftete der Mechanismus leicht die Beanspruchung der 9-mm-Parabellum-Patrone. In mancher Beziehung war sie wie ein Kleingewehr mit einem vor dem Abzug angebrachten Magazin und einem sich

innerhalb des Gehäuses bewegenden Verschluß. Diese Anordnung ließ sie länger als andere Konstruktionen werden. Zusammen mit dem abgerundeten oder ››Besenstielgriff‹‹ wirkte sie häßlich und unhandlich. In Wirklichkeit aber war sie alles andere als unhandlich und schoß gut und treffsicher. Sie besaß einen Rückstoß-Lademechanismus mit einem kurzen Verschlußriegel, der den Lauf und Verschluß starr miteinander verband. Die Vorholfeder war sehr stark. Sie schob Verschluß und Lauf nach vorn und bewirkte dadurch gleichzeitig die Verriegelung.

Die Mauser war in der Hinsicht ungewöhnlich, da sie meist in einer großen, hohlen, hölzernen Pistolentasche ruhte, die gleichzeitig als Anschlagkolben diente, wenn sie am Griffbügel der Pistole aufgesteckt wurde. Obgleich fraglos nützlich, stellte das, an einem Riemen getragen, eine bemerkenswert schwerfällige Last dar, was sich kaum als praktisch bezeichnen läßt. Die Waffe besaß ein gut ausgeführtes Visier. Das hintere Schiebevisier konnte bis zu 1 000 Meter eingestellt werden, einer Reichweite, bei der das Geschoß weder treffsicher noch gefährlich gewesen sein dürfte. Bei geringeren Entfernungen dagegen war die Pistole in der Karabinerform überraschend gut. Eine kleinere Zahl wurde als Maschinenpistole hergestellt. Sie schoß automatisch. Für sie wurde das Magazin auf 20 statt der üblichen 10 Patronen vergrößert. Wie bei allen solchen Modifikationen war die Leistungsfähigkeit mangelhaft und kaum der Mühe wert.

Der Nachteil der Mauser lag in den Herstellungskosten. Zu einer Zeit konzipiert als Waffen noch in Handarbeit hergestellt wurden, war sie wegen des erforderlichen Aufwands bei der Metallbearbeitung und beim Zusammenbau durch Facharbeiter für die Massenproduktion ungeeignet. Daher sind auch im Zweiten Weltkrieg keine hergestellt worden.

Die zweite gebräuchliche Pistole war die Parabellum 08 oder Luger, wie sie nach ihrem Konstrukteur genannt wurde. Hier ist nicht genügend Raum, um auf alle Spezialausführungen einzugehen, die es während ihres langen Lebens gegeben hat und die in einigen Fällen heute noch produziert werden. Es existieren viele hervorragende Bücher über diese Pistole. Gleichfalls wurde über sie mehr Unsinn als über irgendeine andere militärische Waffe gesagt und gedruckt. Sie war eine ungewöhnliche Konstruktion, veraltet im Konzept und in ihrem Mechanismus außergewöhnlich. Ihre Entwicklung fiel in die Zeit, als sich alle Armeen der Welt für das Maxim-Maschinengewehr interessierten. Man ist geneigt, anzunehmen, daß Borchardt, dessen Mechanismus die Luger besitzt, durch den Erfolg des Maxim beeinflußt wurde. Auf jeden Fall verwendete er

Oben: Ein mit einer Parabellum-08-Pistole bewaffneter deutscher Soldat durchsucht eine Gruppe Gefangener.

den fast gleichen Kniegelenkmechanismus für die Verriegelung. Das Rückgleiten des Laufes beim Schuß nutzte er zur Entriegelung. Diese Auslegung ist optimal, wenn sie mit der Munition abgestimmt ist. Bei der Parabellum 9 mm funktionierte das gut, aber bei anderen Munitionsarten konnten Ladehemmungen und Beschädigungen auftreten. Der übrige Mechanismus, vor allem das Abzugssystem, war zu kompliziert und anfällig.

Trotzdem ließ sich die Luger angenehm handhaben. Sie war wie kaum eine andere ausbalanciert. Ab 1908 wurde sie als Armeebewaffnung eingeführt, aber etwa 1936 konnte man erkennen, daß ihre Tage gezählt waren und sie durch ein einfacheres und billigeres Modell ersetzt werden mußte. Trotzdem wurde ihre Produktion von Mauser in Oberndorf bis Juni 1942 fortgesetzt. Sie blieb bis 1945 in der Armeebewaffnung. Bei den Deutschen war sie außerordentlich beliebt. Es wird berichtet, daß einige der Benutzer sie nicht gegen die P 38 eintauschen wollten, möglicherweise handelt es sich hier um eine Legende.

Die offizielle Pistole der deutschen Wehrmacht während des Zweiten Weltkrieges war die Walther P 38, ein hochwertiger, robuster und unkomplizierter 9-mm-Selbstlader, basierend auf einem zuverlässigen Rücklauf-Selbstladesystem und verhältnismäßig einfach herzustellen. Als Besonderheit besaß sie einen Wiederspannabzug, was zur Folge hatte, daß bei nicht gespannter Schlageinrichtung die Pistole ohne Gefahr geladen und gesichert getragen werden konnte. Somit war sie vollkommen sicher. Durch Zurückziehen des Abzuges wurde der Hahn zunächst gespannt, danach abgelassen und der Schuß ausgelöst. Diese Abzugskonstruktion überwand die letzten Widerstände gegen Selbstladepistolen, weil diese für die Bedienung beim ersten Schuß sonst beide Hände erforderten (d. h. eine zum Zurückziehen des Gleitstückes). Das Magazin faßte wie bei der Luger acht Schuß. In ihrer Genauigkeit entsprach sie annähernd Luger und lag fast ebensogut in der Hand.

In der Tat ist die P 38 als eine der besten Konstruktionen zu bezeichnen und wird heute noch in der Bundeswehr verwendet. Die überwiegende Mehrzahl der deutschen Frontsoldaten war im Zweiten Weltkrieg mit ihr ausgestattet. Für die alliierten Soldaten bildete sie eine begehrte Trophäe. Sie war zuverlässig und leicht zu warten. Ladehemmungen traten nur sehr selten auf, weil sie sich gegen eine Vielzahl von Munitionsarten tolerant verhielt.

Walter P 38

Munition	9-mm-Pistolenpatrone 08
Länge	213 mm
Gewicht, ungeladen	0,96 kg
Lauflänge	127 mm
Magazin	8-Schuß-Kastenmagazin
Mündungs-geschwindigkeit	350 m/sek

Gewehre — Handlader (Mehrlader)

Jede Beschreibung von Handladern in Deutschland während des Zweiten Weltkrieges beschränkt sich hauptsächlich auf das Modell Mauser, weil dieses Fabrikat am gebräuchlichsten war. In den neunziger Jahren des vorigen Jahrhunderts entwickelt und seit seiner Einführung im Jahre 1904 ununterbrochen verwendet, stellte es 1939 eine hochgeschätzte Waffe dar. Mausergewehre hatten in Bezug auf Präzision und Verarbeitung bis zum Ersten Weltkrieg in der ganzen Welt den Standard gesetzt, weltweit wurden die Modelle kopiert oder in Lizenz gebaut.

Das Einheitsgewehr der deutschen Wehrmacht im Jahre 1939 war das Mauser Modell von 1898 und eine verkürzte Version, die 1935 erschien. Keines von beiden konnte in irgendeiner Weise zur damaligen Zeit als revolutionär angesehen werden. In ihrer Konstruktion waren sie bemerkenswert konservativ. Es erscheint als sehr bedauerlich, daß der deutsche Generalstab 1935 nicht seine Chance zur Modernisierung der Waffe mit den bekannten Nachteilen wahrnahm. Wahrscheinlich wurde er durch zwei starke Faktoren daran gehindert. Erstens spürte die deutsche Industrie 1935 bereits den durch die Wiederaufrüstung verursachten Druck, und erste Zeichen der begrenzten Industriekapazität wurden deutlich. Zweitens bildete das vorhandene Modell einen enorm erfolgreichen Verkaufsschlager, daß es ohne Frage unklug gewesen wäre, es um des Änderns Willen zu modifizieren.

Das Mauser Modell 98 war ein langläufiges Gewehr in der besten Tradition des neunzehnten Jahrhunderts. Der Hauptgrund seines Erfolges lag in einem sauberen Verschlußsystem, bei dem die Verriegelung durch zwei Kammerwarzen, die sich in Ausfräsungen im Hülsenkopf einschraubten, erfolgte. Durch diese Anordnung konnte die Konstruk-

Oben: Zielaufnahme mit dem Mauser-Karabiner 98 K, der verbreitetsten Infanteriewaffe der deutschen Streitkräfte.

tion des Gehäuses relativ leicht gehalten werden, da sie beim Schuß keinerlei Beanspruchung ausgesetzt war. Außerdem beeinflußte dieses System die Treffgenauigkeit und Zuverlässigkeit sehr günstig. Der Nachteil dieses Verriegelungssystems bestand darin, daß es im Gegensatz zu den Enfields eine lange Kammerführung hatte, und die Mauser waren immer für ihren langsamen Verschlußmechanismus bekannt.

Das Modell 1935 unterschied sich nicht vom Modell 1898, nur war es kleiner, kürzer und leichter. Es behielt den gleichen langsamen Verschlußmechanismus und das gleiche Magazin mit fünf Schuß. Das Magazin bildete eine Merkwürdigkeit, denn es hätte dem deutschen Generalstab bekannt sein müssen, daß es zu klein war. Zur Aufnahme von zehn Schuß wären keine größeren Modifikationen notwendig gewesen. Aber man verzichtete auf diese Maßnahme, und das beeinträchtigte später den Kampfwert der Waffe. In seinen Grundzügen war der Karabiner 98k oder K 98k ziemlich attraktiv. Es handelte sich um ein schlankes, wohlproportioniertes Gewehr mit einem am Mündungsende verkürzten Schaft und dem pistolengriffähnlichen Kolbenhals seines Vorgängers. Unglücklicherweise war es ein beim Schießen verhältnismäßig unhandliches Gewehr mit einer enttäuschenden — verhältnismäßig langsamen — Verschlußbetätigung. Die kurzen Visiereinstellungen beeinträchtigten ein gutes Schießen und die wirkungsvolle Reichweite lag unter der der meisten anderen Gewehre der gleichen Klasse.

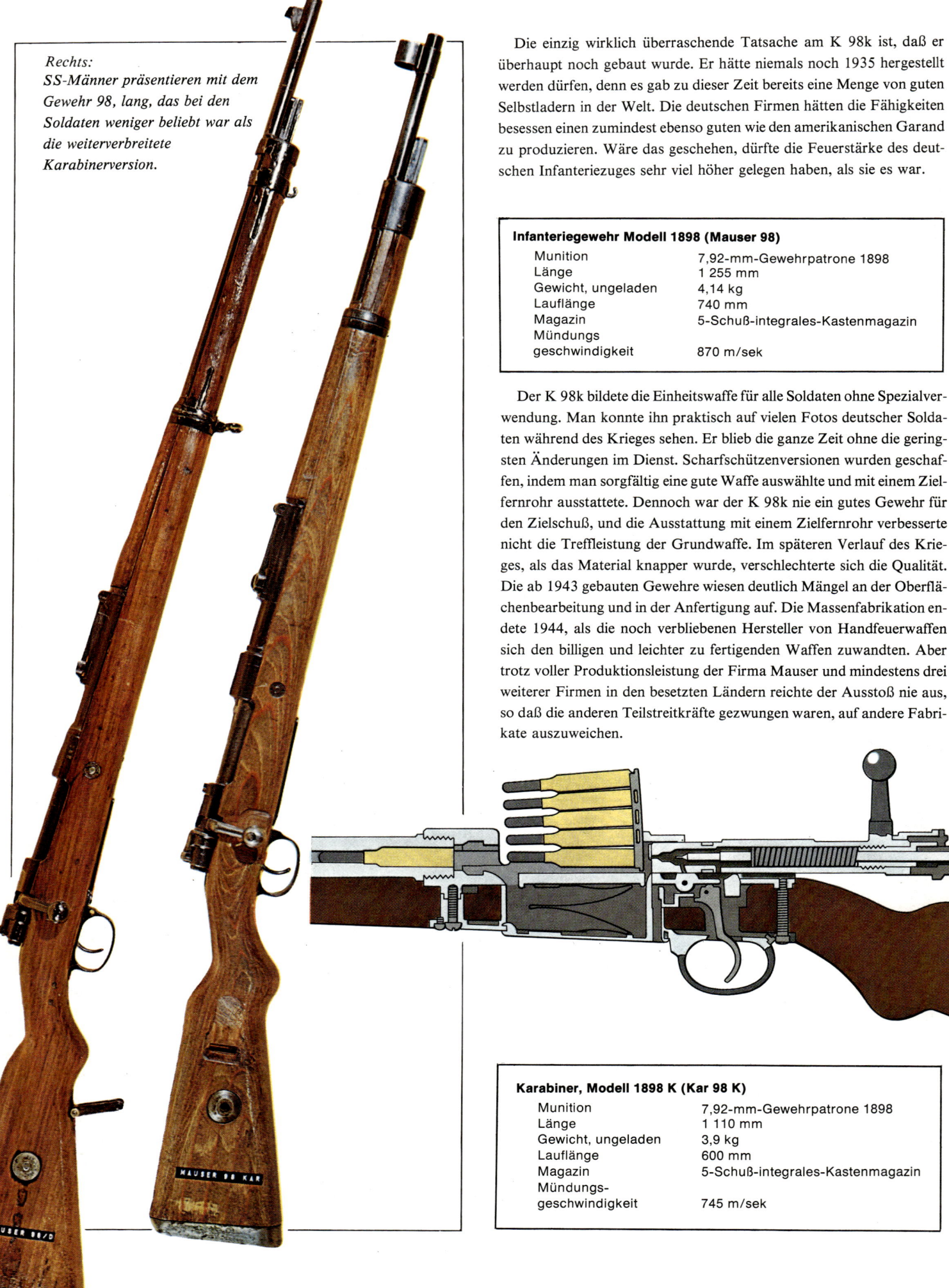

Rechts:
SS-Männer präsentieren mit dem
Gewehr 98, lang, das bei den
Soldaten weniger beliebt war als
die weiterverbreitete
Karabinerversion.

Die einzig wirklich überraschende Tatsache am K 98k ist, daß er überhaupt noch gebaut wurde. Er hätte niemals noch 1935 hergestellt werden dürfen, denn es gab zu dieser Zeit bereits eine Menge von guten Selbstladern in der Welt. Die deutschen Firmen hätten die Fähigkeiten besessen einen zumindest ebenso guten wie den amerikanischen Garand zu produzieren. Wäre das geschehen, dürfte die Feuerstärke des deutschen Infanteriezuges sehr viel höher gelegen haben, als sie es war.

Infanteriegewehr Modell 1898 (Mauser 98)

Munition	7,92-mm-Gewehrpatrone 1898
Länge	1 255 mm
Gewicht, ungeladen	4,14 kg
Lauflänge	740 mm
Magazin	5-Schuß-integrales-Kastenmagazin
Mündungs geschwindigkeit	870 m/sek

Der K 98k bildete die Einheitswaffe für alle Soldaten ohne Spezialverwendung. Man konnte ihn praktisch auf vielen Fotos deutscher Soldaten während des Krieges sehen. Er blieb die ganze Zeit ohne die geringsten Änderungen im Dienst. Scharfschützenversionen wurden geschaffen, indem man sorgfältig eine gute Waffe auswählte und mit einem Zielfernrohr ausstattete. Dennoch war der K 98k nie ein gutes Gewehr für den Zielschuß, und die Ausstattung mit einem Zielfernrohr verbesserte nicht die Treffleistung der Grundwaffe. Im späteren Verlauf des Krieges, als das Material knapper wurde, verschlechterte sich die Qualität. Die ab 1943 gebauten Gewehre wiesen deutlich Mängel an der Oberflächenbearbeitung und in der Anfertigung auf. Die Massenfabrikation endete 1944, als die noch verbliebenen Hersteller von Handfeuerwaffen sich den billigen und leichter zu fertigenden Waffen zuwandten. Aber trotz voller Produktionsleistung der Firma Mauser und mindestens drei weiterer Firmen in den besetzten Ländern reichte der Ausstoß nie aus, so daß die anderen Teilstreitkräfte gezwungen waren, auf andere Fabrikate auszuweichen.

Karabiner, Modell 1898 K (Kar 98 K)

Munition	7,92-mm-Gewehrpatrone 1898
Länge	1 110 mm
Gewicht, ungeladen	3,9 kg
Lauflänge	600 mm
Magazin	5-Schuß-integrales-Kastenmagazin
Mündungs- geschwindigkeit	745 m/sek

Bei der Luftwaffe stattete man das Bodenpersonal mit ungarischen Gewehren aus, die für sie in Budapest hergestellt wurden. Es handelte sich um das ungarische Modell von 1935, einer älteren Mannlicher, das voll verwendungsfähig, wenn nicht sogar modern gewesen ist. Das Gewehr wurde auf das deutsche Kaliber 7,92 mm umgerüstet und von 1940 bis zum Kriegsende hergestellt. In der Tschechoslowakei modifizierte man die neue tschechische Version der Mauser, verkürzte sie und führte sie ebenfalls bei den Streitkräften ein. Diese spezielle Waffe war für die Verwendung bei den Gebirgsjägern zu sehr verkürzt worden, und sie hatte beim Schießen einen harten Rückstoß und ein großes Mündungsfeuer.

Schließlich gab es noch die österreichische Version, die ebenfalls an die Luftwaffe ging. Hier handelte es sich wahrscheinlich um das beste aller Mauser-Modelle im Zweiten Weltkrieg. Es stellte eine militärische Version eines handelsüblichen Sportgewehrs dar und besaß weniger Schwächen als die Gewehre aus der deutschen Massenproduktion. Seine Oberflächenbearbeitung war weitaus besser und die Funktion des Verschlusses gleichmäßiger, aber die Beschränkung auf das Magazin mit fünf Schuß blieb unverändert.

Zusammenfassend läßt sich über die deutschen Handlader im Zweiten Weltkrieg sagen, daß sie in ihrer Leistung wenig Begeisterung eher Gleichgültigkeit hervorriefen. Der deutsche Infanterist bekam nicht das in die Hand, was er verdiente. Obwohl die Alliierten häufig erbeutete Maschinengewehre benutzten, ist praktisch kein Fall bekannt, daß sie eine Mauser gegen die ehemaligen Besitzer verwendeten.

Selbstladegewehre

Wie wir bereits in dem Kapitel über die Handlader gesehen haben, entschied sich Deutschland bei der Wiederaufrüstung für ein Modell, das praktisch 40 Jahre alt war und akzeptierte die Beschränkungen, die damit der Infanterie auferlegt wurden. Im Hinblick auf die industriellen Fähigkeiten des Landes überrascht diese Entscheidung, aber die meisten Hilfsquellen wurden für kompliziertere Waffen und Fahrzeuge benötigt, und außerdem war jeder mit der Mauser vertraut. Dennoch besaß Deutschland bereits 1914 ein Selbstladegewehr. Es handelte sich um die Mondragon, die nach einer mexikanischen Entwicklung, in der Schweiz hergestellt, von den Deutschen gekauft wurde, und hauptsächlich als Gewehr für den Beobachter in frühen deutschen Kriegsflugzeugen Verwendung fand. Trotz der offiziellen Auffassung, daß Mehrladegewehre ausreichten, liefen während der Vorkriegsjahre einige Untersuchungen verbunden mit der Vergabe kleinerer Entwicklungsaufträge für Selbstlader. Seit 1917 hatte man erkannt, daß die 7,92-mm-Standardpatronen viel stärker waren, als es für den Gebrauch im Kriege normalerweise erforderlich ist. Jedenfalls entwickelten sich bis 1938 die Dinge langsam. Danach setzte wegen der wachsenden Kriegsgefahr ein Wettlauf bei der Rüstungsindustrie ein. Aber zu diesem Zeitpunkt war es bereits sehr spät. 1940 lief dann ein Sonderprogramm für die Herstellung eines Selbstladegewehrs innerhalb von zwei Jahren an.

Die ersten Modelle tauchten 1941 auf, gefertigt von den Firmen Walther und Mauser. Abgesehen vom System und Mechanismus des Verschlusses waren sie fast identisch, aber beide nicht vollkommen zufriedenstellend. Sie waren schwer und teuer in der Herstellung. Schließlich setzte sich die Walther-Konstruktion durch und wurde als Gewehr 41(W) oder G 41 in die Streitkräfte eingeführt. In einer beschränkten

Gewehr 41 (G 41)

Munition	7,92-mm-Gewehrpatrone 98
Länge	1 130 mm
Gewicht, ungeladen	4,98 kg
Lauflänge	545 mm
Magazin	10-Schuß-integrales-Kastenmagazin
Mündungs-geschwindigkeit	776 m/sek

Gewehr 43 (G 43)

Munition	7,92-mm-Gewehrpatrone 98
Länge	1 117 mm
Gewicht, ungeladen	4,33 kg
Lauflänge	558 mm
Magazin	10-Schuß-Kastenmagazin
Mündungs-geschwindigkeit	746 m/sek

Zahl erlebte es den Einsatz an der russischen und italienischen Front, ihm war aber nur ein teilweiser Erfolg beschieden. Es war vorderlastig und zu schwer und besaß ein unpraktisches festes Magazin. Die Reinigung des Gasdrucksystems bereitete Schwierigkeiten. Ein verbessertes Modell erschien 1943 und erhielt die Bezeichnung C 43. Sein Gasdrucksystem war wesentlich vereinfacht und leichter. Es hatte ein Einsteckmagazin und war mit einer Zielfernrohrhalterung ausgestattet. Alle diese Änderungen wurden unmittelbar vom sowjetischen Modell Tokarew 40 übernommen, das die Deutschen während des Rußlandfeldzuges stark beeindruckt hatte.

Das G 43 war bedeutend besser proportioniert als das G 41. Als es 1943 in die Massenproduktion ging, unternahm man alle Anstrengungen, um die Herstellung zu vereinfachen. Es wurde als Scharfschützengewehr verwendet und sollte nicht das Mausergewehr 98k ersetzen. Man benutzte es an allen Fronten, aber immer nur als Spezialwaffe. So blieben die Fertigungsziffern begrenzt. Es bot keine Neuerungen in der Konstruktion, war auch sonst wenig fortschrittlich und glich der amerikanischen Garand.

Einen erheblich bedeutsameren Fortschritt bildete das Gewehr der Fallschirmjäger, das Fallschirmjägergewehr Modell 42 doer FG 42. Dieses bemerkenswerte Gewehr wurde speziell für die Fallschirmtruppe der Luftwaffe produziert, um ihr zusätzliche Feuerkraft beim Kampf in kleinen abgesetzten Gruppen zu verleihen. Es war das erste Gewehr, das man heute als Sturmgewehr bezeichnet. Trotz seines Nachteils wegen Verwendung der starken 7,92-mm-Patrone war es fast ein voller Erfolg. Seine Konstruktion kann als eine der besten des ganzen Krieges bezeichnet werden. Es hätte ein besseres Schicksal verdient, als ihm beschieden war. Das Gewehr konnte sowohl Einzel- wie Dauerfeuer abgeben. Mit einem Zweibein als Zielstütze versehen, verwendete es ein Ansteckmagazin für zwanzig Patronen, das an der linken Seite des Gewehrs eingeführt wurde. Der Mechanismus war so gut, daß er kopiert und als Grundkonzept für das heutige amerikanische Maschinengewehr

M 60 dient. Aber als Gewehr war das FG 42 nicht erfolgreich. Eine Reihe von Umständen verhinderten seine volle Entwicklung. Wahrscheinlich sind nicht mehr als 7 000 davon hergestellt worden. Trotzdem rüstete man die Fallschirmjäger mit dem Gewehr aus, das sie erstmalig bei der dramatischen Befreiung Mussolinis benutzten, die unter Einsatz von Gleitseglern erfolgte. Wie auch das G 43, wurde das FG 42 nie in genügenden Mengen hergestellt, um eine der anderen herkömmlichen Waffen damit zu ersetzen. Es hatte weder Auswirkungen auf die Art der Kriegs-

führung noch auf den Ausgang des Krieges. In seiner Handhabung war es angenehm, obwohl es sich für Dauerfeuer wegen seines geringen Gewichts nicht eignete und dazu neigte, sich trotz des Zweibeins nach rechts zu bewegen. Durch seinen geraden Schaft ließ es sich im freien Anschlag gut kontrollieren. Auch besaß es ausgezeichnete Visiere. Das FG 42 v war leichter als ein G 41 und in jeder Beziehung eine bessere Waffe, aber in der Herstellung sehr teuer und zeitraubend. Von 1943 ab konnten es sich die Deutschen nicht mehr leisten, viel Zeit in die Herstel-

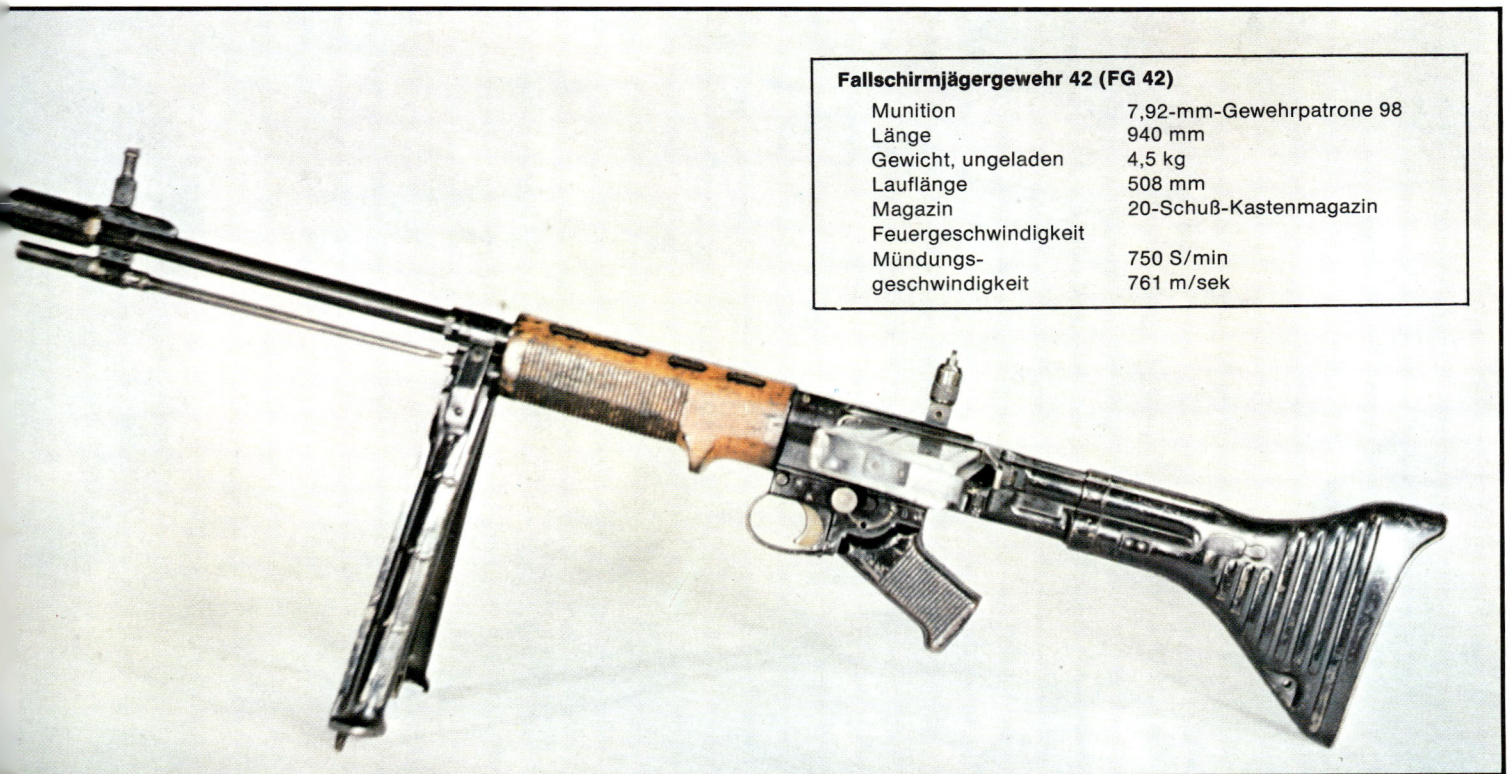

Fallschirmjägergewehr 42 (FG 42)	
Munition	7,92-mm-Gewehrpatrone 98
Länge	940 mm
Gewicht, ungeladen	4,5 kg
Lauflänge	508 mm
Magazin	20-Schuß-Kastenmagazin
Feuergeschwindigkeit	
Mündungs-	750 S/min
geschwindigkeit	761 m/sek

Links: Ein Fallschirmjäger posiert mit einem Fallschirmjägergewehr FG 42 während der Mussolinibefreiung im Jahre 1943.

lung von Gewehren zu investieren. Quantität war die Devise jener Tage. Das galt auch für das FG 42, das trotz seiner Qualität einen zu hohen Aufwand bei der Fertigung bedurfte.

Die folgenden Serien der Selbstlader verwendeten die schon am Anfang erwähnte schwächere Patrone, die das Ergebnis einer weiteren in Eile durchgeführten Entwicklung bildete. Praktisch handelte es sich um nichts anderes als um eine verkleinerte 7,92-mm-Hülse mit einem kürzeren Geschoß. Das Resultat war ein Geschoß mit einer niedrigeren Geschwindigkeit, aber mit einer dennoch ausreichenden Durchschlagskraft. Kompromisse solcher Art haben gewöhnlich Enttäuschungen zur Folge, aber in diesem Falle funktionierte es. So wurde die Patrone als Kurzpatrone Kaliber 7,92 mm mit der offiziellen Bezeichnung Kurzpatrone 43 eingeführt. Sie bewährte sich hervorragend, und einige Gewehre wurden speziell für ihre Verwendung entwickelt. Die Arbeiten begannen 1940, fast noch bevor die neue Patrone verwendungsreif war. Wie gewöhnlich wurde der Auftrag auf deutsche Art an zwei Firmen vergeben. Beide stellten geringe Stückzahlen her. Mit dieser Waffe, der MK 42 (Maschinenkarabiner Modell 1942) wurde im Winter 1942/43 die Truppe an der russischen Front ausgerüstet. Es stellte sich heraus, daß die Haenel Konstruktion funktionsfähiger und leichter herzustellen war. Daher wurde sie weiterentwickelt und ging als MK 43 in die Produktion, die bis 1943 lief. Bis zu dieser Zeit sind über 300 000 Stück hergestellt worden. Das Gewehr MK 43 war als Einheitswaffe für die gesamte Infanterie vorgesehen. Es sollte die Mehrlader und Maschinenpistolen ersetzen. Zuerst wurden Eliteeinheiten wie die SS damit ausgerüstet.

Erstmalig kamen die alliierten Truppen während der Ardennenoffensive im Dezember 1944 mit dem MK 43 in Berührung. Es ist bezeichnend, daß er dort von der 1. und 12. SS-Panzerdivision verwendet wurde, während die Infanterie des Heeres noch ihre 98k und wenige G 43 trug. Spätere Modelle des MK 43 wurden in Sturmgewehr 44 umbenannt, obwohl sich die Konstruktion kaum änderte. Die Waffe bestand aus Metall mit einem Minimum an Beschlägen. Alle Einzelteile waren so ausgelegt, daß sie dezentralisiert durch kleine Firmen hergestellt werden konnten. Sie war weder besonders schön, noch reizte sie dazu, sie in die Hand zu nehmen. Aber sie schoß sehr gut. Der Rückstoß war erträglich und kontrollierbar. Bei Dauerfeuer neigte die Mündung dazu, nur leicht nach oben zu gehen. So konnte der Feuerstoß ziemlich nahe am Ziel ge-

halten werden. Selbstverständlich hatte sie kein Zweibein. Sie war bei den deutschen Soldaten, auf die der 98k nur wenig Anziehungskraft ausübte, beliebt. Die einzig angebrachte Kritik am MK 43 bezog sich auf sein Gewicht. Der MK 43 war für die Verwendung von Zusatzgeräten eingerichtet. Diese Waffe konnte mit einem gekrümmten Lauf ausgestattet werden, der es ermöglichte »um die Ecke« zu schießen. Es gab zwei Ausführungen. Die eine mit einer Krümmung von dreißig Grad für Straßen- und Stellungskampf und eine andere mit einem Krümmungswinkel von neunzig Grad, die auf einigen wenigen Panzern zur Abwehr von Panzerknackern mitgeführt wurde. Mit einem besonderen Periskopvisier war die Waffe ziemlich erfolgreich. Bei Dauerbenutzung bestand die Gefahr eines schnellen Laufverschleißes. Fast bis zum Ende des Krieges wurde mit einem Nachtschußgerät experimentiert. Etwa 300 MK 43 sind damit ausgerüstet und bei Dunkelheit auf kurze Entfernungen als Scharfschützengewehre benutzt worden. Die Entwicklung wurde mit beachtlichem Interesse nach dem Kriege beiderseits des Eisernen Vorhangs weiter verfolgt.

Oben: Ein MK 43 mit gekrümmtem Lauf für das Schießen »um die Ecke« und aus Schützengräben.

Maschinenkarabiner 43 (MK 43)

Munition	7,92-mm-Pistolenpatrone 43
Länge	940 mm
Gewicht, ungeladen	5,1 kg
Lauflänge	418 mm
Magazin	30-Schuß-Kastenmagazin
Feuergeschwindigkeit	500 S/min
Mündungs-geschwindigkeit	647 m/sek

Maschinenpistolen

Obwohl Italien als erstes Land Maschinenpistolen verwendete, stand das deutsche Heer nicht weit zurück. Es wäre Gegenstand einer wissenschaftlichen Diskussion, welches Land sie zuerst in der wahren Rolle als Einmann-Nahkampfwaffe benutzte. Sicher ist, daß sie diese Aufgabe in der Vorstellung des deutschen Oberkommandos übernehmen sollte, das im Jahre 1916 die militärischen Forderungen dafür festlegte. Gleichfalls waren das die Überlegungen von Hugo Schmeisser, der als erster Waffen dieser Art konstruierte und herstellte. Diese beachtliche Waffe kam erstmalig im März 1918 an die Front und erhielt daher die Bezeichnung Maschinenpistole 1918, oder MP 18. In einer geringen Anzahl wurde sie während der erfolgreichen deutschen Frühjahrsoffensive jenes Jahres eingesetzt. Aus irgendwelchen Gründen zog man jedoch auf beiden Seiten keine schnellen Schlüsse aus den mit ihr gemachten Erfahrungen.

Im Vorkriegsdeutschland waren Maschinenpistolen verboten. Lediglich die Polizei war mit einer modifizierten MP 18 ausgerüstet und an deren Weiterentwicklung und Verbesserung verantwortlich beteiligt. Daraus entstand im Jahre 1928 die MP 28. Bei ihr war das Magazin vollkommen verändert. Sie besaß jetzt ein zweireihiges Stangenmagazin mit 32 Schuß. Diese Tatsache ist insofern von Bedeutung, als dieses Magazin mehr oder weniger zum Standardmagazin aller künftigen deutschen Maschinenpistolen wurde und später viele Schwierigkeiten verursachte. Die MP 28 durfte in Deutschland nicht hergestellt werden. Deshalb gab man sie nach Belgien und in die Schweiz in Auftrag, wo sie in großen Stückzahlen gefertigt und in die ganz Welt verkauft wurde. Da sie natürlich auch in Europa auf den Markt kam, war es den Deutschen nach 1940 leicht möglich, sie zu erbeuten und damit ihre Bestände kostenlos zu erhöhen.

Maschinenpistole 34/1 (Bergmann MP 34)

Munition	9-mm-Pistolenpatrone (9 mm Parabellum)
Länge	840 mm
Gewicht, ungeladen	4,5 kg
Lauflänge	196 mm
Magazin	24- oder 32-Schuß-Kastenmagazin
Feuergeschwindigkeit	650 S/min
Mündungsgeschwindigkeit	381 m/sek

Im Zweiten Weltkrieg wurde die deutsche Wehrmacht sowohl mit der MP 18 als auch mit der MP 28 ausgestattet. Es ist sehr schwer die eine von der anderen zu unterscheiden. Die meisten MP 18 wurden auf das Magazin der MP 28 umgerüstet. Von geringfügigen Abweichungen in den Abmessungen abgesehen, gleichen sich beide. Es handelte sich um unkomplizierte Waffen, in traditioneller Weise aus einem Stahlblock hergestellt, mit einem durchgehenden Schaft, Klappvisier und dem Aussehen eines Kleingewehrs. Sie waren einfach, zuverlässig und außerordentlich robust. Ihr Nachteil aber lag in ihrem hohen Gewicht. Jede wog ungeladen 4 kg, was einem Mehrlader entsprach. Zuerst wurden damit

Maschinenpistole 28/II (MP 28/II)

Munition	9 mm Parabellum
Länge	812 mm
Gewicht, ungeladen	3,97 kg
Lauflänge	196 mm
Magazin	20-, 32- oder 50-Schuß-Kastenmagazin
Feuergeschwindigkeit	500 S/m
Mündungsgeschwindigkeit	381 m/sek

Oben: Angehörige der Waffen-SS kontrollieren Ausweispapiere polnischer Juden. Der Mann im Vordergrund ist mit einer Maschinenpistole MP 28 bewaffnet.

Spezialisten und Stoßtrupps ausgerüstet, und nur sehr wenige MP 18 und MP 28 gelangten in die Hand der Infanteriedivisionen. Sie erhielten erst Maschinenpistolen, als im späteren Verlauf des Krieges die Produktion der MP 40 ausreichte, um die Veteranen abzulösen.

Eine weitere Maschinenpistole des alten Typs war die Bergmann, die den Beschränkungen des Versailler Vertrages dadurch entging, daß sie außerhalb Deutschlands in Dänemark hergestellt wurde. Auf den ersten Blick glich sie weitgehend der Schmeisser war aber in Wirklichkeit komplizierter, besonders deswegen, weil sie ein zusätzliches Schlagbolzenschloß für den Spannvorgang besaß, das vergleichbar einem Gewehr am hinteren Verschlußstück herausragte. Auch das Spannen selbst erfolgte ähnlich wie bei einem Gewehr. Diesen erschwerenden Mechanismus hatte man eingebaut, um die beweglichen Teile vor Verschmutzung zu schützen, was wahrscheinlich auch der Fall gewesen ist, allerdings unter Inkaufnahme von Unwirtschaftlichkeit und Schwerfälligkeit. Eine weitere Kuriosität bestand in dem nach rechts herausragenden Magazin. Beim Anschlag ließ es den Schützen als Ziel fast doppelt so breit werden und behinderte außerdem seine Tarnung.

Abgesehen von diesen Eigenheiten war die Bergmann ziemlich unkompliziert und vollkommen zuverlässig. Sie wurde als MP 34 eingeführt und schnell zur MP 35 verbessert. Die gesamte Produktion ging an die Waffen-SS, die soweit wie möglich alle Dienstgrade damit ausrüstete. Es ist möglich, daß einige Exemplare durch eine Magazinzuführung von links modifiziert worden sind, aber es existieren keine Unterlagen darüber, ob das serienmäßig geschah oder durch örtliche Werkstätten vorgenommen wurde.

1938 erschien der Star unter den deutschen Maschinenpistolen, die Erma MP 38. Bei ihr handelte es sich zweifellos um die berühmteste aller Maschinenpistolen dieses Krieges, bei den Alliierten unter dem Namen Schmeisser bekannt. Dieser Name gilt seither fast als Gattungsbegriff. In Wirklichkeit aber verdankte die MP 38 Hugo Schmeisser nichts, denn sie war ausschließlich eine Konstruktion der Firma Erma. Als er-

ste ihrer Art besaß sie einen Klappschaft und hatte keine Holzteile. Alle Beschläge bestanden aus Stahl oder Plastik. Man hatte sie erstmalig speziell für das Schießen von Fahrzeugen aus konzipiert. Das Magazin diente als vorderer Handgriff. Sie vermittelte den Eindruck kompakter zuverlässiger Zweckmäßigkeit. Schnell wurde sie zum Symbol der deutschen Fallschirmjäger, denn sie bildete eine ihrer Hauptwaffen. Aber auch das Heer erhielt eine Anzahl von ihnen. Der Bedarf übertraf ihre Verfügbarkeit. 1940 wurde sie durch Schmeisser modifiziert, um sie einfacher und schneller herstellen zu können, was hervorragend gelang. Die MP 40, wie sie nun genannt wurde, war ein wenig roher als die MP 38, etwas weniger verfeinert, aber genauso robust und widerstandsfähiger. Sie konnte in Einzelteilen und Baugruppen gefertigt werden, die in den Fabriken lediglich zusammengebaut werden mußten. Das Ergebnis war, daß der Ausstoß praktisch während des gesamten Krieges durch die Bombardierung der Alliierten nicht beeinträchtigt wurde. Tausende überstanden den Krieg. Viele wurden von den französischen Streitkräften übernommen, und noch heute befinden sich einige in den Händen von Guerillas und Terroristen.

Der große Vorteil der Maschinpistole für den deutschen Fallschirmjäger bestand darin, daß er sie beim Sprung bei sich führen konnte. Da sich die mit nach alliierten Maßstäben ziemlich primitiven Gurten versehenen deutschen Fallschirme mit einem gewaltigen Ruck öffneten, endete jeder Versuch, Ausrüstung oder Waffen beim Sprung mitzuführen damit, daß die Last beim Öffnen des Fallschirms abriß oder den Mann verletzte. Die MP 38 und 40 waren klein und leicht genug, sie beim Sprung unter den Gurt stecken zu können und die obigen Gefahren damit auszuschließen. Der Mann konnte seine Waffe sofort einsetzen, sobald er den Erdboden erreicht hatte. (Nebenbei sei erwähnt, Geschichten über

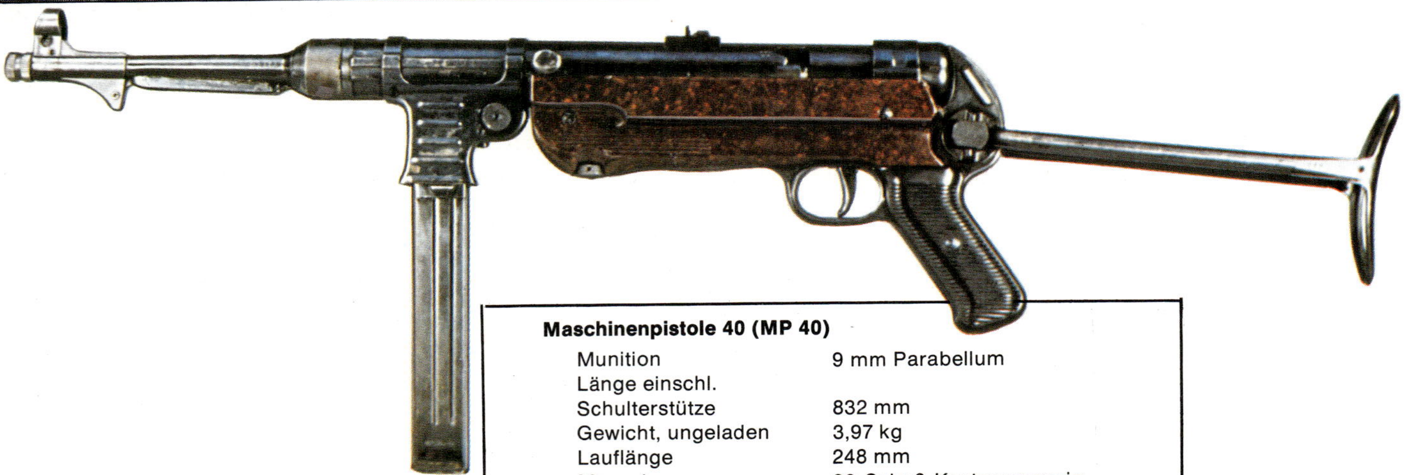

Maschinenpistole 40 (MP 40)

Munition	9 mm Parabellum
Länge einschl. Schulterstütze	832 mm
Gewicht, ungeladen	3,97 kg
Lauflänge	248 mm
Magazin	32-Schuß-Kastenmagazin
Feuergeschwindigkeit	500 S/min
Mündungs-geschwindigkeit	381 m/sek

Unten: Straßenkampf mit der MP 40 in Stalingrad. Die rechte Waffe muß vor dem Schuß noch gespannt werden.

Fallschirmjäger, die ihre Maschinenpistolen noch aus der Luft abfeuerten, erscheinen äußerst zweifelhaft, denn kein Deutscher sprang je aus solch großen Höhen, die ihm genügend Zeit dazu gegeben hätten). In allen Luftlandeoperationen des Krieges spielten diese Maschinenpistolen eine bedeutende Rolle, obwohl die Springer nach Kreta größere Reichweiten verlangten, weil sie in einigen der Absprungzonen durch eingegrabene Bren-Gewehre übel zugerichtet wurden und nicht in der Lage waren, wirkungsvoll zurückzuschlagen. Aber hier handelte es sich um eine der sehr wenigen Klagen, die man gegen sie erhob.

In Rußland gaben die großen Trommelmagazine der PPSh 41 den Deutschen einigen Anlaß zur Besorgnis. Daher erschien es wichtig, daß die MP 40 eine gleiche Anzahl von Patronen verschießen konnte, ohne daß der deutsche Soldat öfter als der Feind nachladen mußte. Für ein Trommelmagazin war die MP 40 auf keinen Fall geeignet. Die kriegsbedingte Antwort hierauf bestand darin, daß man ein Doppelmagazin schuf und die Patronenzuführung so modifizierte, daß es möglich wur-

de, das zweite Magazin einzuschieben, wenn das erste leer war. Unglücklicherweise bildete das keine gute Lösung, denn sie war unhandlich und schwer geworden und neigte leicht zu Ladehemmungen. Ferner setzte man dadurch das zweite Magazin Witterungseinflüßen aus, was in Rußland mit größten Gefahren verbunden sein mußte. Ein weiterer Schwachpunkt der MP 38 und MP 40 lag in der Patronenzuführung. Die verwendeten Stangenmagazine hatten den Nachteil, daß sie oft Ladehemmungen verursachten und daran krankten beide Maschinenpistolen während der ganzen Zeit. Es muß zugegeben werden, daß die Abhilfe dafür schnell und einfach war. Ein seitliches Drehen und Schütteln der Waffe reichte aus. Aber das kann im Kampf irritierend und möglicherweise tödlich sein.

Im Gegensatz zu anderen Waffen, gab es nur wenige erbeutete Maschinenpistolen, die von den Deutschen übernommen werden konnten, obwohl einige italienische Barettas verwendet worden sind. Generell fanden in der Wehrmacht nur Maschinenpistolen deutscher Produktion Verwendung, und das waren solide, praktische und tadellose Modelle.

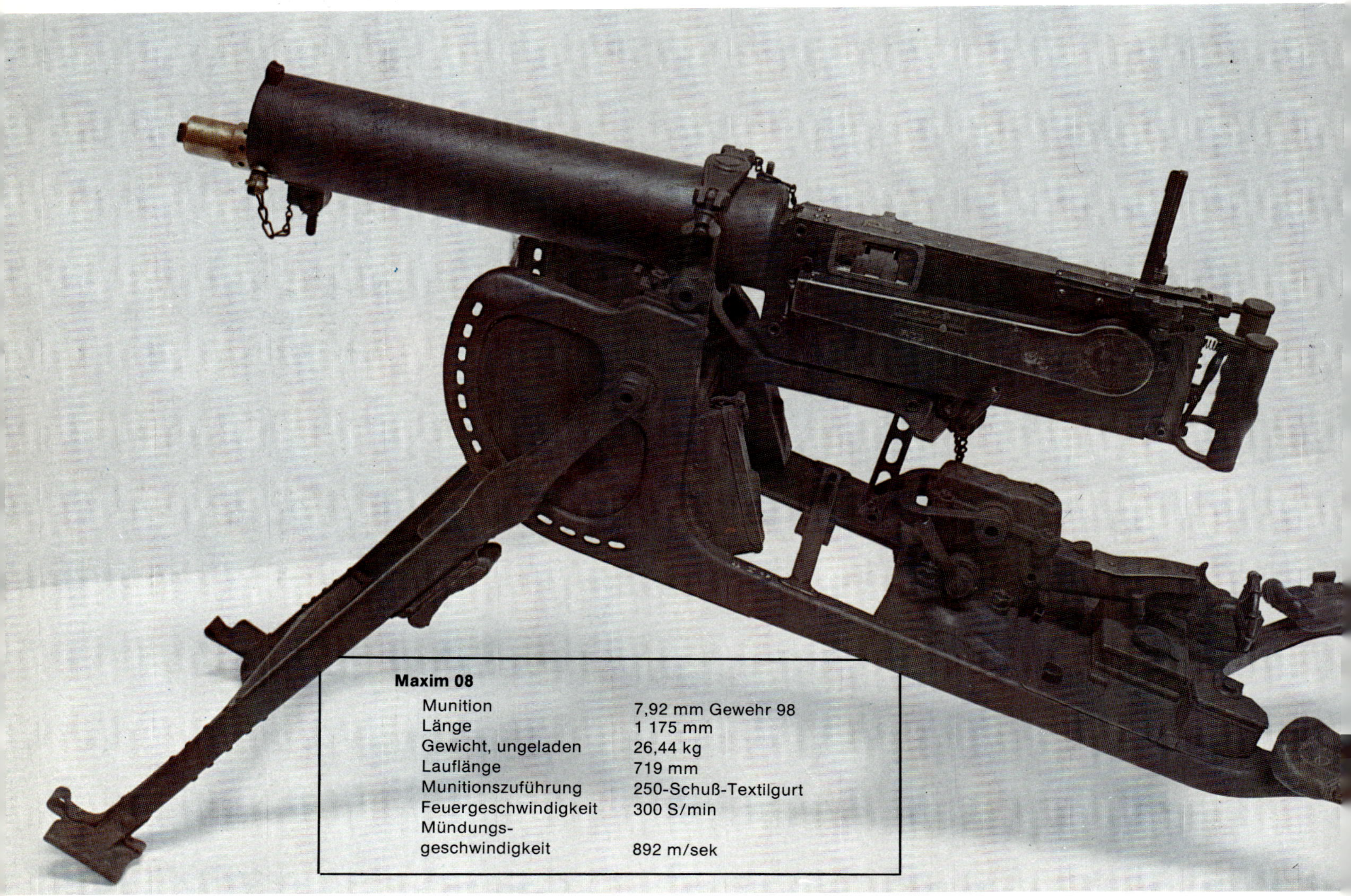

Maschinengewehre

Maxim 08

Munition	7,92 mm Gewehr 98
Länge	1 175 mm
Gewicht, ungeladen	26,44 kg
Lauflänge	719 mm
Munitionszuführung	250-Schuß-Textilgurt
Feuergeschwindigkeit	300 S/min
Mündungs-geschwindigkeit	892 m/sek

Von Anfang an erkannte das deutsche Heer die Bedeutung der Maschinengewehre als Infanteriewaffe. Während des Ersten Weltkrieges waren die deutschen Maschinengewehre vorherrschend und im Zweiten Weltkrieg genauso bedeutend. Die Gliederung des Infanteriezuges ebenso wie der Infanteriegruppe basierte auf dem Maschinengewehr, und die Gewehrschützen wurden nicht als zusätzliche Verstärkung (wie es die Briten taten), sondern als Unterstützung des Maschinengewehrs angesehen. Ihre Aufgabe bestand darin, die Feuerbereitschaft des Maschinengewehrs zu garantieren, denn es stellte ihre eigentliche Schlagkraft dar.

Es handelte sich um ein vernünftiges und realistisches Konzept, das die Alliierten viel früher hätten nachahmen müssen. Jedoch war in Deutschland die Entwicklung für den taktischen Einsatz von Maschinengewehren nicht einfach, denn nach den Bedingungen des Versailler Vertrages war ihnen deren Herstellung verboten. Wie auch bei vielen anderen Waffen wirkten sich diese Einschränkungen aber kaum aus, denn die eigene Forschung hinsichtlich leichterer und besserer Maschinengewehre wurde in den 20er Jahren mit deutschem Kapital in Waffenfabriken der Nachbarstaaten, wie der Schweiz und Österreich, fortgesetzt. Einige taktische Erprobungen fanden in Rußland statt, obwohl deren Durchführung nicht immer leicht und erfolgreich gewesen ist.

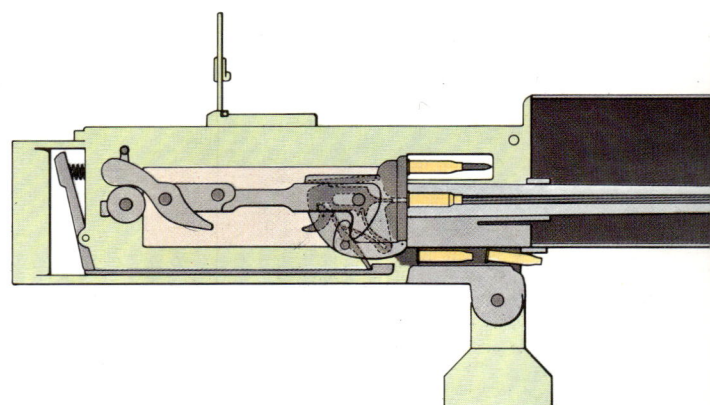

Das Maschinengewehr des Ersten Weltkrieges war das Maxim, wassergekühlt, schwer, kompliziert und teuer in der Herstellung. Es glich sehr dem britischen Vickers-Modell. Ohne irgendeinen fahrbaren Untersatz ließ es sich kaum tranportieren und für den Infanteriezug, der zu Fuß marschierte, kaum verwenden. Zumindest besaß das alte Maxim einen Vorteil, es war zuverlässig. Solange es mit Munitionsgurten und etwas Kühlwasser für den Laufmantel versorgt wurde, konnte es den ganzen Tag über feuern. Es benötigte eine Bedienung von mindestens drei Mann. Im Kampf gehörten wenigstens vier Mann dazu. Der Personalbedarf war also sehr groß. Kampftruppen in der vordersten Linie verfügten weder über genügend Mannschaften, noch konnten sie die Unbeweglichkeit der Waffe in Kauf nehmen. Aus diesem Grunde wurde sie Reserveeinheiten, Festungstruppen zugeteilt, bei denen die Frage der Mobilität eine untergeordnete Rolle spielte und die Waffe sich in festen Stellungen befand. Hier konnte ein Maxim leicht von zwei Mann bedient werden. So wurde es für solche Aufgaben zumeist im Kriege eingesetzt.

Ein leichtes deutsches Maschinengewehr entstand während des Ersten Weltkrieges nicht. Als sich das Heer in den dreißiger Jahren vergrößerte und neu bewaffnete, gab es praktisch nur ein einziges geeignetes Maschinengewehr für die Infanterie, das wassergekühlte Modell Dreyse 1917. Bis zum Erscheinen einer vielversprechenden schweizer Solothurn-Konstruktion fand es in wesentlich leichterer Ausführung seine Verwendung. Vielleicht war es kein Zufall, daß Rheinmetall Solothurm finanzierte. Es gibt einige Hinweise dafür, daß das Maschinengewehr nach Spezifikationen gebaut wurde, die ihren Ursprung in Deutschland

hatten. Von Mauser sind sie übernommen und in mancher Hinsicht den Erfordernissen den neuen Heeres angepaßt worden. Insbesondere verzichtete man auf die Magazinzuführung und baute dafür eine verbesserte Gurtzuführung ein.

Sobald das erste neue Maschinengewehr das Fließband bei Mauser verließ, wurde es als Maschinengewehr Modell 34 oder MG 34 in die Streitkräfte eingeführt. Es ist einer genaueren Betrachtung wert, denn es stellte einen bedeutenden Wandel der Ansichten dar, die bis dahin über Maschinengewehre bestanden hatten. Das MG 34 war viel leichter als die alten wassergekühlten Modelle und nur unwesentlich schwerer als die leichten Maschinengewehre, wie z. B. die Modelle Lewis oder das Hotchkiss. Aber der eigentliche Unterschied lag in seiner Verwendung, denn es war als Mehrzweckwaffe gedacht und sollte entweder als leichtes oder mittleres Maschinengewehr Verwendung finden. Im Jahre 1934 bedeutete das eine grundlegende Änderung der bisherigen Vorstellungen, und das war tatsächlich auch im Jahre 1939 noch so. Die Idee wurde während der fünf Kriegsjahre in ihrer Richtigkeit bestätigt. Noch heute hat jenes Konzept innerhalb der NATO seine Gültigkeit.

Das MG 34 verdrängte die verbliebenen Dreyses in die Waffenlager und wurde zur Einheitswaffe des deutschen Heeres. Es war eine luftgekühlte Waffe mit Gurtzuführung und kam gewöhnlich mit einem Zweibein oder für Dauerfeuer mit einem Dreibein zum Einsatz. Bei Verwendung als leichtes Maschinengewehr befand sich der Gurt mit 75 Schuß

Maschinengewehr 34 (MG 34)

Munition	7,92 mm Gewehr 98
Länge	1 219 mm
Gewicht, ungeladen	12,1 kg
Lauflänge	627 mm
Munitionszuführung	50-Schuß-Gurt oder 75-Schuß-Trommelmagazin
Feuergeschwindigkeit	800 - 900 S/min
Mündungsgeschwindigkeit	755 m/sek

Unten: Ein MG 34 in Stellung am Atlantikwall.

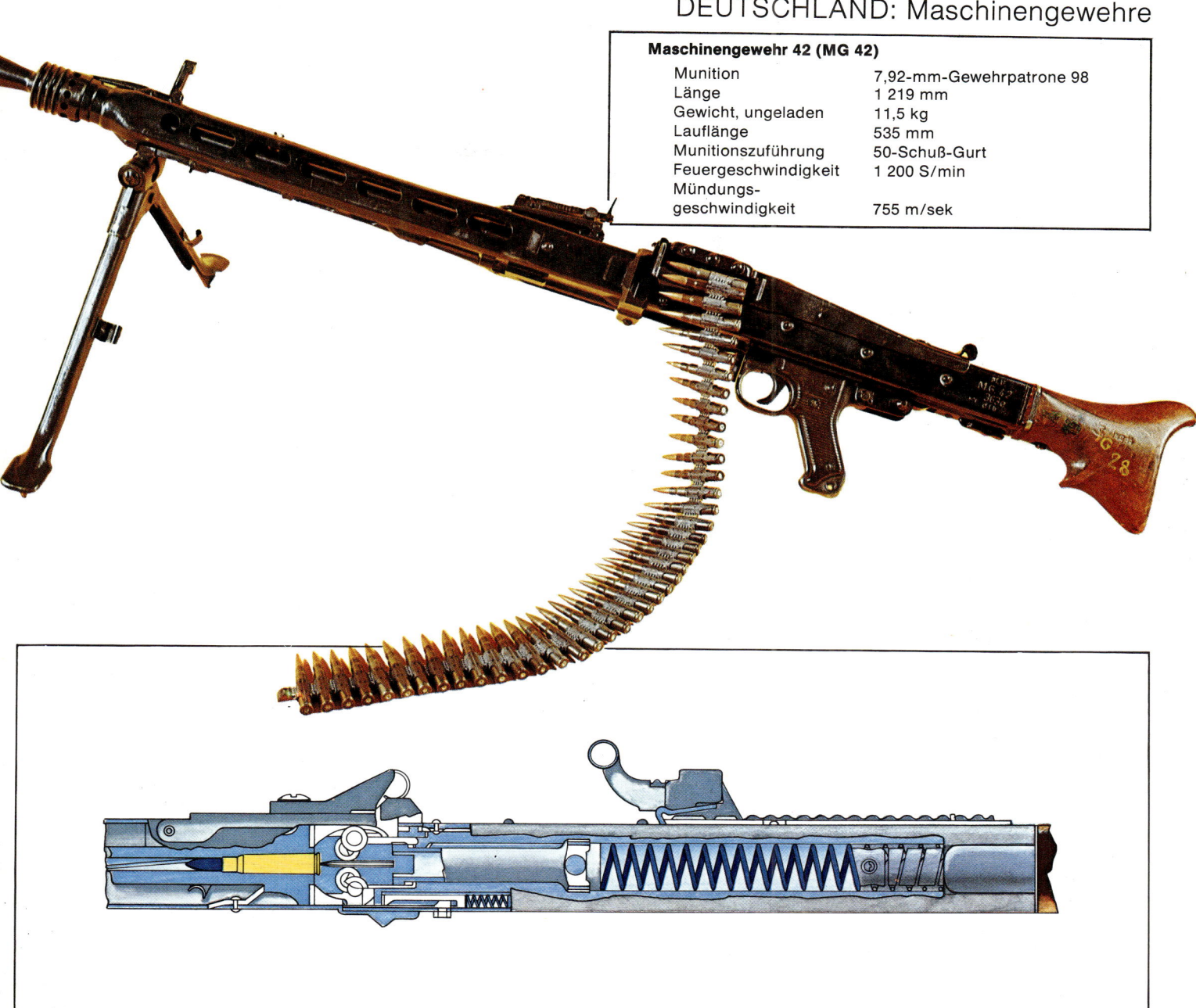

Maschinengewehr 42 (MG 42)	
Munition	7,92-mm-Gewehrpatrone 98
Länge	1 219 mm
Gewicht, ungeladen	11,5 kg
Lauflänge	535 mm
Munitionszuführung	50-Schuß-Gurt
Feuergeschwindigkeit	1 200 S/min
Mündungs-geschwindigkeit	755 m/sek

in einer Aufsatztrommel. Das leere Ende des Gurtes rollte sich darin auf, hing nicht herab und behinderte somit nicht die Beweglichkeit. Für ein leichtes Maschinengewehr bildete das eine Neuerung, denn bisher hatten alle leichten Maschinengewehre Magazinzuführung in dieser oder jener Form gehabt und waren bei einer Ladung auf etwa 30 Schuß beschränkt gewesen.

Bei Dauerfeuer wurde der übliche lange Metallgurt verwendet. Dann war das MG 34 auf dem schweren Dreibein montiert. Bei Dauerfeuer wurde der Lauf schnell heiß und mußte gewechselt werden. Der Laufwechsel war einer der Schwachpunkte der Konstruktion. Man mußte dabei äußerst vorsichtig sein, um sich nicht die Hände zu verbrennen. Der Vorgang war etwas unpraktisch, weil der MG-Deckel geöffnet, der Verschluß freigelegt und der heiße Lauf mit einer Metallklaue herausgenommen werden mußte. Da alle Teile sehr heiß waren, war das sehr heikel und während der Dunkelheit ein Alptraum.

Das MG 34 traf man im gesamten Heer an, als Doppel-MG auf gepanzerten Fahrzeugen und mit anderer Lafettierung zur Fliegerabwehr.

Es fand während des ganzen Krieges Verwendung, aber blieb eine komplizierte Waffe und war in seiner Herstellung sehr aufwendig. Gegen Schmutz, Staub und Schnee war es empfindlich. Im Jahre 1942 wurde es durch das MG 42, dem vielleicht berühmtesten Maschinengewehr des ganzen Krieges, ersetzt. Nur aus kürzester Entfernung konnte man es äußerlich vom MG 34 unterscheiden. Beim MG 42 wurde ein anderer Laufverschluß verwandt, obwohl es sonst nach dem alten Rückstoßsystem arbeitete. Der Laufwechsel war bei ihm im weitesten Maße so verbessert und vereinfacht, daß er sich ohne Anfassen des heißen Laufes vornehmen ließ. Die Feuergeschwindigkeit war bis maximal etwa 1 300 Schuß in der Minute einstellbar. Bei dieser Geschwindigkeit gingen die einzelnen Schüsse ineinander über und erzeugten ein eigentümliches Geräusch. Die Waffe wurde blitzschnell heiß, und ihr Hunger auf volle Patronengurte konnte kaum gestillt werden. Es war schon beängstigend, Geschosse in dieser schnellen Folge auf sich gerichtet zu sehen. An den Laut der »Spandau«, wie sie genannt wurde, erinnern sich heute noch Veteranen der Alliierten mit einer gewissen Furcht. Die MG 34 und 42

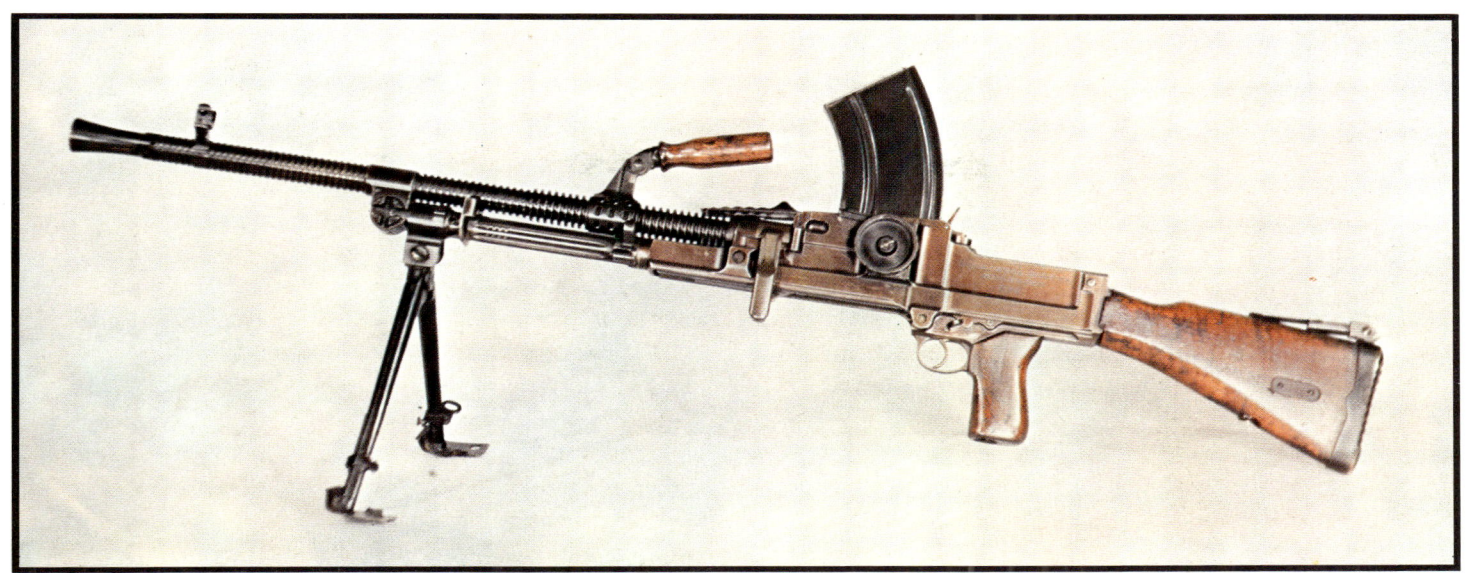

Lehky Kulomet ZB 30	
Munition	7,92-mm-Gewehrpatrone 1898
Länge	1 161 mm
Gewicht, ungeladen	9,6 kg
Lauflänge	672 mm
Magazin	30-Schuß-Kastenmagazin
Feuergeschwindigkeit	500 S/min
Mündungs- geschwindigkeit	762 m/sek

zählten zu den wenigen Gegenständen der deutschen Ausrüstung, die die alliierten Soldaten nur zu gern erbeuteten und gegen ihre früheren Besitzer verwendeten.

Aber das Beste am MG 42 bildeten die Neuerungen im Fertigungsverfahren, das es in mancher Hinsicht der MP 40 verdankte. Von Anfang an war die Waffe für eine Produktion unter Kriegsbedingungen vorgesehen. Bei ihrer Herstellung wurde die Fräsetechnik weitgehend durch die Präge- und Stanztechnik ersetzt. Äußerlich war das MG 42 im Vergleich zu seinem Vorgänger sehr unvollkommen und nicht so attraktiv, aber weit weniger empfindlich gegen Schmutz und rauhe Behandlung. Es erwarb einen beneidenswerten Ruf während des russischen Winters, als die Mehrzahl der anderen Waffen einfach versagte. In der Tat war die Konstruktion so erfolgreich, daß sie 1957 für die deutsche Bundeswehr wieder Verwendung fand und immer noch unter einem neuen Namen mit NATO-Kaliber ihren Dienst versieht. Davon abgesehen handelt es sich um genau die gleiche Waffe, die nun schon ein Alter von mehr als 35 Jahren erreicht hat.

Für den Neuling dürfte das Schießen mit dieser Waffe ein interessantes Erlebnis sein. Es ist sehr schwierig, sie ruhig zu halten, denn sie neigt dazu, mit dem Zweibein dem Schützen davonzulaufen. Ein zweiter Schütze, der den Gurt in die Zuführung leitet und das Stoßen und Rukken des Gurtes verhindert, erleichtert die Bedienung. Man benötigt ihn ohnehin zum Tragen der Gurte. Die gewöhnlich drei Mann starke Bedienung sah wie ein Haufen mexikanischer Banditen aus, da sie gewöhnlich mit schußbereiten Gurten umhangen war. Das MG 34 konnte auch Einzelfeuer abgeben. Der Abzug hatte einen Druckpunkt. Bei halber Betätigung wurde Einzelfeuer, bei vollem Durchzug Dauerfeuer geschossen. Das MG 42 dagegen war nur für Dauerfeuer eingerichtet.

Genaue Angaben über die gesamten Herstellungszahlen dieser Waffen existieren heute offenbar kaum noch. Möglicherweise erreichten diese Zahlen beim MG 34, 20 000 und bis 1945 mehr als 750 000 beim MG 42. Aber das MG 34 und 42 waren nicht die einzigen in der Wehrmacht verwendeten Maschinengewehre. Gegen 1942 bestand eine allgemeine Knappheit bei den meisten Infanteriewaffen. Deshalb wurde alle

Links: Ein aufgegebenes MG 42 oberhalb einer Hauptstraße in Italien im Oktober 1944. Seine Bedienungsmannschaft ist bereits durch die alliierten Invasionstruppen in die Flucht geschlagen worden.

verwendbare Ausrüstung aus den besetzten Ländern herangezogen. Die tschechische Waffenindustrie besaß schon immer einen guten Ruf. Die Fabriken produzierten entweder die deutschen Konstruktionen oder weiter ihre eigenen Modelle. Infolgedessen befanden sich nicht wenige der tschechischen ZB 30 im deutschen Heer, außerdem das frühere ZB 26 und mindestens noch zwei weitere Modelle des gleichen Herstellers. Weil Reserveformationen bei der Ausrüstung immer zu kurz kommen, besaßen manche solcher deutschen Verbände eine entmutigende Sammlung von Ablegern. So wurden zum Beispiel in den Niederlanden erbeutete holländische Waffen entlang des Atlantikwalls verwendet. Unter ihnen befanden sich auch einige hochbetagte, aus dem Ersten Weltkrieg stammende Schwarzlose und Maxim. Aber die kämpfende Truppe ist immer optimal versorgt worden. Der gute Ruf der Deutschen für die Herstellung bewährter Maschinengewehre und ihr Können bei deren Einsatz waren nie gößer als im Zweiten Weltkrieg.

Anti-Tank-Gewehre

Als 1916 die ersten britischen Tanks die Schützengräben überrollten, gab es keine wirksame Abwehr gegen sie. Aber neun Monate später besaß die deutsche Infanterie in einem speziellen Tankgewehr hierfür eine brauchbare Waffe. Es war nichts anderes als eine Vergrößerung des Einheitsgewehrs der Infanterie von Mauser, aber für den Rest des Krieges genügte es den Anforderungen.

In den Nachkriegsjahren verfolgten andere Länder die Idee der Panzerbüchsen. Als die deutsche Wiederaufrüstung begann, war das Mauser-Modell veraltet. Die Bedingungen des Versailler Vertrages hatten es verboten. Somit konnte man leicht von vorne anfangen, etwas moderneres zu entwickeln. Panzerbüchsen lassen sich keineswegs leicht herstellen, da bei ihnen viele widersprüchliche Komponenten zusammentreffen, die in einer Waffe vereint sein wollen. Die Waffe muß so leicht sein, daß sie von einem — höchstens von zwei Mann, getragen werden kann. Dennoch wird eine genügend große panzerbrechende Durchschlagskraft verlangt. Sie mußte klein genug sein, um sie in einem Schützenloch getarnt in Stellung zu bringen und dabei die größtmögliche Reichweite besitzen, um Panzer unter Feuer zu nehmen, bevor sie die Stellung erkannt haben. Schließlich fordert man eine möglichst hohe Feuergeschwindigkeit, damit bei einem Massenangriff gepanzerter Fahrzeuge eine hohe Anzahl von Schüssen innerhalb kürzester Zeit abgefeuert werden kann.

Angesichts solcher Forderungen schufen einige Konstrukteure wahre Ungeheuer. In Deutschland aber liefen die Überlegungen darauf hinaus, ein möglichst leichtes Geschoß mit einer extrem hohen Mündungsgeschwindigkeit zu verwenden. Das gestattete eine ziemlich leichte und kompakte Waffe, bei der das schnelle Geschoß ausreichende Durchschlagskraft garantierte. Die erste Konstruktion wurde als Panzerbüchse 38 in die Wehrmacht eingeführt. Basierend auf der alten 13-mm-Mauser-Patrone verwendete man eine auf Kaliber 7,92 mm verkleinerte panzerbrechende Variante mit einem Hartkerngeschoß aus Wolframkarbid. Die PzB 38 war eine faszinierende Waffe, weil sie von den bisherigen Gewehrkonstruktionen völlig abwich und in vieler Hinsicht einem kleinen Artilleriegeschütz ähnelte. Statt eines Zylinderverschlusses besaß sie einen Vertikalblockverschluß. Durch den Rückstoß schnellte der Lauf beim Schuß zurück und öffnete den Verschluß. Die Munition befand sich in einem seitlich aufgesteckten Patronenbehälter. Der Schütze hatte die Patronen somit in unmittelbarer Nähe des Griffstücks griffbe-

Panzerbüchse Modell 39 (PzB 39)	
Munition	7,92-mm-/ 13-mm-panzerbrechend
Länge	1 581 mm
Gewicht, ungeladen	12,35 kg
Lauflänge	1 086 mm
Magazin	Einzelschuß
Mündungs-geschwindigkeit	1 265 m/sek
Panzerbrechende Wirkung	30 mm auf 100 m bei einem Auftreffwinkel von 30 Grad

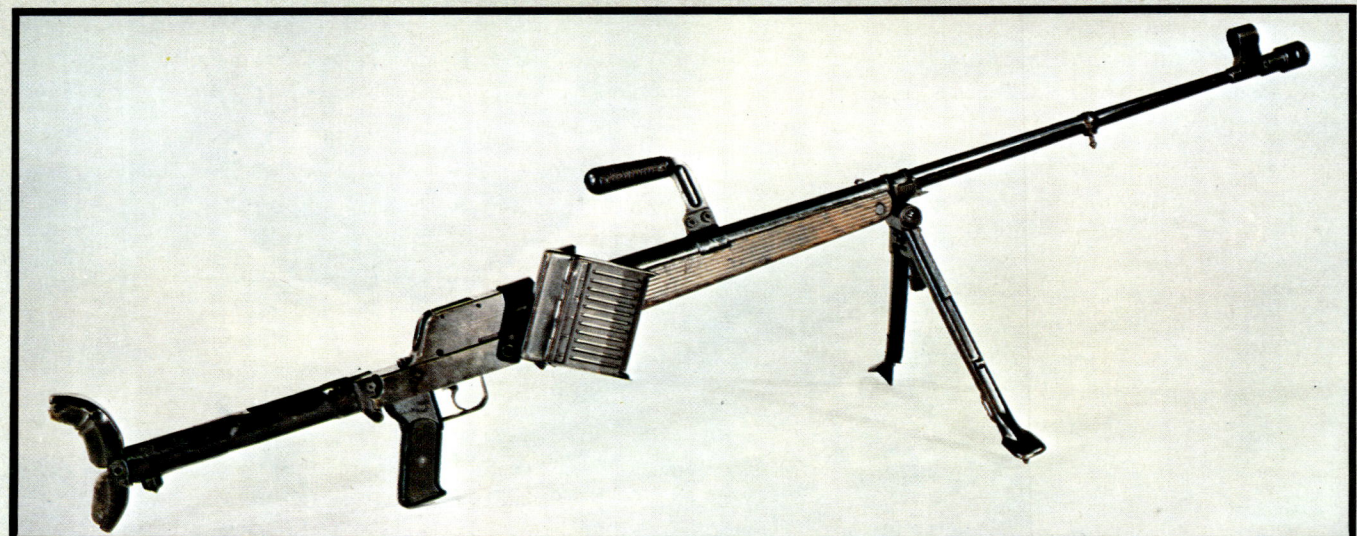

reit und brauchte sie nur in den geöffneten Verschluß einzuführen, der sich daraufhin verriegelte und somit die erneute Feuerbereitschaft wieder herstellte. Sie bildete eine der schnellsten und gelungensten Infanteriewaffen, die jemals gefertigt wurden.

Unglücklicherweise war die PzB 38 wie auch viele andere Waffen der Vorkriegszeit schwer herzustellen. Innerhalb eines Jahres wurde sie schließlich durch eine vereinfachte Ausführung, die PzB 39, abgelöst. Sie arbeitete aber nicht halbautomatisch. Damit wurde der Rückstoß stärker und der Ladevorgang langsamer. Bei einem etwas geringerem Gewicht — 12 kg statt 16 kg — war sie für einen Mann noch schwer genug.

Eine Panzerbüchse gehörte zur Ausrüstung eines Zuges und wurde im Polenfeldzug von 1939 und während des Frankreichfeldzuges im Jahre 1940 mitgeführt, kam aber in beiden Fällen nicht oft zum Einsatz. Es zeigte sich bereits deutlich, daß gepanzerte Fahrzeuge den Panzerbüchsen überlegen waren und diese gegen sie nicht viel auszurichten vermochten. Schmerzhaft trat diese Tatsache in Rußland in Erscheinung, wo sich die Büchsen als nutzlos erwiesen und deshalb häufig von den enttäuschten, überladenen Infanteristen weggeworfen wurden. Einige versah man zum Abschuß von Hohlladungen mit einem verkürzten Lauf. Aber auch hiermit ließen sich keine Erfolge erzielen, so daß die

Waffen zumeist in Straßengräben endeten. Gegen den russischen T-34 waren solche Angriffe wirkungslos, wahrscheinlich nahmen die Panzerbesatzungen das Feuer jener garnicht zur Kenntnis.

Mit einer gewissen Ratlosigkeit wurde noch eine andere Konstruktion erprobt, um der Infanterie eine Möglichkeit zu geben, den russischen Panzern Einhalt zu gebieten. Man entschied sich für das bedeutend schwerere Kaliber von 20 mm. Sie beruhte auf einer Solothurn-Entwicklung der Vorkriegsjahre, einem geschickten und mechanisch komplizierten Selbstlader, der großkalibrige Hochgeschwindigkeitsvollkernmunition benutzte. Die Waffe kam aber zu spät. Jene PzB 41 war teilweise von einer Flugzeugkanone abgeleitet, und so scheint es einige gemeinsame Teile gegeben zu haben, was sich bei der Herstellung vorteilhaft auswirken mußte. Dennoch war sie sehr teuer und in der Wartung anspruchsvoll. Das 20-mm-Geschoß hatte einen Stahlkern (Wolframkarbid war bereits sehr knapp) und durchdrang auf 240 Meter Entfernung lediglich 30 mm Panzerung. Weil das für die Ostfront vollkommen unzureichend war, wurde der größte Teil zum italienischen Kriegsschauplatz geliefert, wo gewisse Erfolge gegen die schwächere Panzerung des Sherman-Kampfwagens erzielt werden konnten.

Wie bei so vielen deutschen Waffen war man auch bei der Konstruktion der Panzerbüchsen bemerkenswert erfinderisch. Sie zählten zu den interessantesten Gegenständen der Infanterieausrüstung, die im Krieg produziert wurden. Bedauerlicherweise hat das deutsche Oberkommando nicht früh genug erkannt, daß bereits vor Ausbruch des Krieges die

Tage der panzerbrechenden (Einmann-) Büchsen gezählt waren und so versäumt, neue Wege bei der Entwicklung wirksamerer Panzerbekämpfungsmittel zu beschreiten.

1 Anmerkung: MG 42
2 Anm. des Übers.: FG 42 = Fallschirmjägergewehr 42

Panzerbüchse MSS 41 (Tschechische Konstruktion)	
Munition	7,92-mm-Spezial Hochgeschwindigkeit
Länge	1 195 mm
Gewicht, ungeladen	18,14 kg
Lauflänge	839 mm
Magazin	10-Schuß-Kastenmagazin
Mündungsgeschwindigkeit	1 219 m/sek
Panzerbrechende Wirkung	nicht bekannt

ITALIEN

Italien hat eine lange Geschichte in der Herstellung von Waffen und Rüstungen, die bis ins Mittelalter zurückgeht. Die Werkstätten von Brescia und Turin erfreuten sich seit Jahrhunderten eines guten Rufes für Schwerter, Dolche, Stangenwaffen[1] und Rüstungen. Mit der Einführung von Feuerwaffen übertrugen sie ihre Kunstfertigkeit auch auf diese und fertigten Waffen von hervorragender Qualität und Schönheit. Mit dem Entstehen der Verbrennungsmaschine erlebten die Werkstätten einen noch größeren Aufschwung. Seit Beginn dieses Jahrhunderts haben italienische Autos und Motoren eine Leistungsfähigkeit und Qualität bewiesen, um die sie andere beneideten. Die italienischen Konstruktionen von Flugzeugen, besonders Flugzeugmotoren, zählten mit zur Spitzenklasse, was durch ihre Leistungen in den internationalen Luftrennen in den zwanziger und dreißiger Jahren deutlich wurde. Während der ganzen Zeit, als die Briten um die Schneider-Trophäe rangen, lag die italienische Macchi immer nur kurz hinter ihnen.

Angesichts einer solchen Vergangenheit erstaunt es um so mehr, daß die italienischen Handfeuerwaffen während beider Weltkriege so schlecht gewesen sind. Schwerlich läßt sich der wahre Grund dafür finden. Einerseits bestand scheinbar ein Mangel an Konstrukteuren, was ganz besonders für die Maschinengewehre galt, wo sich die Regierung gänzlich auf einen Mann, Revelli, zu verlassen schien, der auf keinen Fall außergewöhnlich war. Als Breda ein eigenes leichtes Maschinengewehr herstellte, verfolgte man ebenfalls einen wenig aussichtsreichen Plan, von dem man sich offenbar nicht zu trennen vermochte. Das Mannlicher-Carcano-Gewehr war nicht schlechter als irgendein anderes, als es 1891 erschien. Im Jahre 1918 aber war eine Verbesserung überfällig, wurde aber nie vorgenommen. Nur bei den modernen Waffen gab es Anzeichen von etwas Originalität und Vernunft in ihrer Konstruktion. Die Beretta-Pistolen waren hervorragend, und Beretta-Maschinenpistolen — obwohl etwas schwer — zählten zu den besten, die während des ganzen Krieges hergestellt wurden. Sie erfreuten sich eines Rufes, den nur wenige andere mit ihr teilten. Beretta bewies es, daß man bessere Waffen schaffen konnte. Aber diese Leistungsfähigkeit beschränkte sich einzig und allein auf eine Firma, deren Motiv möglicherweise in ihrer großen Geschäftstüchtigkeit zu suchen gewesen ist.

Zu allen Zeiten bestand ein ernsthafter Mangel an einer entsprechenden Kapazität für die Herstellung von Handfeuerwaffen. Es ist eine Tatsache, daß Italien Mitte der dreißiger Jahre keine Fabrikationsbasis für die Logistik eines modernen Krieges besaß. Um seine Armee hinreichend ausrüsten und versorgen zu können, hätte es fremde Hilfsquellen nutzen müssen. Sein Stolz erlaubte aber so etwas nicht, ganz abgesehen davon, daß solche Quellen damals einfach nicht vorhanden waren. Ganz Europa rüstete, und die Industrie eines jeden Landes arbeitete auf Hochtouren für die eigenen nationalen Programme. Und schließlich war Italien nicht reich. Die Depression hatte die Wirtschaft zerrüttet, und es brauchte länger als andere Länder, um die Folgen zu überwinden. Die grandiose Vision vom Wiederaufbau und der Kolonisation — hauptsächlich an der nordafrikanischen Küste in Verbindung mit dem Krieg in Abessinien — verschlangen ebenfalls einen Teil der verfügbaren Mittel. Es gab zu wenig neue Fabriken und zu wenig Investitionen. Das alles wirkte sich auf die Ausrüstung der Armee aus.

Es erscheint möglich, daß die italienische Armee zu keiner Zeit mit der vollen Sollstärke an Waffen und Munition ausgestattet war. Lediglich die Eliteverbände wurden bevorzugt und große Anstrengungen unternommen, die Bataillone in Nordafrika angemessen zu versorgen. Aber das genügte nicht. Als 1941 ein Expeditionskorps zum Einsatz auf dem russischen Kriegsschauplatz zur Unterstützung der deutschen Kräfte aufgestellt wurde, ergaben sich ernsthafte Engpässe. Trotz größter Anstrengungen der Logistiker besaßen die Infanteriezüge in vielen Fällen nur ein leichtes Maschinengewehr, statt der drei vorgesehenen. Die mittleren Maschinengewehre waren unter dem Soll und in manchen Bataillonen überhaupt nicht vorhanden. Panzerbüchsen gab es nur wenige und Maschinenpistolen lediglich eine pro Zug. Es war kein guter Anfang für einen bedeutenden Feldzug, und die Truppen hatten darunter zu leiden.

Die Mängel bei der Versorgung mit Waffen wurden bei der Munition besonders deutlich. Im Jahre 1891 hatte man sich für das Kaliber 6,5 mm entschieden. Die Patrone mit einer runden Geschoßspitze und mittlerer Durchschlagskraft war für jene Zeit typisch. Die meisten Nationen

gingen um 1908 zum Spitzgeschoß über, nicht aber Italien. Dort benutzte man das Geschoß mit abgerundeter Spitze bis 1945 weiter. Der Nachteil dieses Geschosses lag darin, daß es sehr schnell an Geschwindigkeit und somit an Durchschlagskraft verlor, sobald es den Lauf verlassen hatte. Daher war die effektive Reichweite kürzer als die aller anderen. Außerdem eignete sich diese Munition nicht besonders für Maschinengewehre. Eine Änderung hätte 1918 eintreten müssen, aber sie kam nicht. Schließlich, im Jahre 1937, wurden ihre Mängel erkannt und eine neue Patrone mit einem nur unwesentlich größeren Kaliber geschaffen. Sie stellte — 20 Jahre zu spät — nur halbwegs eine Verbesserung dar. Es blieb keine Zeit, um alle Waffen noch vor dem Beginn des Krieges zu modifizieren. Der Versuch, das Kaliber der Bewaffnung einer ganzen Armee unter Berücksichtigung der vorhandenen Mittel und der verbleibenden enorm kurzen Zeit umzustellen, mußte scheitern. Zur gleichen Zeit nahm die italienische Armee ein Maschinengewehr in Dienst, das bei seiner Munition vom Kaliber 6,5 mm abwich und daher eine besondere Herstellung und Versorgung erforderte. Darüber hinaus autorisierte sie die Ausgabe von Pistolen und Maschinenpistolen, die alle unterschiedliche Kaliber hatten und andere Munitionstypen benutzten.

Aus heutiger Zeit zurückblickend, ist es leicht, kritisch zu sein und auf die offensichtlichen Schwachpunkte hinzudeuten. Fraglos waren sie zur damaligen Zeit viel schwerer zu erkennen, obwohl man sich über einige davon — wie beispielsweise die Vielzahl der Munitionstypen — hätte im klaren sein müssen. Das primäre Versäumnis bei der Planung der gesamten italienischen Infanteriebewaffnung und in vielen Fällen für die Armee überhaupt, bildeten das Fehlen einer geeigneten koordinierten Planungspolitik und deren Durchführung. Man kann klare Anzeichen von getroffenen übereilten Maßnahmen erkennen, um eine Situation nach Eintritt von Krisen zu meistern, eine langfristige Planung sucht man aber in der Regel vergeblich. Ein kontinuierliches Umrüstungsprogramm für Gewehre und Maschinengewehre auf andere Läufe hätte in einem durchaus langsamen Tempo ab 1930 mit einer geringen Belastung der Fabriken durchgeführt werden können. 1940 wäre dann die 6,5-mm-Patrone nichts anderes als eine historische Erinnerung gewesen. Einen solchen Versuch aber während der Jahre zu unternehmen, als sich die Kriegswolken am Horizont bereits ballten, mußte unsinnig erscheinen. Außerdem waren die vergeblichen Bemühungen zur Modernisierung eines unzureichenden Maschinengewehrs wie das Modell Revelli im Jahre 1940 unrealistisch. Es wäre bei weitem besser gewesen, den Nationalstolz zu überwinden und eine Lizenz für die Herstellung tschechischer Maschinengewehre zu erwerben. Aber derartige Überlegungen sind heute nutzlos. Entscheidend bleibt, daß der italienische Soldat mit unzureichender Ausrüstung in den Krieg geschickt wurde und daß das, was er besaß, in seiner Schlagkraft schwächer als erforderlich war.

Unten: Mit Carcano-Gewehren bewaffnete italienische Truppen beim Vorbeimarsch an Mussolini und der königlichen Familie.

Pistolen

Die italienische Armee benutzte eine erhebliche Anzahl von Pistolen, hauptsächlich deswegen, weil sie die Standard-Bewaffnung aller Offiziere, einiger Fahrer, der meisten Besatzungen von gepanzerten Fahrzeugen und einiger Unteroffiziere bildeten. Außerdem fanden sie Verwendung in der italienischen Marine und Luftwaffe. Marineoffiziere und -unteroffiziere trugen ebenso wie die Besatzungen der meisten Kampfflugzeuge Pistolen. Die benötigte Anzahl war beträchtlich. Es überrascht nicht, daß mehrere verschiedene Modelle zur üblichen Ausrüstung zählten. Tatsächlich mußten ganze Bestände ziviler Waffen aufgekauft werden, weil die Fabriken nicht ausreichende Stückzahlen der eingeführten Modelle zur Verfügung stellen konnten. Das Spektrum der italienischen Pistolen des Zweiten Weltkrieges ist daher ziemlich vielfältig und weit gestreut.

Bei der ältesten sich offiziell noch in der Ausrüstung befindlichen Pistole handelte es sich um die Selbstladepistole Glisenti aus dem Jahre 1910, die im Ersten Weltkrieg in beträchtlichem Umfang Verwendung gefunden hatte. Sie war bereits 1906 patentiert und in begrenzter Zahl von der Metallurgicia Bresciana Temprini hergestellt worden. Die Produktion lief unter dem Namen Brixia. Diese beiden Namen haben verständlicherweise bei den Historikern zu Verwirrungen geführt. Die italienische Armee hat verschiedentlich darauf hingewiesen, daß sie eine neutrale Position bezieht und diese Waffe als Brixia-Glisenti bezeichnet. Gewiß kam der Hauptanteil der Produktion von der Firma Glisenti, die auch die Patrone für sie entwickelte. Davon abgesehen dürfte weiteres

Forschen nach den Umständen nutzlos sein, weil der Gegenstand der Erörterung die Waffe selber und nicht ihr genauer Ursprung ist.

Der Selbstlader Glisenti, Modell 1910, war eine fachmännische und interessante Konstruktion. Sie glich äußerlich der deutschen Parabellum, obwohl der (innere) Mechanismus offenbar mehr auf die frühen Mauser-Modelle zurückzuführen ist, weil der Kniegelenkverschluß der Parabellum fehlt. Das Kaliber war 9 mm. Verwendet wurde eine 9-mm-Spezialpatrone, die in ihrer Gesamtlänge nur geringfügig kürzer als die Parabellum und um etwa 25 % schwächer war. Der Längenunterschied war nicht so groß, um zu verhindern, daß sich der gleiche Munitionstyp für beide Pistolen benutzen ließ. Das stellte, wie noch zu erläutern ist, eine potentielle Gefahr dar. Das Geschoß der Glisenti war etwas spitzer als das andere. Somit konnte ein Fehler beim Laden nur eher absichtlich als versehentlich vorkommen.

Das angewandte Verriegelungssystem war typisch für die damalige Zeit. Heute würden wir es als halbstarre Verriegelung — statt starrer Verriegelung — bezeichnen. Sie wurde durch einen Verschlußriegel bewirkt, den eine starke, flache im Griffstück befindliche Feder hielt. Durch die Feder wurde der Verschlußriegel ganz nach vorn getrieben und bewirkte dabei die Verriegelung des Laufes mit dem vierkantigen Verschluß. Beim Abfeuern der Patrone schnellten Lauf und Verschluß durch den Rückstoß gemeinsam zurück. Dabei wurde die Verriegelung zwischen Lauf und Verschluß gelöst und der Verschluß glitt allein weiter in seine hinterste Stellung. Der Lauf blieb in dieser Phase in seiner Position und wurde durch eine Vorholfeder wieder in seine vorderste Stellung gebracht. Der Verschlußriegel gewährleistete, daß Lauf und Ver-

Pistola Automatica Glisenti Modello 1910

Munition	9-mm-Cartuccia Pallatola Modello 10 (9-mm-Glisenti)
Länge	207 mm
Gewicht, ungeladen	0,82 kg
Lauflänge	100 mm
Magazin	7-Schuß-Kastenmagazin
Mündungs-geschwindigkeit	320 m/sek

schluß solange miteinander verriegelt blieben bis sie beim gemeinsamen Rücklauf eine Stellung erreicht hatten, bei der der Gasdruck im Lauf auf ein nicht mehr gefährliches Maß abgesunken war. Aber bei diesem System gab es einige Mängel. Die Verbindung der beiden Teile war nicht vollkommen fest. Sobald der Rücklauf begann, setzte auch die Entriegelung ein, weil der Verschlußriegel in seiner Lage von den zurückgleitenden Teilen mitgenommen wurde. Das bedeutete, wenn eine stärkere Patrone entweder aus Versehen oder vorsätzlich abgefeuert worden wäre, der Verschluß sich bereits gelöst hätte, während der Gasdruck noch größer war, als vom Konstrukteur vorgesehen. Des weiteren wären Lauf und Verschluß viel schneller als erwünscht zurückgeschnellt und die Lagerungen beider Teile durch die erhöhte Stoßkraft einer größeren Beanspruchung ausgesetzt worden.

Eine Gefahr, die durch Verwendung einer stärkeren Munition verursacht werden konnte, war möglicherweise geringer, als hier beschrieben, weil die Pistole immer nur mit der dazugehörigen Munition ausgegeben wurde. Es existierten aber damals Dutzende unterschiedlicher Typen von Pistolenmunition. Es war ganz natürlich, Pistolen mit aufeinander abgestimmter Munition herzustellen, ohne dabei Rücksicht auf Versionen in anderen Ländern zu nehmen. In Verbindung mit der Glisenti-Munition war die Pistole vollkommen sicher und höchst zuverlässig. Die geringere Stärke bedeutete eine gewisse Einschränkung der Wirkung im Vergleich zu anderen Modellen. Das war aber in Anbetracht der ohnehin kurzen Entfernungen, in denen Pistolen zum Einsatz kommen, kein Nachteil.

Es gibt eine oder zwei weitere Besonderheiten bei der Glisenti, die erwähnenswert sind. Der größte Teil des Rahmens war an der linken Seite ausgeschnitten und mit einer leichten Metallplatte abgedeckt. Das erwies sich günstig für das Reinigen, war aber nicht sehr solide, weil diese Platte dazu neigte, sich beim Schießen zu lösen. Weiterhin besaß sie eine Sicherung, was 1910 einen Fortschritt bedeutete. Diese Sicherung befand sich vor dem Griffstück und war somit für die Betätigung nicht so günstig angebracht. Außerdem arretierte sie nur den Abzug, was bei gespannter Waffe wegen Fehlens einer weiteren Sicherung gefährlich sein konnte. Bei gespanntem Hahn konnte durch einen versehentlichen Stoß ein Schuß ausgelöst werden, obwohl der Abzug gesichert war.

Abgesehen davon, leistete die Glisenti der italienischen Armee 35 Jahre lang gute Dienste, obwohl sie während des Zweiten Weltkrieges nur als Ersatzausstattung angesehen wurde. Nur einige wenige sind von den vordersten Truppenteilen der Infanterie verwendet worden. Neben Carabinieris und Reserveeinheiten diente die Waffe zum Teil auch der Marine als Ergänzungsausrüstung.

Ursprünglich war vorgesehen, die Glisenti bereits während des Ersten Weltkrieges durch die erste militärische Version der Beretta, Modell 1916, zu ersetzen. Einige dieser Modelle blieben aber bis zum nächsten Krieg größtenteils bei Flugbesatzungen im Dienst. Bei der Beretta handelte es sich um eine kleine Pistole, die auf einer alten Konstruktion beruhte und schon im Ersten Weltkrieg als keinesfalls mehr modern gelten konnte. Aber die Erfordernisse des Krieges erlaubten es nicht, auf ihre weitere Verwendung zu verzichten. Ursprünglich war sie als ziviler 7,65-mm-Selbstlader gedacht, der nach einem einfachen Rückstoßprinzip arbeitete und ebenfalls auf einen Lauf zur Verwendung der 9 mm Kurzpatrone umgerüstet werden konnte. Durch Einbau einer stärkeren Vorholfeder war sie für die 9-mm-Glisenti-Patrone geeignet. Das verursachte zwar einen ziemlich heftigen Rückstoß, doch ließ sich infolge dieser Änderung auch die Parabellum-Patrone benutzen. Dadurch wurde der Sicherheitsfaktor überschritten und der Schießvorgang äußerst unangenehm. Einige Tausend dieser kleinen Pistolen, in mehr oder weniger gebrauchtem Zustand, waren 1945 noch vorhanden. Eine Kuriosität, die sie sofort als 7,65-mm-Modell ausweist, ist der Auswerfer, wie er in dieser Form beim 9-mm-Modell nicht vorhanden ist. Bei den kleineren Kalibern wird die leere Patronenhülse durch den Schlagbolzen, der in seiner hintersten Rücklaufstellung voll an der Stirnseite des Verschlusses herausragt, herausgeschoben und nach oben ausgeworfen. Die 9-mm-Version besaß einen konventionellen Auswerfer.

Pistola Automatica Beretta Modello 1934	
Munition	7,65-mm-Selbstladepistole, 9-mm-kurz
Länge	152 mm
Gewicht, ungeladen	0,66 kg
Lauflänge	94 mm
Magazin	7-Schuß-Kastenmagazin
Mündungs-geschwindigkeit	251 m/sek

Unten: Ein Offizier der Alpini nimmt mit seiner Beretta-Pistole Modell 1934 ein Ziel auf.

45

Nach dem Modell 1916 gab es dann einige Berettas, die hauptsächlich für den gewerblichen Handel hergestellt wurden. Selbstverständlich hatte die Firma stets ihre Aufmerksamkeit möglichen Regierungsaufträgen geschenkt und deshalb das Modell 1915 verbessert. Sie stellte es mit dem 9-mm-Glisenti-Kaliber als Modell 1922, dann als Modell 1923 und schließlich als Modell 1931 her. Das letztere Modell wurde durch die italienische Marine angenommen, jedoch mit Kaliber 7,65 mm. Das Heer übernahm nur einige wenige. Die Mehrzahl der übriggebliebenen, tragen ein Anker-Symbol und die Buchstaben RM (Regia Marina d'Italia) auf einem Messingkopf an den Griffschalen. Abgesehen von der verbesserten Waffenmeisterarbeit und der hervorragenden äußeren Verarbeitung wich das Modell 1931 kaum von seinen Vorgängern ab, außer daß es ein Merkmal besaß, das ein untrügliches Kennzeichen aller späteren Versionen war. Es handelte sich um einen kleinen Vorsprung an der Bodenplatte des Magazins, der das Abgleiten einer großen Hand vom Griff verhinderte. Alle diese Berettas waren ziemlich klein und ihre Griffe kürzer als bei vielen anderen Konstruktionen. Das hatte auch zur Folge, daß das Magazin weniger Patronen — normalerweise sieben — faßte.

Die Beretta 1935 war die endgültige Version. Als Beweis ihres Wertes zählt die Tatsache, daß sie noch heute hergestellt und auf dem zivilen Markt verkauft wird. Ursprünglich wurde diese Pistole mit dem Kaliber 7,65 mm gefertigt, aber nach 1938 wurde die Produktion scheinbar ausschließlich auf das Kaliber 9 mm (kurz) umgestellt und hauptsächlich in dieser Ausführung während des Krieges benutzt. Sie ist auch verhältnismäßig klein und mit einem Gewicht von 0,62 kg leicht und bequem zu tragen. Sie wurde die Einheits-Seitenwaffe der italienischen Armee und ist von allen Fronteinheiten der Infanterie, der Bersaglieri und der Alpini getragen worden. Obwohl sie als schwächer beurteilt wurde, als eine Militärpistole es sein sollte, war die Beretta außerordentlich beliebt und bewies sich als zuverlässig und problemlos. Ihre Problemlosigkeit mag dem hohen Standard der Verarbeitung zuzuschreiben sein. 1934 war sie verbessert worden und hatte einige Mängel. Nach 1943 übernahmen die Deutschen die Beretta-Fabriken und bestanden auf einem derartig hohen Ausstoß, daß sich der Standard der Waffen verringerte. Pistolen, die von diesem Zeitpunkt an bis zum Ende des Krieges gefertigt wurden, zeigten eine deutliche Minderung der Qualität.

Es gibt ein weiteres Beretta-Modell von 1935, das sich von den übrigen lediglich durch ein leichteres Verschlußstück unterscheidet. Aus diesem Grunde erhielt es die italienische Luftwaffe. Man muß sich wundern, warum eine Gewichtsverringerung als so notwendig erachtet worden ist, denn der Fabrik muß es Schwierigkeiten bereitet haben, noch eine weitere Variante herzustellen und zu erproben.

Eine weitere Eigenart der Beretta-Serie, die ab 1915 bei allen Modellen auftauchte, bestand in der Tatsache, daß beim Abfeuern der letzten im Magazin befindlichen Patrone der Zubringer die gleitenden Teile sperrte. Dadurch ließ sich das leere Magazin sehr schwer herausnehmen. Sobald es aber frei war und herausgezogen wurde, ging das Gleitstück nach vorn. Beim Einführen eines neuen Magazins mußte durch Zurückziehen des Verschlußstückes die Waffe neu gespannt werden. Das waren Handgriffe, die nicht notwendig gewesen wären und manchmal störten. Sie hätten durch den Einbau eines Sperrhebels leicht vermieden werden können.

Von allen gebräuchlichen Pistolen des Krieges sah die Beretta am vorteilhaftesten aus, lag am besten in der Hand und war am einfachsten zu bedienen. Andere mögen darüber streiten, ob sie wirklich die beste von allen gewesen ist, aber nur wenige erreichten einen solch hohen Qualitätsstandard.

Gewehre – Handlader (Mehrlader)

Wie so viele andere Länder bewaffnete Italien 1939 seine Soldaten mit einem alten Gewehr mit Zylinderverschluß. Aber der Nachteil der italienischen Gewehre lag darin, daß sie noch älter und weniger zufriedenstellend als die meisten anderen gewesen sind. Sie hätten nach dem Ersten Weltkrieg ersetzt werden müssen. Als durch Auftauchen des rauchlosen Pulvers die alten großkalibrigen Gewehre veralteten, setzte Italien eine Kommission ein, die ein geeignetes Gewehr für das italienische Heer auswählen sollte. Aufgrund der Untersuchungen fiel die Wahl auf das Mannlicher-Parravicino-Carcano 1891, ein sehr unkompliziertes Gewehr mit einem an Mauser angelehnten Zylinderverschluß, einem Magazin ähnlich wie beim Mannlicher und einigen begrenzten Verbesserungen. Eine Besonderheit des Mannlicher-Magazins bestand darin, daß es nur funktionierte, wenn die Munition in einem Ladestreifen oder Laderahmen geladen war, der solange im Magazin verblieb, bis man die letzte Patrone abgefeuert hatte und dann durch eine Öffnung nach unten herausfiel. Seltsamerweise enthielt der Mannlicher-Laderahmen nur sechs Patronen. Dieser Nachteil blieb bis zum Kriegsende bestehen, weil es keine Möglichkeit für eine Änderung gab. Das Mannlicher-System ließ sich nicht einfach vergrößern, um zwei Laderahmen aufzunehmen, weil es dann nicht funktionierte.

Oben: Teilansicht eines Mannlicher-Carcano 1891, bei der das Laden eines Patronenrahmens mit 6 Schuß gezeigt ist.

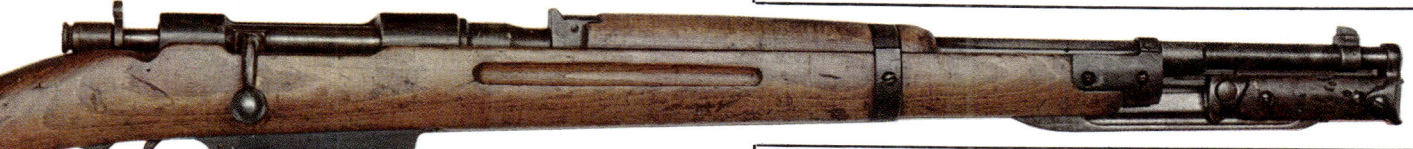

Fucile Modello 1891	
Munition	6,5-mm-Cartuccia Pallotola Modello 1895
Länge	1 290 mm
Gewicht, ungeladen	3,8 kg
Lauflänge	780 mm
Magazin	6-Schuß-integrales-Kastenmagazin
Mündungs-geschwindigkeit	730 m/sek

Fucile Modello 1891/38	
Munition	6,5-mm-Cartuccia Pallotola Modello 1895
Länge	1 016 mm
Gewicht, ungeladen	3,09 kg
Lauflänge	540 mm
Magazin	5-Schuß-integrales-Kastenmagazin
Mündungs-geschwindigkeit	814 m/sek

Eine andere Eigenart bei den ersten Carcanos waren die Züge, deren Drall vom Patronenlager bis zur Mündung zunahm. Das stellte eine Verfeinerung dar, die sich nach Ansicht aller anderen Länder nicht lohnte. Das wesentlichste Problem aber bildete die Munition. Das Kaliber 6,5 mm reichte 1891 noch aus, war aber 1918 nicht mehr angemessen. Beim Einfall in Abessinien 1934 gab es viele Klagen über die Ladefähigkeit und die schlechten ballistischen Eigenschaften der 6,5-mm-Patrone, sowohl bei den Gewehren als auch bei den Maschinengewehren. 1937 wurden Schritte für die Herstellung einer neuen leistungsfähigeren Patrone eingeleitet, allerdings ohne großen Kostenaufwand, weil die Mittel fehlten. In Wirklichkeit bestand die Änderung nur in einem abgeänderten Geschoß auf der alten Hülse. Das Kaliber erhöhte sich auf 7,35 mm, ein recht ungewöhnliches Maß, und das Geschoßgewicht war etwas geringer und spitzer. Die Gewichtsverringerung erzielte man durch Verwendung einer Aluminiumspitze. Hierdurch wurde das Geschoß sehr leicht unstabil und konnte dann beim Auftreffen einen viel größeren Schaden anrichten. Das gab ihm einen fragwürdigen Ruf. Aber glücklicherweise reichte die Zeit nicht aus, um alle Heeresgewehre auf das neue Kaliber umzurüsten. Nachdem man zwei Jahre lang versucht hatte, eine Art Umrüstungsprogramm großen Ausmaßes durchzuführen, mußte die Regierung aufgeben und nicht nur das Programm stoppen, sondern sogar rückgängig machen. Einige der bereits modifizierten Gewehre gingen in die Fabrik zurück und wurden auf das frühere Kaliber 6,5 mm umgebaut. Selbstverständlich war es nicht möglich, alle Gewehre umzurüsten. 1940 befanden sich nicht weniger als neun Varianten in den Streitkräften, die die beiden verschiedenen Munitionsarten verwendeten.

Angesichts solcher Fehlplanungen ist es ein Wunder, daß überhaupt eine geschlossene Einheit in den Krieg ziehen konnte. Die Produktion der 7,35-mm-Munition mußte nach einigen Monaten eingestellt werden, um den Nachschub mit den anderen Kalibern aufrechtzuerhalten. Das bedeutete, daß eine Anzahl dringend benötigter Gewehre nutzlos in Waffenkammern lagerten, weil keine Munition für sie vorhanden war. Die meisten wurden nach 1945 als Sammlerstücke verkauft. In Israel und Syrien sind sie auf andere Läufe mit Mauser-Kaliber 7,92 mm umgerüstet worden, eine riskante Maßnahme, weil der Verschluß nicht für eine solche Beanspruchung vorgesehen war. In den USA wurde ein im Jahre 1939 wieder auf Kaliber 6,5 mm umgerüstetes Gewehr an einen Mann in Texas verkauft, der damit von einem Hochhaus aus Präsident Kennedy erschoß, was den Beweis erbrachte, daß die 6,5-mm-Patrone doch tödlich sein konnte. Einige Gewehre wurden bei der Polizei und bei Reserveeinheiten verwendet.

Manche der Carcanos waren als TS (Spezialtruppe) gekennzeichnet. Das bedeutete nicht, daß damit Sepzialtruppen im heutigen Sinne gemeint waren, sondern Fernmeldetruppen, Fahrer und Kanoniere, die das Gewehr nur im Notfall benutzten. Für sie hatte man das Gewehr auf Karabinermaß verkürzt und mit einem klappbaren Messer-Bajonett versehen, das an der Mündung angebracht war. Die Infanterie trug dagegen die Bajonette in Seitengewehrscheiden. Eine echte Sonderheit beim Carcano war die Art, wie Granaten mit ihm verfeuert wurden. 1939 bestand bei allen Armeen der Welt die Möglichkeit zum Abschuß von Granaten mit Gewehren. Alle benutzten die eine oder andere Art von Mündungsschießbechern. Nicht aber beim Carcano! Hier war ein kleiner Mörser an der Seite angeschraubt. Die ungewöhnliche Vorrichtung hatte ein glattes Rohr und einen dem Gewehr angepaßten Verschlußblock, der eine Kartusche aufnahm. Zum Laden mußte man den Verschluß aus dem Gewehr herausnehmen und in das Verschlußstück der Abschußvorrichtung einsetzen. Danach konnte die Kartusche gela-

Oben: Schnittmodell eines Mannlicher-Carcano 1891 mit eingeführtem Patronenrahmen, schußbereit.

47

den und eine Granate von oben durch die Mündung aufgesetzt werden. Bei diesem Vorgang stand das Gewehr mit der Kolbenplatte auf dem Boden. Alsdann ließ sich der Abzug des Abschußgeräts betätigen, und ab ging die Granate. Sie besaß jedoch keine größere Reichweite als die von Gewehren mit einem Mündungsschießbecher verschossenen. Diese merkwürdige Methode bedeutete für den Schützen des Carcano, daß er praktisch das doppelte Gewicht des normalen Gewehrs zu tragen hatte und jedesmal wenn er es abfeuern wollte, einen schnellen Trick beim Auswechseln des Verschlusses vollbringen mußte, während er praktisch wehrlos war.

Maschinenpistolen

Italien teilt sich mit Deutschland den Ruf, 1915 mit seiner doppelläufigen Villar Perosa, als erstes Land die Maschinenpistole als Infanteriewaffe entwickelt zu haben. Aus diesen Anfängen entsprang eine ganze Serie hervorragender Maschinenpistolen, die alle von Beretta hergestellt wurden. Jede von ihnen war bis ins Kleinste ebenso gut wie andere in der Welt.

Die ersten dieser Waffen erschienen 1918 als Moschetto Automatico Beretta Modello 1918, gewöhnlich als Beretta 18 oder MAB 18 bezeichnet. Sie war von Tullio Marengoni entwickelt worden, der die geistige Triebfeder aller folgenden Beretta-Maschinenpistolen der folgenden 30 Jahre gewesen ist. Bei der ersten Waffe zeigten sich seine Fähigkeiten und sein HANG zum DETAIL, was bald zum Gütezeichen für seine Konstruktionen werden sollte. Die Waffe hatte den gleichen Verschluß wie die Villar Perosa, und zwar einen Holzschaft, der dem damaligen Mannlicher-Carcano-Karabiner entsprach. Bei ihr konnte auch dasselbe Bajonett wie beim Karabiner verwendet werden. Wegen ihres VP-Mechanismus besaß die MAB 18 ein vertikales Stangenmagazin mit Zuführung von oben, ein Merkmal, das sie nur mit der australischen Owen-Maschinenpistole gemeinsam gehabt hat.

Die MAB 18 war für die Glisenti-Pistolenmunition von 1910 kalibriert, was vollkommen vernünftig erschien, aber die zu hohe Feuergeschwindigkeit der VP war leider nicht beseitigt worden. Eine Eigenart der MAB 18, die bei anderen Versionen immer wieder auftauchen sollte, bildeten die zwei Abzüge. Der vordere diente für Einzelschüsse und der hintere für Dauerfeuer. Für die Einrichtung von Waffen für Einzel- und Dauerfeuer war das eine einfache und zuverlässige Lösung, weil sie keinen komplizierten Mechanismus erforderte, obwohl die Waffe dadurch etwas schwerer war. Wenn sich der Schütze an die zwei verschiedenen Abzüge gewöhnt hat, bildet es wahrscheinlich die zufriedenstellendste Art Einzel- oder Dauerfeuer abzugeben. Auf alle Fälle ist es leichter zu erlernen, als die Handhabung der Wahlhebel, die manche Maschinenpistolen besitzen. Das Modell 18 wurde nie in großen Stückzahlen hergestellt. Es verblieb aber bis 1945 bei verschiedenen Einheiten des italienischen Heeres und bei der Polizei. In der nordafrikanischen Wüste wurde es bis 1941 verwendet und anschließend größtenteils eingezogen und durch das Modell 1938 ersetzt. Später erhielten es italienische Reserveeinheiten.

Es gab wenigstens zwei Varianten des Modells 18. Das eine davon war eine Polizeiwaffe für Einzelfeuer mit einem klappbaren Bajonett, und das andere ein Modell, bei dem man 1930 versucht hatte, die Konstruktion hinsichtlich geringerer Herstellungskosten und Störanfälligkeit zu verbessern. Es besaß den gleichen Mechanismus und ebenfalls zwei Abzüge, aber das Magazin war bei ihm jetzt unten angebracht, wo es weniger störte. Da es für die stärkere Parabellum-Patrone vorgesehen war, mußten bei ihm die Federn stärker sein. Auch dieses Modell wurde nur begrenzt — hauptsächlich in Italien selbst — im Kriege benutzt.

Diese Varianten bildeten nur Notbehelfe, die während der verhältnismäßig ruhigen und mageren Jahre nach 1918 genügen mußten. Bei den italienischen Feldzügen in Afrika bestand wenig Bedarf an Maschinenpistolen, aber mit dem spanischen Bürgerkrieg änderte sich die Situation grundlegend. Italien begann, eine neue Maschinenpistole zu entwickeln, bei der es sich an den in anderen europäischen Ländern vorhandenen neuen Modellen orientierte. Auch hier übernahm Beretta wiederum die Führung. 1938 wurde die erste einer langen Serie den Streitkräften angeboten. Das Modell 1938 hatte vieles mit zahlreichen anderen Maschinenpistolen gemeinsam. Wahrscheinlich diente die Bergmann 1934 als Konstruktionsbasis. In ihren Grundzügen glich sie vielen ähnlichen Waffen der damaligen Zeit, durchgehender Holzschaft, ein nach herkömmlichen Methoden hergestelltes Gehäuse und ein längerer ummantelter Lauf, der zur Kühlung durchbrochen war.

Der Aufwand an spanabhebender Bearbeitung bei der Fertigung war nach damaligen Maßstäben normal, für die heutigen Verhältnisse aber sehr hoch. Sie besaß einen verhältnismäßig langen Lauf. Ihre Teile waren robust und hervorragend verarbeitet. Die Magazinzuführung erfolgte von unten. Das Magazin gab es in verschiedenen Größen zur Aufnahme von 10 bis 40 Patronen. Das Kaliber war Parabellum 9 mm. Ebenso wie der hohe Standard in der Ausführung bildete das Vorhandensein von zwei Abzügen ein besonderes Merkmal der Berettas. So hatte auch dieses Modell wieder die charakteristischen zwei Abzüge. Die Gesamtlänge war nur unwesentlich kürzer als die des Mannlicher-Carcano-Karabiners und das Gewicht fast gleich. Eine weitere Eigentümlichkeit bestand in der Methode des Spannens durch einen besonderen nicht am

Moschetto Automatiko Modello 1938 A	
Munition	9-mm-Cartuccia Pallotola Modello 38A
Länge	953 mm
Gewicht, ungeladen	4,19 kg
Lauflänge	318 mm
Magazin	10-, 20-, 30- oder 40-Schuß-Kastenmagazin
Feuergeschwindigkeit	600 S/m
Mündungsgeschwindigkeit	417 m/sek

ITALIEN: Maschinenpistolen

Verschluß befestigten Kammerstengel. Nach dem Spannen wurde er nach vorne geschoben und blieb während des Schießvorgangs in dieser Stellung. Die Magazinzuführung konnte mittels eines kleinen Schiebers geschlossen werden, wenn das Gewehr ohne Magazin getragen wurde. Eine weitere Verfeinerung bildete der spezielle Schlagbolzen, der von einem Mitnehmer unterhalb des Massenverschlusses beim Schießvorgang betätigt wurde. Hier handelte es sich um eine höchst komplizierte und teure Vorrichtung.

Mit der Waffe rüstete man in begrenzter Anzahl das Heer, die Polizei und die Carabinieri aus. Die Fabrik konnte mit der Bedarfsdeckung Schritt halten. Zusätzlich zu den Lieferungen an das italienische Heer war sie in der Lage, Exportaufträge für Deutschland und Rumänien zu erfüllen, wobei allerdings die letzteren nicht besonders umfangreich gewesen sind. Später beanspruchten die Deutschen alles, was sich herstellen ließ, und die Fabrik arbeitete auf Hochtouren.

Ende 1938 nahm man einige kleinere Modifikationen vor, ließ aber die Basiswaffe im wesentlichen unverändert, bis es 1942 offensichtlich wurde, daß die Produktion drastisch erhöht werden mußte, was bei der Konstruktion von 1938 nach dem Stand der Dinge nicht möglich war. Die Herstellungsmethoden wurden grundlegend geändert und zum Teil auch die Konstruktion. Den alten Abzug, den Mechanismus, das Magazin und die generelle Struktur behielt man bei. Aber soweit wie möglich, wurden die nach herkömmlichen Methoden gefertigten Teile durch die Stanz- und Prägeteile ersetzt. Der stählerne Laufmantel verschwand, und das glatte Rohr erhielt an der Mündung einen Feuerdämpfer. Man vereinfachte den Verschluß, der nun einen festen Schlagbolzen besaß. Der hölzerne Vorderschaft wurde verkürzt und reichte nur noch bis zum Magazin. Aber auch so war die Waffe noch als Beretta zu erkennen und

Oben: Italienische Partisanen, bewaffnet mit einer Beretta 38 A und (links) mit einer britischen Sten.

Pistola Mitragliatrice Beretta Modello 1938/42

Munition	9 mm Parabellum
Länge	800 mm
Gewicht, ungeladen	3,26 kg
Lauflänge	216 mm
Magazin	20- oder 40-Schuß-Kastenmagazin
Feuergeschwindigkeit	550 S/min
Mündungs- geschwindigkeit	381 m/sek

49

ähnelte dem Modell 1938 weiterhin sehr. Sie wurde als Modell 1938/42 bekannt und in dieser Ausführung in großen Stückzahlen hergestellt.

Die Erfahrungen in der nordafrikanischen Wüste hatten das italienische Heer davon überzeugt, daß es erhöhte Feuerkraft benötigte. Durch die Kämpfe auf Sizilien wurde das noch bestärkt. Somit begannen Maschinenpistolen in den Infanteriebataillonen zuzunehmen, die man bis herunter zum Gruppenführer damit ausrüstete. Als geeignete Waffe dienten sie auch den Partisanen sowie den Spezialtruppen und den Besatzungen verschiedener gepanzerter Fahrzeuge. Berettas fanden auf allen Kriegsschauplätzen Verwendung, auf denen das italienische Heer kämpfte. Der Hauptanteil der Produktion ging bis 1942 an die Wüstenfront und wurde in den bekannten auf- und abebbenden Kämpfen entlang der Küste benutzt. Viele gingen aber auch verloren. Das erforderte eine erhöhte Produktion des Modells 38/42. Die Partisanen in Italien waren mit einer großen Anzahl von ihnen bewaffnet. Wahrscheinlich haben Partisanen Mussolini auch mit einer 38/42 erschossen.

Nach 1943 nahm das deutsche Heer den gesamten Ausstoß für seine Ausrüstung in Anspruch. Die Produktion war nie gestoppt worden. So befand sich die Waffe noch bei Kriegsende und mindestens zehn weitere Jahre im Gebrauch. Spätere Modelle sind heute noch in mehreren Ländern zu finden, was beweist, daß die Grundkonstruktion sowohl zuverlässig als auch praktisch gewesen sein muß.

Abgesehen vom Basismodell Beretta 1938 gab es während des Krieges in Italien keine andere Maschinenpistole. Zwei andere Typen erreichten eine gewisse Produktionsreife. Bei der ersten handelt es sich um das Beretta-Modell I, wobei diese Bezeichnung zu einiger Verwirrung führt, weil die Waffe 1941 erschien, während das Modell 38 noch produziert wurde. Das Modell I war bedeutend leichter und eleganter und verdankte offensichtlich viel der deutschen MP 38, mit der es die gleiche Schulterklappstütze und ähnliche Grundzüge gemeinsam hatte. Sie war für die Fallschirmtruppe vorgesehen, ist aber nur in geringen Stückzahlen hergestellt worden. Der Schwerpunkt der Fabrikationskapazität lag weiterhin ganz beim Modell 38/42. Offenbar besaß das Modell I den gleichen vereinfachten Lauf und Verschluß wie das Modell 38/42. (Somit profitierte möglicherweise das spätere Modell von den Konstruktionsplänen des früheren).

Die zweite Waffe ging in begrenztem Umfange tatsächlich in die Produktion, obwohl niemals mehr als 6 000 davon hergestellt worden sind. Es war die TZ-45, das geistige Kind von Signores Toni und Zorzoli, die sie vermutlich 1944 entwickelten und 1945 in die Produktion gaben. Es handelte sich um eine sehr einfache und verhältnismäßig grobe Waffe, die etwa wie eine dürftige Sten-Version mit einem längeren Lauf aussah. Sie hatte eine verstellbare rohrförmige Schulterstütze und ein Beretta-Magazin. Ihre Besonderheit lag darin, daß sie zwei voneinander unabhängige Sicherungen besaß, eine für die damalige Zeit ungewöhnliche Vorrichtung. Eine davon war ein konventioneller Sicherungshebel am Verschluß. Der zweite Sicherungshebel befand sich hinter dem Magazin an der Stelle, wo die vordere Hand die Waffe hält. Möglicherweise war die TZ-45 die erste Waffe, die eine solche Sicherungsvorrichtung hatte. Aber 1945 war kein guter Zeitpunkt für die Einführung neuer Waffen. So verschwand die Konstruktion in den späten vierziger Jahren, nachdem sie unter Lizenz ausgerechnet in Burma hergestellt worden war.

Die letzte italienische Maschinenpistole umgibt etwas geheimnisvolles, jedoch weiß man, daß einige davon existieren. Die FNAB war 1943 von der Fabbrica Nazionale d'Arme in Brescia entwickelt und produziert worden. Man sagt, daß 7 000 hergestellt und bei den italienischen und deutschen Streitkräften verwendet worden seien. Wenn das der

Wahrheit entspricht, muß man sich fragen, wer für dieses zweifelhafte Projekt verantwortlich gewesen ist, denn der Aufwand bei der Herstellung der FNAB erforderte mindestens doppelt so viel Zeit wie bei der Beretta, und Fabrikationskapazitäten waren in diesem Stadium des Krieges nicht gerade reichlich vorhanden. Wie dem auch sei, sie wurde hergestellt und erreichte möglicherweise auch wirklich die Stückzahl von 7 000. Sie war eine höchst komplizierte und vorzüglich konstruierte Waffe, mit einem kostenaufwendigen und zeitraubenden Produktionsverfahren und besaß einen dreiteiligen Verschluß mit Rückstoßverzögerung. Es handelte sich um eine aufschießende[2] Waffe, was bei Maschinenpistolen so gut wie einmalig ist. Die Folge davon war, daß sie einen besonderen Schlagbolzen mit einer kurzen Verzögerung vor jedem Schuß benötigte. Dieser Mechanismus verlangte einiges an Erfindergeist. Diese Art der Waffenfunktion in Verbindung mit der Rückstoßverzögerung des Verschlusses beschränkte die Kadenz auf 400 Schuß/min, weshalb die Waffe beim automatischen Feuer leicht im Ziel gehalten werden konnte. Sie war aber auch für Einzelschüsse eingerichtet. Im ganzen gesehen, war sie ein Triumph italienischer Handwerkskunst, aber kaum eine Kriegswaffe. Man ist entsetzt, wenn man bedenkt, wie hoch sich die effektiven Herstellungskosten wohl belaufen haben mögen. Vielleicht waren es die wirtschaftlichen Gründe, wenn die Produktion nach den mysteriösen 7 000 Stück eingestellt wurde.

Maschinengewehre

In mancher Beziehung verfolgten die Italiener beim Einsatz von Maschinengewehren das gleiche Konzept wie die Briten. Die Basiswaffe der Infanteriegruppe war das leichte Maschinengewehr, das von einem Mann getragen und bedient werden konnte. Die Bedienungsmannschaft bestand jedoch immer aus zwei Mann, und die Munitionszuführung erfolgte mittels Magazins. Die Unterstützungswaffe für diese Teileinheit bildete das mittlere Maschinengewehr, wie man es in England nannte, das durch den Kompanieführer oder in vielen Fällen auch vom Bataillon eingesetzt wurde. Diese Maschinengewehre waren auf einem Dreibein lafettiert, hatten Gurtzuführung, und konnten als Unterstützungswaffe innerhalb ihrer Munitionsreichweite über längere Zeiträume ziemlich gutliegendes Dauerfeuer abgeben. Sie ließen sich in zerlegtem Zustand durch ihre drei oder vier Mann starke Bedienungsmannschaft transportieren. Häufig standen dafür auch kleine Fahrzeuge zur Verfügung.

Das Einheits-Maschinengewehr des italienischen Heeres während des Krieges war das Breda, Modell 30, ein Ergebnis jahrelanger Entwicklungen und Änderungen. Die Societa Italiana Ernesto Breda in Brescia hatten vorher Lokomotiven gebaut. Im Ersten Weltkrieg stellten sie sich auf die Herstellung von Waffen um und bauten im Unterauftrag von Fiat das wassergekühlte Revelli-Maschinengewehr. Nach dem Waffenstillstand versuchte Breda angesichts der Tatsache, daß die gesamten Maschinen auf die Herstellung von Handfeuerwaffen umgestellt waren und man keine Möglichkeit sah, wieder ins Lokomotivengeschäft einzusteigen, durch Anbieten ihres leichten Maschinengewehres eigener Entwicklung einen lohnenswerten Regierungsauftrag zu erhalten. Es handelte sich um das Modell 1924, das zwei Jahre, nachdem der Vertrag endgültig erteilt worden war, leicht verbessert wurde. Zweitausend Stück dieses Modells sind hergestellt worden, und das Geschäft florierte so gut, daß 1930 die Patente und die Fabrik der Firma Fiat aufgekauft werden konnten. Im gleichen Jahr brachte man das neueste Modell heraus.

Dieses Breda-Modell 1930 war gegenüber dem Modell 1924, abgesehen von Einzelheiten, nur geringfügig modifiziert worden, was sich bis 1945 nicht änderte. Das erwies sich als Fehler, denn es handelte sich um eine Waffe, die vom Tage ihres Entstehens ab förmlich nach Verbesserungen schrie. Man kann nur im Interesse Italiens hoffen, daß Breda bessere Lokomotiven als Maschinengewehre herzustellen verstand. Es besteht überhaupt keine Frage darüber, daß ein großer Teil der italienischen Infanterie, der diese Waffen verwenden mußte, dem beipflichten und hinzufügen würde, daß es bedauerlich sei, daß Breda sich überhaupt in die Welt der Waffenhersteller verirrt hat, denn hinsichtlich ihrer Mängel hatte man in der Tat Fehlkonstruktionen geschaffen.

In der Technik gilt der alte Grundsatz, daß das, was richtig aussieht, gewöhnlich auch in Ordnung ist. Das Breda sah verkehrt aus und dem entsprach auch seine Funktion. Es handelte sich um eine plumpe Waffe,

die aussah, als ob ihre Bestandteile alle einzeln nacheinander zusammengefügt worden seien. In der Kontur war kein Zusammenhang oder Schliff zu erkennen. In der Mitte befand sich das rechtwinklige Mittelstück, davor der Lauf in seiner Lagerung und seitlich davon schwang sich das Magazin vor und zurück. Dahinter lagen an der zylinderförmigen Gehäuseverlängerung das Visier und der Spannhebel. Am hinteren Ende dieser Verlängerung hing der Kolben mit seinem Pistolengriff. Alles war kantig und den äußeren Einflüssen gegenüber ungeschützt. Überall gab es Schlitze und Öffnungen, was die Waffe zu einem perfekten Schmutz- und Staubfänger werden ließ.

Diese glücklose, unscheinbare Waffe besaß eine Anzahl ungewöhnlicher Eigenschaften. Die erste davon war ihr Funktionssystem. Es handelte sich um ein verzögertes Rückstoßsystem, das technisch als Stange-Verriegelungssystem bekannt ist und am einfachsten als beweglicher Verriegelungsring am Laufende und Verschlußkopf beschrieben werden kann. Am Verschlußkopf waren Verriegelungswarzen angebracht, und an der Laufhülse befand sich der drehbare Verriegelungsring. Der Verschlußkopf paßte in diesen Verriegelungsring. Wenn er eine leichte Drehung nach rechts oder links erhielt, wurde dabei der Verschlußkopf mit dem Lauf fest verriegelt. Beim Abfeuern der Waffe schnellten Lauf und Verschluß ein kleines Stück zurück. Danach erhielt der Verriegelungsring eine Drehung durch einen Haken, der Verschluß wurde entriegelt und ging unter dem noch verbleibenden Gasdruck — wie bei Rückstoßwaffen üblich — allein weiter zurück. Auf dem erneuten Wege nach vorn schob er den Lauf in seine ursprüngliche Position zurück und bewirkte wieder die Verriegelung.

Unten: Alpinis mit einem Breda-Maschinengewehr, Modell 30, an der griechisch-albanischen Front. Diese Waffe war wegen der vielen Öffnungsschlitze und der erforderlichen Ölschmierung der Munition vor dem Laden besonders anfällig gegen Schmutz und Schnee. Das Breda-Maschinengewehr, Modell 30, befand sich in der gesamten italienischen Armee und allen Fronten. Wegen seiner Unzuverlässigkeit besaß es einen schlechten Ruf und wurde nach dem Kriege aufgegeben.

Breda Modello 1930

Munition	6,5-mm-Cartuccia Pallotola Modello M 95
Länge	1 230 mm
Gewicht, ungeladen	10,2 kg
Lauflänge	520 mm
Magazin	20-Schuß-Kastenmagazin
Feuergeschwindigkeit	475 S/min
Mündungs- geschwindigkeit	609 m/sek

Dieses vermeintlich einfache System war jedoch mit Schwierigkeiten verbunden. Eine davon war die Tatsache, daß die Patronenhülse aus dem Patronenlager ohne irgendeinen vorangehenden Druckabfall ausgeworfen wurde. Wenn sie sich in ihrer Ausdehnung dann nicht wenigstens um die ersten hundertstel Millimeter verringern konnte, bestand die Gefahr, daß sie am Rand abriß weil sich die Hülsenwände fest im Patronenlager befanden. Da das bei der Breda der Fall war, mußte der Konstrukteur zwecks Abhilfe für die Ölung der Hülsen sorgen. Er tat es durch einen kleinen oben am Gehäuse angebrachten Behälter und eine kleine Pumpe, die jeder Hülse einen kurzen Ölsprühstrahl gab, wenn sie in das Patronenlager eingeführt wurde. Folglich war das Innere der Waffe immer gut geschmiert und zog Staub und Schmutz wie ein Magnet an. Die Hülsen nahmen oft genauso Sand wie Öl an und wirkten somit wie kleine Mahlsteine im Mechanismus. Das war der Zuverlässigkeit der Waffe nicht sehr zuträglich und führte häufig zu Ladehemmungen in gleichem Maße, als wenn die Hülsen nicht geölt worden wären. In der Wüste hatten die Schützen es sehr schwer, diese klebrige Sandmischung aus den Verschlüssen zu entfernen.

Eine der Schwierigkeiten, die bei allen frühen leichten Maschinengewehren mit Magazinzuführung auftraten, war die Auswahl eines geeigneten Magazins. Breda entschied sich für ein festes Streifenmagazin, das mittels eines großen Ladestreifens gefüllt wurde. Das Magazin befand sich an der rechten Seite der Waffe und war nach vorn angeschlagen, so daß es am Lauf anlag. Um es zu laden, nahm der Schütze den Ladestreifen mit 20 Schuß und schob ihn in das Magazin, zog den leeren Ladestreifen heraus und klappte das aufgefüllte Magazin wieder in die Patronenzuführung hinein. Der Vorteil dieses Systems bestand darin, daß das gut ausgeführte Magazin nicht dazu neigte, infolge verbogener Magazinlippen oder eingedrückter Magazinwände Ladehemmungen zu verursachen. Außerdem ließ sich die Munition der Gewehrschützen der Gruppe im Notfall auch für das Maschinengewehr verwenden. Allerdings konnte das Magazin aber leicht dadurch beschädigt werden, weil es seitwärts herausragte. Die Anbringung an der rechten Seite erwies sich zwar beim Laden als günstig, doch für den taktischen Einsatz war es hinderlich, obwohl es sicherlich beim Tragen Vorteile bot. Weitere Nachteile bestanden darin, daß die ganze Waffe ausfiel, wenn das Magazin gereinigt werden mußte und das Laden mittels Ladestreifens nicht so schnell vonstatten ging wie das Auswechseln eines neuen Magazins.

Abschließend ist noch zu erwähnen, daß die Waffe keinen Tragegriff besaß. Somit war der bedauernswerte Schütze jedesmal gezwungen, die heiße Waffe auf den Armen zu tragen, wenn er einen Stellungswechsel vornehmen wollte. Obwohl sich der erhitzte Lauf wechseln ließ, konnte die Waffe dadurch leicht an Treffsicherheit verlieren, weil sich die Visiere auf dem Gehäuse befanden. Trotz all dieser Schwierigkeiten wurde das Breda in der gesamten Armee an allen drei Kriegsschauplätzen verwendet. In Nordafrika erhielt es durch die schwache 6,5-mm-Patrone in Verbindung mit den Einflüssen von Staub und Sand einen schlechten Ruf in seiner Zuverlässigkeit und wurde nach dem Krieg sehr schnell fallengelassen.

Als Italien 1940 in den Krieg eintrat, ließ sich bei der Bereitstellung eines Maschinengewehrs als Unterstützungswaffe für die Infanterie keine sinnvolle Planung erkennen. Zur Ausrüstung zählte noch eine erhebliche Anzahl der Fiat-Revelli 1914. Die Waffen waren bereits veraltet und die Bemühungen, sie zu ersetzen, nicht sehr erfolgreich. Man hatte die Wahl zwischen drei oder vier verschiedenen Modellen und wenigstens drei verschiedenen Kalibern bei der Munition. Es war nicht leicht, sich bei diesem Durcheinander zurechtzufinden.

Das älteste bildete das Modell 1914 von Fiat-Revelli, entworfen von Revelli und hergestellt von Fiat, jener Firma, die wie bereits oben erwähnt, einen bedeutenden Anteil an Unteraufträgen an Breda vergeben hatte. Das Revelli 1914 stellte in jeder Hinsicht eine merkwürdige Waffe dar und besaß keinesfalls den gleichen Ruf, wie er üblicherweise mit der italienischen Waffenindustrie verbunden war. Möglicherweise mußte die Schuld hierfür Revelli und der Regierung, die seine Ideen akzeptiert hatten, zugeschrieben werden. Obwohl es den Maxim- und Browning-Konstruktionen, die andere Nationen benutzten, sehr ähnlich sah, war das Revelli doch grundlegend verschieden hiervon. Es wäre falsch, annehmen zu wollen, daß diese Waffe den Anforderungen ebenso entsprach wie die anderen. Es war wassergekühlt und hatte als Schießgestell ein Dreibein, ähnlich dem des Maxim. Seine Besonderheit aber lag

in der Magazinzuführung verbunden mit einem ungewöhnlichen Magazin. Es handelte sich um einen Kasten mit 50 Schuß in zehn Reihen von je fünf Schuß. Diese Anordnung glich in etwa zehn nebeneinanderliegenden Gewehrmagazinen, die alle ihre eigenen Zubringer und Federn, aber nur geringe Trennwände besaßen. Die Zuführung erfolgte bei diesem Kastenmagazin von links unterhalb des Verschlusses her. Wenn der Verschluß nach vorn schnellte, nahm er die obersten Patronen aus der Reihe mit, wie bei einem Gewehr. Wenn fünf Patronen abgefeuert waren, klinkte ein Arretierhebel aus und das Kastenmagazin schaltete zurück um die nächste Patronenreihe mit fünf Schuß an den Verschluß heranzubringen. Dieser Vorgang wiederholte sich bis alle 50 Schuß verfeuert waren. Das Magazin wurde dann nach rechts herausgeschoben und ein neues aufgenommen. Jenes ungewöhnliche Magazin ließ sich, falls erforderlich, mit loser Munition aus dem Bestand der nächsten Gewehrschützen auffüllen. Man ging davon aus, daß das verhältnismäßig kleine Kastenmagazin von Vorteil wäre. Im Einsatz aber stellte sich heraus, daß zum Aufladen selten genügend Zeit vorhanden war. Schließlich konnten die Magazine auch sehr leicht beschädigt werden.

Fiat-Revelli Modello 1914

Munition	6,5-mm-Cartuccia Pallotola Modello M 95
Länge	1 180 mm
Gewicht, ungeladen	17 kg
Lauflänge	654 mm
Magazin	50-Schuß-Kastenmagazin mit Ladestreifen
Feuergeschwindigkeit	400 S/min
Mündungsgeschwindigkeit	640 m/sek

Abgesehen von dieser Magazinzuführung, zeigte das Revelli noch verschiedene andere merkwürdige Ideen. Der Mechanismus arbeitete nach dem verzögerten Rückstoßsystem, mit dem gleichen Verzögerungsmechanismus wie die Glisenti-Pistole, einem Verriegelungskeil, der sich innerhalb des Gehäuses auf einem Bolzen bewegte. Der Lauf und Verschluß gingen beim Rückstoß eine kurze Strecke gemeinsam zurück, bis der Verriegelungskeil die Verriegelung zwischen den beiden Teilen aufhob, worauf der Verschluß dann nach dem Rückstoßprinzip allein weiter zurückschnellte. Ebenso wie andere Rückstoßsysteme litt es darunter, daß die Patronenhülse ohne vorherigen Druckausgleich ausgeworfen wurde. Revelli löste das Problem durch sein charakteristisches Ölsystem mit Pumpe und Sprühstrahl. Wie auch beim Breda, band das Öl den Sand und Schmutz und blockierte den Mechanismus, während das komplizierte Magazin die Schwierigkeiten noch vergrößerte.

Eine Eigenart bildete der Verschluß, der oberhalb des Gehäuses entlang lief und am hinteren Ende in Form eines Spanngriffs herausragte. Dieser Spanngriff bewegte sich zusammen mit dem Verschluß. In seiner hintersten Stellung traf er auf einen Dämpfer, der sich unmittelbar vor den Bedienungsvorrichtungen des Schützen befand, so daß er beim Schießen unentwegt etwa zwei bis fünf cm von seinen Fingern entfernt unabgedeckt aufschlug und eifrig weiteren Schmutz in den Mechanismus einsog. Während des Nachteinsatzes bedurfte die Waffe einer enormen Konzentration des Schützen und verursachte eine gewisse Nervosität bei dem Gedanken an mögliche Beseitigung von Ladehemmungen.

Diese veraltete Waffe hatte eine Feuergeschwindigkeit von bescheidenen 400 Schuß/min., was gemessen an ihrem Gewicht und ihrer Kompliziertheit eine schwache Leistung darstellte. So erstaunt es nicht, wenn sofort nach Beendigung des Ersten Weltkrieges versucht wurde, Verbesserungen vorzunehmen. Man benötigte dazu nicht weniger als 15 Jahre. Letztlich muß gefragt werden, ob sich dieses lange Warten überhaupt gelohnt hat.

Der Ersatz des Revelli im Jahre 1935 blieb weiter eine Revelli und stellte nur wenig mehr als eine Kopie des Modells 1914 dar. Viele der bei der Truppe vorhandenen Waffen waren die gleichen wie 1914, nur mit zusätzlich im Jahre 1935 versehenen Modifikationen, wahrlich ein trauriges Bild der italienischen Waffentechnik zur damaligen Zeit. Trotz der Tatsache, daß es irgendeiner Art von Schmierung bedurfte, um die Hülse nach dem Schuß aus dem Patronenlager zu entfernen, behielt man das alte verzögerte Rückstoßsystem bei. Revelli löste das Problem durch eine Riffelung des Patronenlagers. Seine Idee bestand darin, daß durch diese Riffelung zurückweichende Gase die Patronenhülse umgeben konnten und dadurch ein gewisser Druckausgleich im Inneren der Hülse — also im Patronenlager[3] erreicht wurde. Diese Theorie bewährt sich bei der Verwendung geeigneter Munition. Bei den aufgemöbelten Modellen von 1935 aber mußte sie versagen. Sie benutzten eine 8-mm-Patrone mit besseren ballistischen Eigenschaften als die der 6,5-mm-Patrone, aber bei ihr war auch der Druck größer, und dieses System funktionierte nur bei niedrigen Feuergeschwindigkeiten.

Wenn sich der Lauf und das Patronenlager stärker erwärmten, tauchten die alten Probleme wieder auf. Es gab daher keine andere Lösung als zur Schmierung zurückzukehren. Somit wurden die Gewehre aus dem Dienst gezogen und mit der alten Vorrichtung von 1914, Ölbehälter und Pumpe, ausgerüstet. Weil nicht genügend davon vorhanden waren, faßte man eine schnellere Lösung ins Auge. Die Munition wurde nun vor dem Laden in das Magazin geschmiert. Diese Maßnahme wirkte sich für die Patronenzuführung katastrophal aus. Es lag nahe, einen Metallgurt mit 300 Schuß statt des Magazinkastens zu verwenden. Hier wurden die Patronen nicht geölt, sondern wirklich eingefettet und nahmen daher noch größere Mengen Sand auf. Trotzdem waren die 300 Schuß immer noch besser als die sechs Ladestreifen mit 50 Schuß in den Magazinkästen.

Der Verschluß schob jede Patrone aus dem Streifen heraus·und geradewegs ins Patronenlager. Beim Herausziehen der leeren Hülse wurde sie genial (und ziemlich unnötigerweise) wieder in den gleichen Ladestreifen zurückgeschoben. Wenn die 20 Schuß abgefeuert waren, fiel das Streifenmagazin mit allen 20 leeren Patronenhülsen nach rechts heraus. Als Vorkehrung für das Sauberhalten des Schlachtfeldes war diese Methode beispiellos, für die praktische Anwendung beim Einsatz von Maschinengewehren erscheint sie jedoch lächerlich. Vielleicht verfolgte man dabei die Absicht, sich einen weiteren großen Auswerferschlitz zu ersparen. Der Konstrukteur muß es damit begründet haben, daß bereits ein Schlitz für das herausfallende Streifenmagazin vorhanden sein mußte und er an der Waffe nicht mehr Öffnungen als erforderlich anbringen wollte.

Man ließ den wassergekühlten Lauf fallen und ersetzte ihn durch einen luftgekühlten Lauf, der ungefähr in gleicher Weise wie beim Breda Modell 1930 gewechselt wurde. Das bewährte sich, was man von zwei weiteren Neuerungen nicht sagen konnte. Eine davon war eine Rotationsbremse, die das Funktionieren des geriffelten Patronenlagers gewährleisten sollte. Dadurch verringerte sich die Feuergeschwindigkeit von 500 auf 120 Schuß/min. was für eine Unterstützungswaffe vollkommen unzureichend war. Mit der zweiten Änderung sollte erreicht werden, daß die Waffe mit einem verriegelten Verschluß schießen konnte, um die Treffgenauigkeit zu verbessern. Auch hier scheinen wiederum keine vorangegangenen Versuche unternommen worden zu sein, denn sobald der Lauf heiß wurde, entzündeten sich die im Patronenlager vorhandenen Patronen, was äußerst gefährlich war und schwerwiegende Folgen hatte. Der tödliche, nicht abgedeckte Spannhebel war immer noch vorhanden. Alles in allem kann man nur wenig erfreuliches über dieses Gewehr sagen, aber es wurde in beachtlichen Stückzahlen hergestellt und vom Anfang bis zum Ende des Krieges verwendet.

Die letzte Verbesserung kam von der Firma Breda, die 1937 ihr mittleres Maschinengewehr herausbrachte. Fraglos war es zufriedenstellender als die beiden anderen Modelle, obwohl es auch gewisse Schwächen hatte. Es handelte sich im wesentlichen um einen konventionellen Gasdrucklader mit luftgekühltem Lauf, der sich schnell und einfach wechseln ließ. Der Gasdruckregler besaß zehn verschiedene Einstellungen, wodurch der Gasdruck weitgehend den verschiedenartigsten Bedingungen angepaßt und reguliert werden konnte. Bedauerlicherweise erbte das Modell die alten Eigenschaften seiner Vorgänger insofern, als das Problem beim Auswerfen der Hülsen fortbestand. Wiederum wurde die Hülse unter der gleichen Gefahr von Hülsenreißern und Ladehemmungen hart aus dem Patronenlager herausgestoßen. Somit blieb das Schmieren der Munition die einzige Lösung, was weiterhin zu Ladehemmungen führte, die aber nicht mehr ganz so häufig auftraten. Das Faszinierende an dem Modell 1937 bildete die Patronenzuführung, die einmalig bei Maschinengewehren war. Das Gewehr hatte ein flaches Streifenmagazin mit 20 Schuß, ähnlich dem Hotchkiss, allerdings entgegengesetzt angeordnet, wobei sich die Patronen an der Unterseite befanden.

Von diesen Eigenarten abgesehen, konnte das Modell 37 als gute Waffe bezeichnet werden. Es blieb bis 1945 in den Streitkräften, obwohl es wegen der Begrenzung auf 20 Schuß in seiner Feuerkraft nicht ganz den Erfordernissen entsprach. Man kann sich nur schwer vorstellen, daß eine Maschinengewehrbedienung wirkungsvolles Feuer abgeben konnte, wenn sie nach jedem kurzen Feuerstoß die Waffe neu laden mußte. Jedenfalls unterschied sich das Gewehr in seinem Äußeren vorteilhaft von den anderen sich im Dienst bei den italienischen Streitkräften befindlichen. 1938 wurde es modifiziert und erhielt ein vertikales Kastenmagazin, das — ähnlich wie das Bren — von oben zuführte. Dieses Modell war nicht für die Infanterie bestimmt, sondern wurde auf Kampfpanzern, gepanzerten Fahrzeugen und Sturmgeschützen mon-

tiert. Da ein Laufwechsel auf Fahrzeugen kaum durchführbar ist, versah man es mit einem verstärkten Lauf und einem Pistolengriff statt einer aus zwei Schaufelgriffen bestehenden Vorrichtung. Warum kein Versuch unternommen wurde, es mit einer Gurtzuführung auszustatten bleibt ein Rätsel, aber die Konstrukteure italienischer Maschinengewehre verfolgten immer eigenwillige Ideen.

Zusammenfassend läßt sich sagen, daß der italienischen Infanterie im Zweiten Weltkrieg optimale Maschinengewehre fehlten. Es wäre gut gewesen, wenn sich die militärische Führung Italiens, die für die Ausstattung der Bataillone mit derartigen Waffen verantwortlich war, sich einmal selbst an der Front davon überzeugt hätte, was sie den bedauernswerten Einheiten mit solchen Waffen zugemutet hatte.

Breda Modello 1937	
Munition	8-mm-Cartuccia Pallotola Modello 35
Länge	1 270 mm
Gewicht, ungeladen	19,5 kg
Lauflänge	679 mm
Magazin	20-Schuß-Streifenmagazin
Feuergeschwindigkeit	450 S/min
Mündungsgeschwindigkeit	791 m/sek

Anti-Tank-Gewehre

Italien selbst hat keine eigenen Modelle von Panzerbüchsen entwickelt und verließ sich statt dessen auf Auslandskäufe oder erbeutete Bestände. Unter Umständen war es anfangs auch auf diesem Gebiet unterlegen. Das erscheint schwer verständlich, denn die Lehren des Spanischen Bürgerkrieges hatten eindeutig den Wert dieser Waffen bewiesen. Von allen beteiligten Ländern wurden die Konsequenzen daraus gezogen, und Italien spielte in dem Konflikt eine zumindest ebenso große Rolle wie andere Nationen. Aber offenbar griff man den Gedanken einer Ausstattung der Infanteriezüge mit leichten tragbaren Panzerabwehrwaffen nicht auf. Auf anderen Gebieten wurden dagegen die Erfahrungen bereitwillig berücksichtigt. So erhielten die Panzerabwehrkompanien der Infanterieregimenter eine 47-mm-Kanone auf Zuglafette, die für das Jahr 1936 eine angemessene Leistungsfähigkeit besaß. Doch die Anzahl dieser Kanonen reichte nie aus, um mit ihnen die einzelnen Bataillone auszurüsten, ausgenommen Spezialeinsätze. 1941 waren die Formationen der Infanterie gegen gepanzerte Fahrzeuge praktisch wehrlos.

Dieser Mangel trat sehr deutlich während der ersten Gefechte in der Wüste in Erscheinung. Um diesem Mangel abzuhelfen, erwarb Italien Gewehre aus der Schweiz. Schon vor Ausbruch des Krieges hatte man einige angekauft, aber nach 1941 wurde die Lage bedrohlich. Einige weitere bezog man aus Deutschland, wo die schweizerischen Modelle mit ihrem hohen Gewicht als zu schwer eingeschätzt wurden. Schließlich übernahm man etwa 2 000 von der deutschen Wehrmacht erbeutete polnische Modelle 1935. Bis Ende 1941 besserte sich die Lage bereits etwas.

Die erworbenen schweizerischen Solothurn bildeten eine Weiterentwicklung der S. 18/100 aus dem Jahre 1932. Dieses bemerkenswerte Gewehr war kompakt, stark und verhältnismäßig leicht. Es leitete seinen Ursprung von einem Rheinmetall-Modell aus dem Ersten Weltkrieg her. Aufgrund der Tatsache, daß Solothurn der Firma Rheinmetall gehörte, konnten durch Benutzung der schweizerischen Werke die Bestimmungen des Versailler Vertrages umgangen werden. Die S. 18/100 wurde an einige europäische Länder verkauft, war aber keineswegs ein Erfolg. Einmal war sie zu teuer und zum anderen trotz des 20-mm-Kalibers und einer Mündungsgeschwindigkeit von 600 m/sec. nicht stark genug. Deswegen wurde sie für eine stärkere Patrone geschaffen und als S. 18/1000 bezeichnet. In dieser Ausführung war sie wesentlich erfolgreicher und konnte bis auf 500 m ohne weiteres einen leichten Panzer außer Gefecht setzen. Dagegen bereitete der Transport Schwierigkeiten. Sie war 2,17 m lang, wog 54,5 kg und befand sich fast stets auf einem Lafetten-Karren, der entweder von der Bedienungsmannschaft oder von einem Fahrzeug gezogen wurde. Ihre Ausführung — allerdings bei einem sehr hohen Anschaffungspreis — muß als hervorragend bezeichnet werden. Bei diesem Selbstlader erfolgte die Munitionszuführung von der linken Seite her durch ein schweres Magazin mit 8 Patronen. Es gab auch eine vollautomatische Variante, die aber für den Schützen wenig geeignet war, denn nach dem ersten Schuß konnte er sie nicht mehr im Ziel halten, und die restlichen Geschoße hatten eine große Streuung. Der Rückstoß erwies sich als so stark, daß die Waffe mit einer sorgfältig ausgeführten Mündungsbremse ausgestattet werden mußte, wobei die Minderung des Rückstoßes und die Dämpfung des ohrenbetäubenden Mündungsknalls ausbalanciert wurden.

Eigenartigerweise besaßen die früheren S. 18/100, die eine schwächere Patrone verschossen, eine viel bessere Vorrichtung für das Auffangen des Rückstoßes. Aber da es sich um eine vollautomatische Waffe handelte, war das auch notwendiger. Jedenfalls bildete das Laden der S. 18/1000 fast schon ein Kunststück. Der Spannhebel bestand hier aus einer Handkurbel rechts am Gehäuse, die dreieinhalbmal gedreht werden mußte, um den Verschlußblock nach hinten zu bringen. Das erfolgte mittels Fahrradkette, die sich um ein Zahnrad wand. Die Handkurbel wurde dann um die erforderlichen dreieinhalb Umdrehungen wieder zurückgedreht und ein volles Magazin von links in das Gehäuse hineingestoßen, worauf mit dem Getöse eines angeworfenen Motors der 4,5 kg schwere Verschlußblock nach vorn klatschte, um eine 20-mm-Patrone in das Patronenlager einzuführen. Dann brauchte man nur noch den Abzug zu betätigen, mit aller Kraft den Pistolengriff zu halten und den Kolben fest einzuziehen, wobei man versuchen mußte, nicht bei jedem Schuß zusammenzuzucken. Die äußerste Reichweite betrug 1 500 m, aber die effektivste Kampfentfernung, um einen Panzer unter Feuer zu nehmen, lag ungefähr bei 500 m.

Fucile Anticardo Solothurn da 20 mm (Solothurn S. 18/100)	
Munition	20 mm spezial
Länge	2 160 mm
Gewicht, ungeladen	101 kg
Lauflänge	1 300 mm
Magazin	10-Schuß-Kastenmagazin
Feuergeschwindigkeit	850 m/sek
Panzerbrechende	40 mm auf 100 m
Wirkung	bei einem Auftreffwinkel von 90°

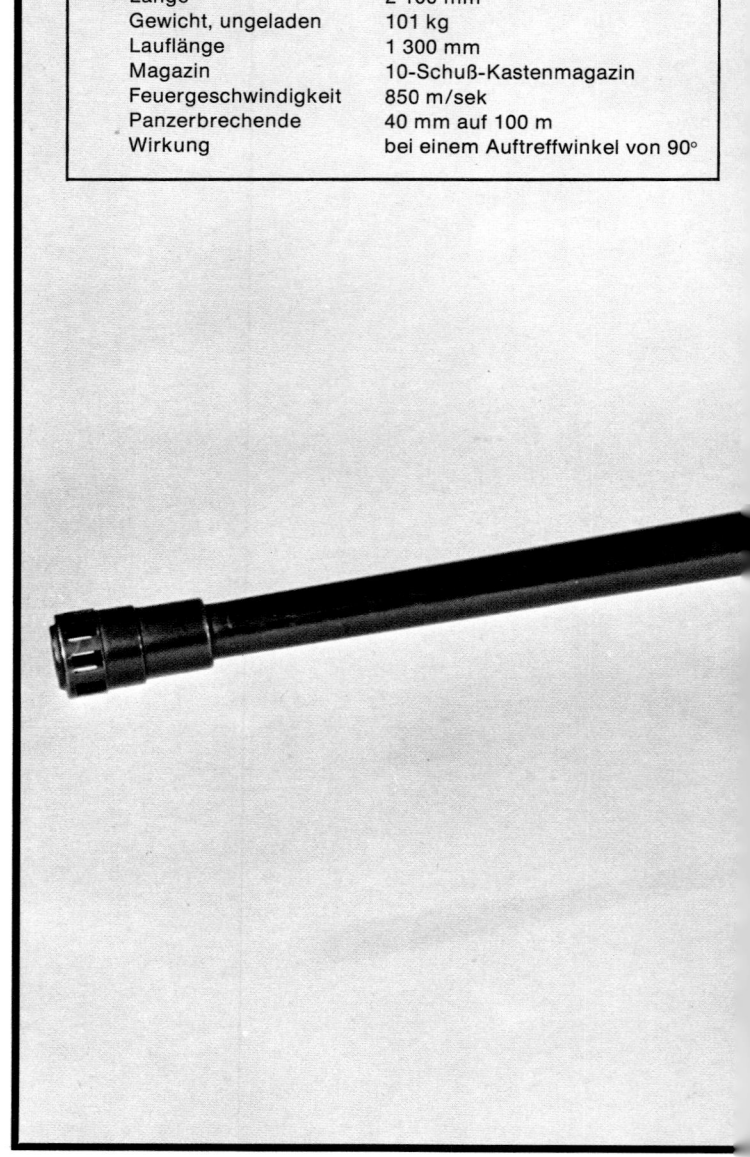

Jedes Bataillon erhielt zwei bis drei dieser wirkungsvollen Panzerbüchsen. Für eine wirksame Abwehr reichte diese Zahl nicht aus. Eines ihrer Probleme lag darin, daß sie zur Bedienung mindestens drei Mann benötigte. Deshalb stellte sie alles andere als eine Waffe für den Zug dar, die die Infanterie wirklich brauchte. Diese Lücke wurde durch eine Anzahl erbeuteter polnischer Panzerbüchsen geschlossen. 1935 hatte die polnische Armee eine Einmann-Panzerbüchse eingeführt, die unter der Leitung von Jaroslav Mareszek entwickelt worden war.

Die M 35 war nichts anderes als eine Mauser 1918, die auf den neuesten Stand gebracht und mit einem Magazin für fünf Schuß versehen wurde. Sie verschoß die gleichen 7,92-mm-Patronen mit Wolframkern. Die Patronenhülse wurde verlängert, um eine größere Treibladung aufzunehmen. So erreichte das Geschoß eine Mündungsgeschwindigkeit von 1 275 m/sec. Damit besaß sie genügend Durchschlagskraft gegenüber den damaligen leicht gepanzerten Fahrzeugen. Die Polen waren mit ihrer Entwicklung so zufrieden, daß sie sie unter strengster Geheim-

haltung in Warschau in die Serienanfertigung gaben. Leider scheinen sie dieses Sicherheitsbedürfnis übertrieben zu haben, denn nur sehr wenige gelangten zur Truppe, wo sie dann unter strikten Beschränkungen verwahrt wurden. Zur Zeit des deutschen Angriffs gegen Polen im September 1939 lagerten zwischen ein- und zweitausend in den Depots, aber kaum eine der Einheiten besaß welche, noch waren die Soldaten in ihrer Handhabung ausgebildet.

Die Notlage der italienischen Verbündeten wurde so bedrohlich, daß die Deutschen ihnen den gesamten Bestand an erbeuteten polnischen Panzerbüchsen überließen. Daraufhin erarbeitete die italienische Armee ihre eigene Bedienungsvorschrift und führte das Gewehr so schnell wie möglich ein. Es bildete einen Notbehelf und war 1940 bereits veraltet.

1 Anm. des Übers.: Waffen wie z. B. Streitaxt, Spieß, Halbarte, Lanze.

2 Anm. des Übers.: Waffe ist bei Schußunterbrechung geladen. Der Verschluß ist verriegelt.

3 Anm. des Übers.: Somit wurde ein Kleben der Hülse in der Kammer verhindert.

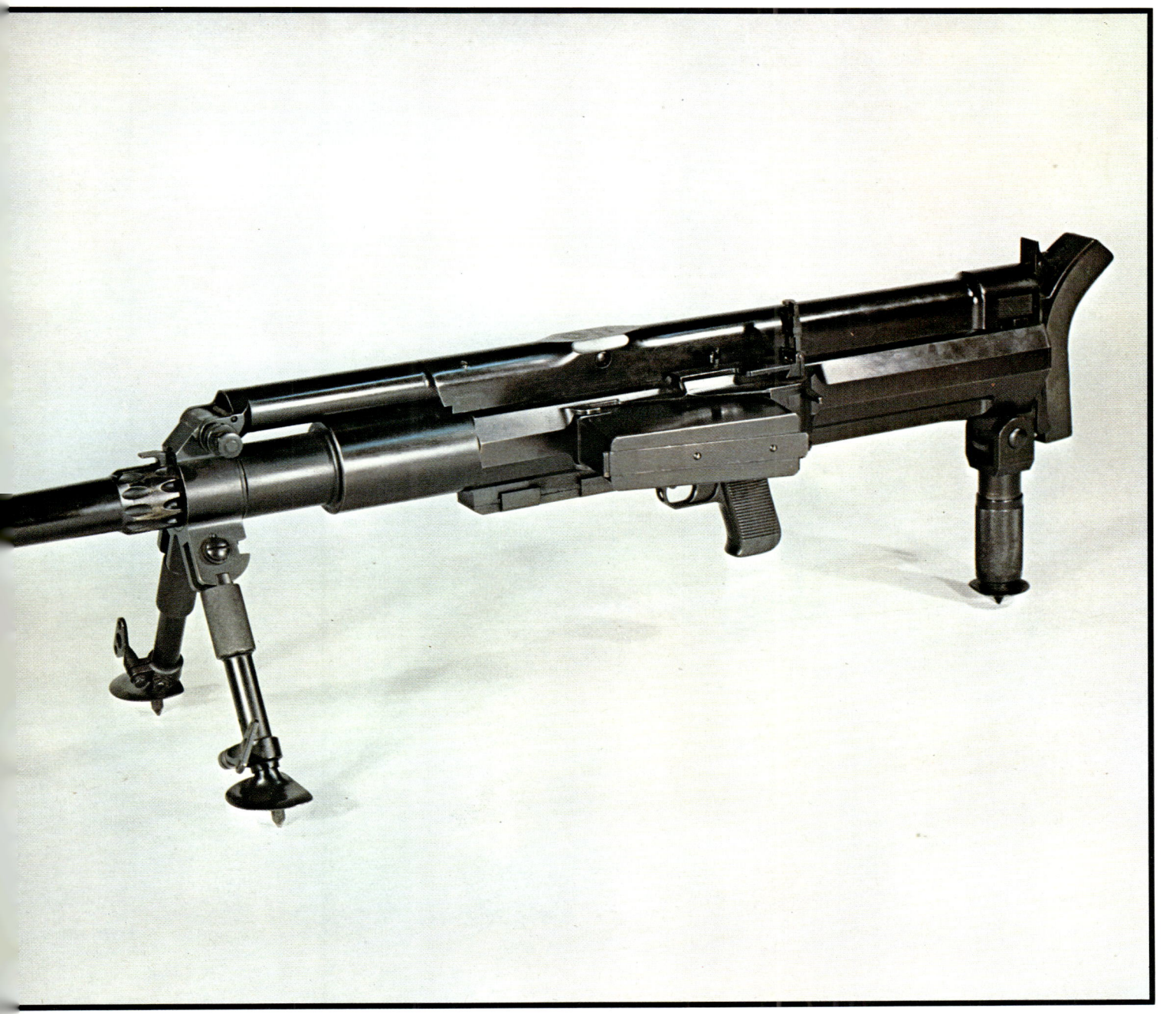

JAPAN

Es gibt mehrere Merkmale, die die Einzigartigkeit der japanischen Handfeuerwaffen im Zweiten Weltkrieg kennzeichnen. Keines davon darf isoliert betrachtet werden. Nur ihre Gesamtheit charakterisiert diese Waffen in einer eigenartigen und bezeichnenden Weise. Es ist eine nicht genauer bestimmbare Eigenschaft der japanischen Waffen jener Epoche, durch die sie sich leicht von denen anderer Nationen unterscheiden lassen. Im wesentlichen lag es an der plumpen und unausgeglichenen Anordnung. Für eine Nation, deren künstlerische Fähigkeiten so vollendet sind, überrascht das Aussehen einiger ihrer Infanteriewaffen. An sich wirkt das Arisaka-Gewehr ziemlich normal, aber mit dem aufgepflanzten Seitengewehr erscheint es unausgewogen. Ähnlich lag die Situation bei den Maschinengewehren, die sich größtenteils durch einen unförmigen Kolben auszeichneten, der nur unzulänglich am Gehäuse befestigt war. Das Anti-Tank-Gewehr Modell 97[1] bestand aus einer an allen Ecken und Enden herausragenden Sammlung von Teilen und Einzelteilen. Sie sehen alle so unhandlich aus, daß man sich fragen muß, ob eine dieser Waffen überhaupt als ein Ganzes entwickelt oder aber aus einer Anzahl von Teilen zusammengefügt worden ist.

Zu Beginn dieses Jahrhunderts, als die Grundlagen für die Serienanfertigung von Handfeuerwaffen gelegt wurden, schien eines der Hauptprobleme ihr Entwurf zu sein. Beim Arisaka-Gewehr handelte es sich um einen von einem Ausschuß ausgewählten Mauser. Trotz dieser Tatsache wurde es im Gegensatz zu anderen zu einer bewährten Waffe. Die anderen unterlagen zumeist der Kontrolle durch den späteren Generalleutnant Kijiro Nambu. Seit frühester Jugend befaßte er sich eingehend mit Waffen und wurde 1910 leitender Berater und Konstrukteur der japanischen Armee. Von da an übte er auf jede Waffe, die in Dienst gestellt wurde, seinen Einfluß aus, was sich bedauerlicherweise häufig nicht günstig auswirkte. 1927 gründete er eine eigene Waffenfabrik, legte zehn Jahre später sein Amt nieder und blieb bis 1943 Berater. Seine Stellung in der japanischen Hierarchie scheint äußerst einflußreich gewesen zu sein, obwohl er sich meist darauf beschränkte, bereits vorhandene ausländische Modelle zu übernehmen und sehr wenig Originelles schuf.

Die Munition bildet den anderen Aspekt japanischer Handfeuerwaffen, der sich, ohne näher auf Einzelheiten einzugehen, nur schwer schildern läßt. Die Typen und ihre einzelnen Arten müssen den nicht Eingeweihten verwirren. Es ist daher unerläßlich, die Hauptversionen in groben Zügen zu umreißen, damit sie der Leser kennt, wenn er sich mit dem Stoff beschäftigt.

Zuerst existierte die Nambu-8-mm-Pistolenmunition, die nicht geändert wurde. Dann verwendete man auch die Arisaka-6,5-mm-Patrone, eine unkomplizierte Patrone mit Halbrand[2] aus dem Jahre 1905, die als Modell 38 bezeichnet wurde (die japanischen Bezeichnungen werden später erläutert.) Leider war diese Patrone zu stark für die leichten Maschinengewehre. Daher gab es noch ein Modell 38 (1905) mit einer schwächeren 6,5-mm-Patrone, die man lediglich an ihrer Packung erkennen konnte. Während der Besetzung der Mandschurei im Jahre 1931 wurde deutlich, daß die 6,5-mm-Munition nicht mehr dem neuesten Stand entsprach. Für das mittlere Maschinengewehr Modell 92 (1932), eine Entwicklung die auf dem Hotchkiss beruhte, führte man eine 7,7-mm-Patrone ein. Sie besaß wiederum einen Halbrand, wurde aber 1939 auch als randlose Partrone geliefert. So konnte sie vom Modell 99 (1939), Gewehr und Maschinengewehr, verschossen werden.

Links: Japanische Marines, bewaffnet mit Arisaka-Gewehren, beobachten im Frühjahr 1942 das Vorrücken bei der Eroberung Manilas.

Schließlich gab es noch die 7,7-mm-Patrone mit Rand, die ohne die geringste Abweichung der ursprünglichen englischen .303-Zoll-Patrone entsprach. Die Japaner scheinen niemals den Versuch unternommen zu haben, sie besonders zu spezifizieren. So diente bei ihnen die Angabe des Kalibers einer Waffe lediglich dazu, festzustellen, zu welcher Gattung sie gehörte und war nicht Teil ihrer Bezeichnung. Nambu scheint hierfür verantwortlich gewesen zusein, denn es begann auf dem Höhepunkt seines Einflusses.

Man kann sich vorstellen, daß das Leben eines japanischen Offiziers des Feuerwerkerwesens ein ständiger Alptraum gewesen sein muß, denn all diese Munition fand zur gleichen Zeit Verwendung. Keinesfalls löste eine Munition die andere ab, vielmehr wurden alle Munitionsarten gleichzeitig benutzt. Somit waren zu jeder Zeit mindestens fünf verschiedene Typen von Munition für zwei verschiedene Gewehrkaliber vorhanden. Außerdem gab es noch weitere für Spezialwaffen, die aber unberücksichtigt bleiben können.

Eine weitere Schwierigkeit bei der Fertigung japanischer Handfeuerwaffen bildet der Mangel an ausreichender industrieller Kapazität. Da Japan erst spät den Anschluß an die Industrialisierung gefunden hatte, verfügte es über keine ungenutzten Kapazitäten aus früheren Jahren. Der Ausbau der Industrie erfolgte nach festgelegten Gesichtspunkten. Die Schwerindustrie im Bereich des Schiffs- und Eisenbahnbaues besaß anfänglich die höchste Priorität. Der Zweig der leichten Metallindustrie, wie er zur Massenproduktion von Handfeuerwaffen benötigt wird, war bei einem bescheidenen technischen Niveau kaum vorhanden. Ein Großteil von Nambus Bemühungen richtete sich darauf, die Hotchkiss Modelle so zu vereinfachen, daß die einheimischen Firmen sie zur Zufriedenheit herstellen konnten. Das ist einer der Gründe für die schwache 6,5-mm-Patrone von 1905. Sie setzte die Waffen geringeren Belastungen aus und erlaubte eine Fertigung unter anspruchslosen technischen Anforderungen bezüglich der Widerstandsfähigkeiten und Präzision. Als Japan 1930 auszurüsten begann, standen noch weniger Werke zur Verfügung. Aus diesem Grunde dauerte die Einführung neuer Modelle sehr lange.

Schließlich kann man eine Abhandlung über japanische Handfeuerwaffen — wie kurz sie auch immer sein mag — nicht ohne eine kurze Erläuterung der japanischen Zeitrechnung beginnen. Vor dem Tod des Kaisers Meiji im Jahre 1912 bezeichnete man alle Geschütze nach dem betreffenden Jahr seiner Amtszeit[3]. Somit wurden das Modell 38 Arisaka-Gewehr 1905 und das Modell 44 im Jahre 1911 eingeführt. Meiji starb 1912. Kaiser Taisho herrschte bis 1925[4]. Damit begannen die Bezeichnungen von vorn, und das Jahr 1914 wurde zum Jahr 3, während 1922 das Jahr war, in dem das leichte Maschinengewehr 11 herauskam. Während das noch einigermaßen begreiflich erscheint, wurde es später noch verwirrender. 1925 bestieg Kaiser Hirohito den Thron[5]. Nun begannen die Bezeichnungen der Jahreszahlen wiederum von vorn, aber nicht für alle, denn nach der Taisho Zeit wurde entschieden, daß die Jahresbezeichnungen von einem bestimmten Ausgangspunkt ununterbrochen fortlaufend sein sollten. Als Anfang dieser Zeitrechnung wurde das Jahr der Gründung des Japanischen Reiches bestimmt[6]. So wurde 1929 zu 2589 und 1941 zu 2601, obwohl man es nach den Amtsjahren Hirohitos auch Showa 16 nannte, weil diese Zeitrechnung noch nicht ganz verdrängt worden war. Schlimmer noch, die Bezeichnungen der Jahre nach dem Beginn des Japanischen Reiches wurde oft noch auf eine einstellige Zahl reduziert. Somit galt das Jahr 1940 als 2600 und wurde für einige Waffen 0, aber für andere 100. Das berühmte Kampfflugzeug Zero[7] ist ebenso wie die Maschinenpistole Modell 100 im Jahre 1940

Pistolen

14 Nen Shiku Kenju (Type 04 Nambu)	
Munition	8-mm-Taisho 14
Länge	227 mm
Gewicht, ungeladen	0,90 kg
Lauflänge	121 mm
Magazin	8-Schuß-Kastenmagazin
Mündungs-	
geschwindigkeit	320 m/sek

eingeführt worden. Für die Zwecke dieses Buches folgen den japanischen Daten und Modellbezeichnungen ihre westlichen Bezeichnungen in Klammern.

Ebenso wie viele andere Waffenarten, zeichnen sich japanische Pistolen weder durch ihre Konstruktion noch durch ihre Leistungsfähigkeit besonders aus. Unter ihnen gab es eine geringere Anzahl verschiedener Typen als bei den anderen Waffen. Die Herstellungszahlen hielten sich in bescheidenen Rahmen. In der Regel trugen nur Offiziere Pistolen. Anscheinend sind allgemeine Soldaten, wie Kradmelder oder Feldjäger, nicht, wie bei den alliierten Streitkräften, mit ihnen ausgestattet.

Die Pistolen wurden in ihrer (Schock- und Stopp-)Wirkung in hohem Maße durch die verwendete Munition beeinträchtigt. Vor dem Ersten Weltkrieg waren die Japaner mehr an Selbstladepistolen als an Revolvern interessiert und entwickelten für sie ihre eigene relativ schwache 8-mm-Pistolenpatrone, die in der ganzen Welt als einzigartig galt. Schwierigkeiten scheinen nicht entstanden zu sein, weil man die Pistolen nur in geringem Umfange verwendete und aus diesem Grunde auch vermutlich niemals unter Munitionsmangel litt. 1915 wurde die älteste Pistole Modell 04 in die Ausrüstung aufgenommen. Sie ist bekannter unter der Bezeichnung Nambu — nach ihrem Konstrukteur, obwohl sich dieser Name auf das darauffolgende Modell bezog. Die 04 wies in ihrer äußeren Form eine gewisse Ähnlichkeit mit der Luger-Parabellum auf, die sich allerdings in ihrer Funktion völlig von jener unterschied.

Die erste Nambu verdankt ihre Konzeption eher der italienischen Glisenti als irgendeiner anderen Waffe. Sie litt unter einigen Mängeln, die beim Original nicht vorhanden waren. Zu ihnen zählten ein schwacher Mechanismus, einige Fehler in der Sicherung und ein Versagen des Schlagbolzens beim Zünden der Patrone, infolge einer schnellen Schwächung der Feder. Wie viele andere Pistolen der damaligen Zeit besaß sie ein sehr ››optimistisches‹‹ Klappvisier mit einer Reichweite bis zu 500 Metern. Im Griffstück befand sich ein Magazin für acht Patronen. Sie war empfindlich gegen Staub und Schmutz und im Einsatz nicht zuverlässig.

Im Jahre 1925 modernisierte Nambu die Pistole. Dabei wurden die früheren Nachteile ausgemerzt und verschiedene Verbesserungen — nicht zuletzt bei den Herstellungsmethoden — vorgenommen. Bedauerlicherweise besaß sie aber immer noch einige ausgefallene Eigenheiten. Eine davon war die Sicherung, die vom Schützen nur mit der linken Hand betätigt werden konnte, weil sie sich an der linken Seite des Gleitstückes befand. Eine weitere bildete die Sperre für das Verschlußstück, die bei leergeschossenem Magazin wirksam wurde. Das geschah so, daß das Verschlußstück praktisch am Zubringer des Magazins einrastete

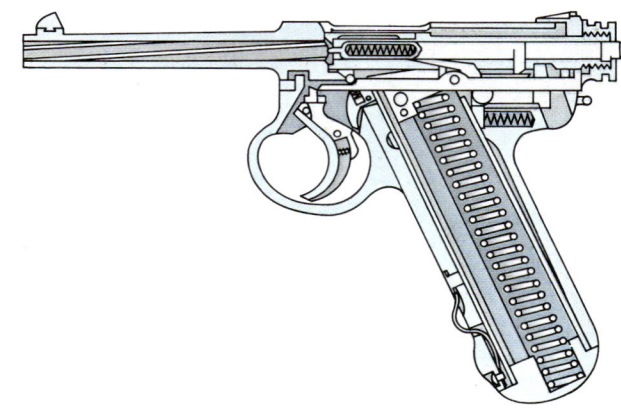

und ziemlich fest saß. Das leere Magazin konnte nur an zwei kleinen hölzernen Knöpfen am Bodenstück ergriffen werden, was beim Herausziehen mit kalten und nassen Fingern in der Regel zu Schwierigkeiten führte. Nach einem Bericht aus Burma soll ein japanischer Offizier getötet worden sein, weil es ihm seiner schweißbedeckten Finger wegen nicht gelang, daß Magazin seiner Pistole schnell genug zu wechseln.

Eine größere Anzahl dieser Pistolen wurde während der frühen dreißiger Jahre so modifiziert, daß man sie auch mit einem behandschuhten Finger während des Winterfeldzuges in der Mandschurei abziehen konnte. Der größere Abzugsbügel wirkt etwas komisch und fällt durch sein Aussehen sofort auf. Offenbar ist an keiner anderen japanischen Pistole eine derartige Änderung vorgenommen worden. Eine Variante der Nambu war die ››Baby Nambu‹‹, eine 7-mm-Version des Originalmodells 04, die in den dreißiger Jahren erschien. Diese Pistole war bei weitgehender Übereinstimmung der Proportionen viel kleiner als die 04.

94 Shiki Kenju (Type 94)

Munition	8-mm-Taisho 14
Länge	180 mm
Gewicht, ungeladen	0,79 kg
Lauflänge	79 mm
Magazin	6-Schuß-Kastenmagazin
Mündungs-geschwindigkeit	305 m/sek

Man hatte sie für den kommerziellen Verkauf vorgesehen, doch ist anscheinend keine von ihnen auf dem Markt erschienen. Alle wurden von der japanischen Luftwaffe übernommen, und es ist fraglich, ob mehr als 3 000 Stück gefertigt worden sind.

Beide Nambu-Pistolen ließen sich nicht leicht herstellen. Als Versuch wurde die für eine Massenproduktion besser geeignete Pistole Typ 94 eingeführt. Sie erschien im Jahre 1934 und auf den ersten Blick schien sie eine typische Selbstladepistole zu sein, obwohl die Form des Griffs ungewöhnlich war. In Wirklichkeit handelte es sich um eine in jeder Hinsicht schlechte Pistole, die eine potentielle Gefahr für den Schützen und seine unmittelbare Umgebung bildete. Warum die Japaner sich für die Konstruktion dieser merkwürdigen Waffe entschlossen, während es so viele für einen Nachbau geeignete bewährte Typen gab, bleibt immer noch ein Rätsel. Die Type 94 besaß wenig Vorzüge, dafür aber viele Nachteile.

Sie war ein Rückstoßlader, bei dem die Verriegelung durch ein vertikales Gleitstück erfolgte, was zwar für eine 8 mm Patrone ausreicht, nicht aber für eine stärkere. Der kurze Lauf verringerte die Mündungsgeschwindigkeit und reduzierte somit die Mündungsenergie auf ein niedrigeres Niveau als bei fast allen anderen Militärpistolen. Daher blieb sie auch auf dichteste Entfernung vergleichsweise wirkungslos.

Eine mechanische Sicherung im Abzugsmechanismus garantierte, daß der Schlaghammer bis zum Spannen der Waffe nicht betätigt werden konnte, aber diese Vorrichtung nutzte sich schnell ab. Sie ließ sich dann auch bei geöffnetem Verschluß abfeuern. Wegen der schwachen Patrone war es nicht so gefährlich, wie man es annehmen könnte. Eine weitere Gefahrenquelle lag in dem Abzugsmechanismus wegen der unzulänglichen Abzugsstange vom Abzug zum Schlaghammer, die außerhalb des Verschlußstückes an der linken Seite verlief. Wenn der Schlaghammer gespannt war, konnte er durch einen Druck auf die Abzugsstange gelockert werden, was auch beim Fallen der Pistole auf die linke Seite möglich war. Ein zusätzlicher weiterer kleiner Nachteil bestand darin, daß das leere Magazin genau wie bei dem Nambu durch den Verschluß eingeklemmt wurde. Zusammenfassend läßt sich sagen, daß mit der Einführung dieser Waffe keine glückliche Wahl getroffen worden ist. Obwohl viele Tausend hergestellt wurden, müssen sie sehr unbeliebt gewesen sein, denn fast keine von ihnen tauchte bei einem Gefecht auf. Es wird vermutet, daß sie hauptsächlich die japanische Luftwaffe benutzt hat.

Gewehre - Handlader/Mehrlader

Die japanische Armee kämpfte im Zweiten Weltkrieg mit den gleichen — oder fast gleichen — Gewehren mit Zylinderverschluß, mit denen sie schon während des Ersten Weltkrieges ausgerüstet war. Sie stammten von dem Arisaka-Modell 1905 ab. Das Arisaka war nach einem Oberst benannt, der einer Gruppe von Experten vorstand, die dieses Gewehr schuf. Es handelt sich hierbei um eine direkte Anlehnung — ohne irgendwelche Verbesserungen — an das Mauser-Modell. Das Kaliber betrug 6,5 mm und war 1940 bereits erheblich veraltet. Der schwachen Patrone mangelte es an der notwendigen Durchschlagskraft und Präzision. Das hatte man in Japan in den frühen dreißiger Jahren erkannt, als sich diese Mängel während der Kampfhandlungen in der Manschurei deutlich zeigten. Aus diesem Grunde wurde als Ersatz die 7,7-mm-Patrone eingeführt, aber die 6,5-mm-Patrone weiter während des ganzen Krieges von den Streitkräften benutzt.

Das Arisaka, das die Hauptlast bei den Kämpfen im Pazifischen Raum trug, war die Type Meiji 38 (oder Modell 1905, entsprechend dem 38. Regierungsjahr des Kaisers Meiji). Es handelte sich um eine Karabinerversion des Gewehrs ohne jeden Unterschied mit einem integralen Magazin mit 5 Schuß, der gleichen schwerfälligen Kammerführung der frühen Mauser und einem Reinigungsstock, der unter der Mündung hervorragte. Die Ähnlichkeit mit dem Mauser 98 k war so verblüffend, daß man zweimal hinschauen mußte, um sie voneinander unterscheiden zu können. Der größte Unterschied lag beim Bajonett, das mit halber Länge des Karabiners äußerst eindrucksvoll erschien. Hiervon gab es auch eine Variante für das Gewehr. Ohne augenscheinlichen Versuch einer Verbesserung sind beide zur Verwendung freigegeben worden.

Mit der Einführung der 7,7-mm-Patrone wurde das alte Meiji 38 auf den neuesten Stand gebracht, um sie verfeuern zu können. Man nannte es nunmehr Modell 99 (1939). Die einzigen echten Unterschiede bestanden beim Kaliber und der Kammer, dem Lauf und dem Verschlußkopf. Ein deutlicher Unterschied ließ sich nur bei der eigentlichen Handhabung der Waffe feststellen. Obwohl sie verhältnismäßig wirtschaftlicher herzustellen, zuverlässiger und robuster war, besaßen sie keine wesentlichen Vorzüge ihrer Vorgängerin gegenüber.

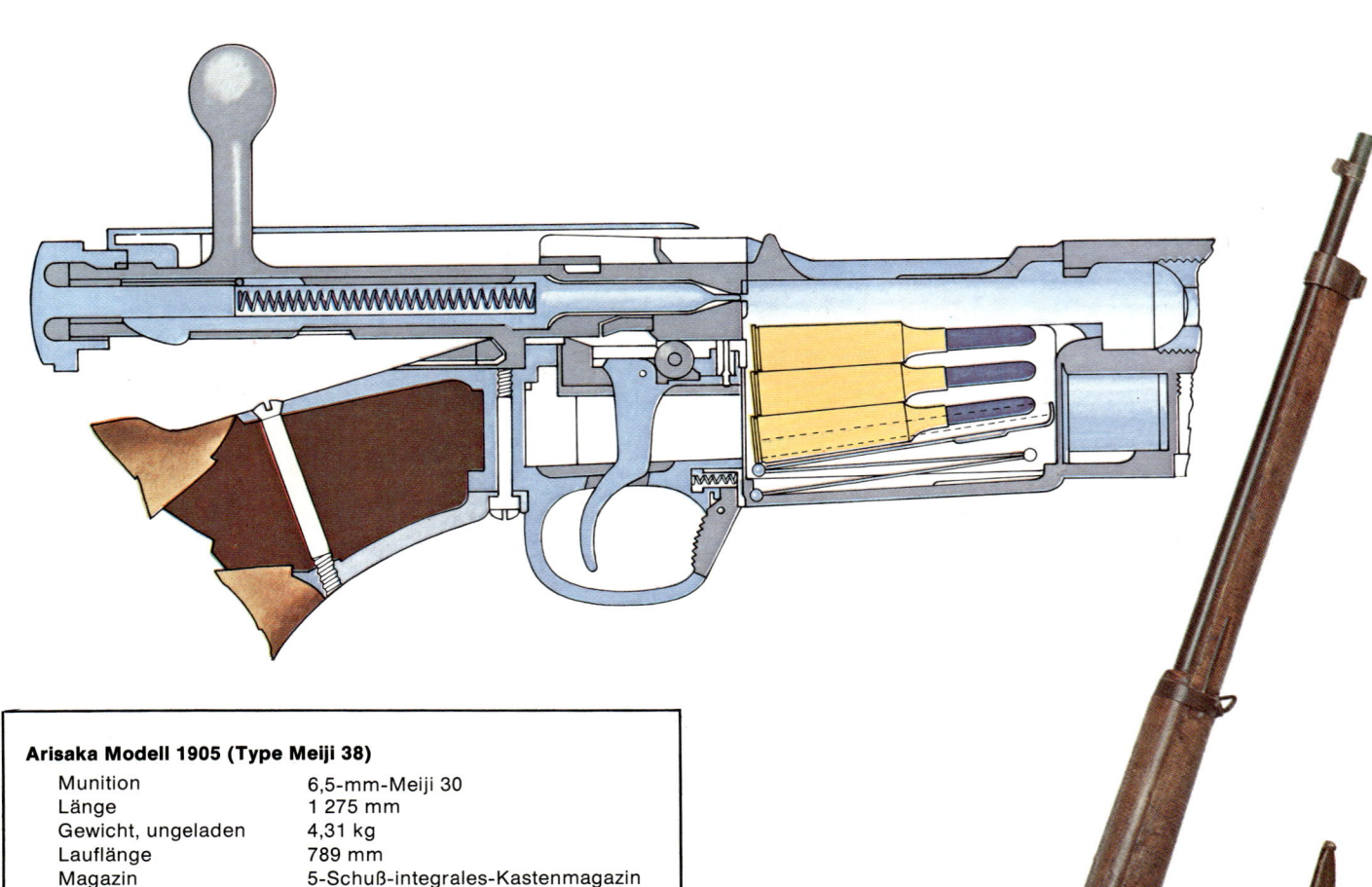

Arisaka Modell 1905 (Type Meiji 38)

Munition	6,5-mm-Meiji 30
Länge	1 275 mm
Gewicht, ungeladen	4,31 kg
Lauflänge	789 mm
Magazin	5-Schuß-integrales-Kastenmagazin
Mündungs-geschwindigkeit	L730 m/sek

Die Gewehre des Modells 99 hatten unter dem Vorschaft eine schwache (Einbein-) Schießstütze aus Draht, was dazu dienen sollte, die Waffe beim Schießen ruhig zu halten. Trotz mehrerer Versuche mit verschiedenen Gewehren, hat es der Autor niemals geschafft, eine bequeme Anschlagsposition mit dieser Schießstütze zu finden. Es bleibt ein Rätsel, wie der körperlich kleine japanische Soldat damit fertig geworden ist. Der Grundgedanke war nicht zu verwerfen. Man findet derartige Vorrichtungen heute — wenn auch in brauchbarerer Form — bei vielen modernen Selbstladegewehren wieder.

Vom Modell 99 existierten auch einige Varianten. Die gebräuchlichsten waren die soeben beschriebenen langen Gewehre oder kürzeren Karabiner. Außerdem gab es noch eine Version für die Fallschirmjäger. Sie war für den Absprung eingerichtet und unterschied sich von den übrigen japanischen Waffen. Bei ihr ließ sich der Lauf am Patronenlager abschrauben oder besser gesagt, er fiel auseinander, weil die Verbindung nicht ganz so fest war, wie sie mittels einer einfachen Schraube hätte erreicht werden können. Sie bestand aus einer Art Bajonettverschluß, mit Bolzen und Öse, die beide dazu neigten, sich nach einer bescheidenen

Ganz rechts: Japanische Truppen im Einsatz während des Feldzuges in der Mandschurei, die als Erprobungsgelände für Infanteriewaffen benutzt wurde. Eine Vielzahl von Handfeuerwaffen ist auf diesem Bilde zu erkennen. Aber die Arisaka-Gewehre 1905 und das Maschinengewehr, Type 11 (unten rechts), sind vorherrschend. Das Arisaka-Gewehr war im Grunde eine direkte Kopie des Mauser-Gewehrs ohne Verbesserungen.

Anzahl abgegebener Schüsse zu lösen. Deshalb wurde eine Modifizierung vorgenommen, bei der die eigentliche Laufverbindung einfacher, aber die Schließvorrichtung stärker war. Offenbar ließ sich damit ein zufriedenstellendes Ergebnis erzielen, doch blieb die Lebensdauer dieser klappbaren Gewehre gering. Andere erhielten ein Gelenk am Kolbenhals, was unverständlich erscheint, weil es sich hier um die schwächste Stelle des Kolbens handelt und dieser Teil beim normalen Tragen und bei der Handhabung durch die Soldaten der größten Belastung ausgesetzt ist. Folglich mußte das Gelenk stark und schwer sein, was auf Kosten einer leichten Betätigung ging.

Die Alliierten behaupteten, die Japaner würden aus dem Hinterhalt schießen. 1941 und 1942 wurde in der Presse viel von Heckenschützen berichtet, die sich in Bäumen versteckt hielten und auf den sich am Erdboden bewegenden Feind schossen. Um diese Geschichten weiter auszumalen, sollten jene Heckenschützen an den Bäumen festgebunden gewesen sein, um nicht herabzufallen, wenn sie getroffen wurden. So wollte man angeblich dem Gegner die Feststellung verwehren, ob das Bündel im Baum lebte oder nicht. Des weiteren gab es Augenzeugenberichte, nach denen Japaner sich totstellten und von hinten das Feuer auf vorüberziehende Kolonnen eröffneten. Eine Reihe ähnlicher Gruselgeschichten verliehen dem japanischen Infanteristen den Ruf für gewandtes Töten und Hinterlist, den er kaum verdiente. Bei diesen sogenannten Heckenschützen handelte es sich in Wirklichkeit um Scharfschützen. Für gewöhnlich waren sie überhaupt keine guten Schützen, aber bei den kurzen Entfernungen im Dschungelkrieg konnten sie ihr Ziel kaum verfehlen. Weit davon entfernt, ihr Ziel genau auszuwählen, wie es ein richtiger Heckenschütze tun sollte, neigten sie dazu, auf alles zu schießen, was sich näherte. Wie dem auch sei, viele von ihnen benutzten eine spezielle Scharfschützenversion der Type 97 (1937) des 6,5-mm-Gewehrs. Es handelte sich um das normale mit einem Zielfernrohr mit schwacher Lichtstärke ausgestattete 6,5-mm-Gewehr. Das Fernrohr befand sich links von der Patronenzuführung. Der Kammerstengel war gebogen, was genügend Handfreiheit beim Laden ließ. Einige besaßen die Schießstütze der Type 99. Der große Vorteil der 6,5-mm-Patrone bestand darin, daß sie verhältnismäßig leise und daher im Dschungel nicht leicht auszumachen war. Bei den kurzen Kampfentfernungen im Dschungel verlor ihre Schwäche an Bedeutung.

Die Arisakas waren, obwohl etwas veraltet, völlig geeignete Waffen, die bis zum Kriege und im Verlauf des Krieges in enormen Stückzahlen hergestellt worden sind. Es existieren heute keine Unterlagen über die genauen Produktionsziffern mehr, aber es wird allgemein angenommen, daß es insgesamt mehr als 10 Millionen gewesen sind. Die nach 1943 gefertigten Exemplare unterschieden sich deutlich durch ihre mangelhafte Ausführung von den übrigen. Sie besaßen keinen hohen Standard, was vor allem auch für die Visiere galt. Das Metall lag unter den Spezifikationen mit der Folge, daß sich die beweglichen Teile schnell abnutzten. In einigen der letzten Versionen war die Verarbeitung so schlecht, daß der Sicherheitsfaktor wahrscheinlich davon betroffen wurde.

Merkwürdigerweise haben die Japaner sich nie für die Einführung eines Selbstladegewehrs entschieden und anscheinend auch keine ausländischen Modelle für die Erprobung angekauft. Einige erfolglose Versuche mit einheimischen Typen im Jahre 1922 ergaben nichts. So ist die Idee anscheinend fallengelassen worden, mit Ausnahme einer winzigen Anzahl von Kopien des Garand. Sie mögen als Prototypen für einen Produktionsversuch oder möglicherweise einfach für allgemeine Forschungszwecke verwendet worden sein.

Maschinenpistolen

Im Hinblick auf die Politik der Vorherrschaft in Übersee und die Neigung für den taktischen Großeinsatz von Infanterie, müßte man annehmen, daß das japanische Heer sich für eine umfangreiche Verwendung von Maschinenpistolen entschieden hätte, denn sie wäre für die Feldzüge im pazifischen Raum und für die Operationen auf dem chinesischen Festland ideal geeignet gewesen. Tatsächlich aber bestand bis 1935 wenig Interesse an Maschinenpistolen, obwohl die japanische Marine in den frühen dreißiger Jahren einige deutsche Bergmanns gekauft und erprobt hatte, anscheinend haben auch Gespräche über einen möglichen Lizenzbau stattgefunden, der aber unterblieben ist. Die wenigen erworbenen Exemplare sind wahrscheinlich nie bei den Kampfhandlungen verwendet worden.

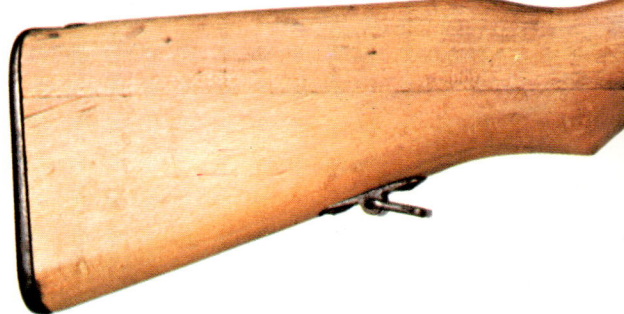

Im Jahre 1935 erschien eine neue japanische Konstruktion, die als Modell 1 bekannt wurde. Sie war nicht besonders bemerkenswert und ziemlich schwer. Äußerlich bestanden einige Ähnlichkeiten mit der finnischen Suomi. Aber scheinbar besaß sie nicht die Robustheit und die Unanfälligkeit gegen Störungen wie diese, denn sie bewährte sich nicht und verschwand bald wieder. Sie verschoß die schwache und nicht sehr wirkungsvolle 8-mm-Pistolenpatrone, was möglicherweise zum Teil zu ihrem Versagen beitrug. 1937 erschien das offenbar noch schlechtere Modell 2, das eine 6,5-mm-Spezialpatrone verschoß, die einmalig und ohnehin zu schwach war. Hinter den Fassaden der Konstruktionsbüros wurde fieberhaft gearbeitet, bis 1940 das Modell 3 erschien. Wegen des sich deutlich am Horizont abzeichnen beginnenden Konflikts im Pazifik und angesichts des bereits in China wütenden Krieges, lief die Serienproduktion des Modells als Type 100 zur Einführung bei den Streitkräften an. Bei der Type 100 kann man einige Merkmale ihrer Abstammung erkennen. Auf den ersten Blick scheint sie etwas der Beretta, der Suomi und der Bergmann zu verdanken. Es unterliegt keinem Zweifel, daß dem so war. Bedauerlicherweise gingen deren optimale Eigenschaften in dieser Kombination unter. Die hervorstehenden übriggebliebenen waren diejenigen, die die Konstrukteure besser weggelassen hätten. Ihre Zuverlässigkeit war mangelhaft. Erneut sollte sie die schwache 8-mm-Patrone verfeuern. Gewicht und Länge waren beachtlich. Trotzdem handelt es sich um eine funktionstüchtige Konstruktion. Zu viel Mühe wurde darauf verwendet, um ein Bajonett am Lauf aufpflanzen zu können, was darauf hinzudeuten scheint, daß jemand falsche Schwerpunkte gesetzt hatte. Sie besaß ein kompliziertes Kurvenvisier. Bei einigen Versionen gab es sogar ein Zweibein, was einen daran zweifeln läßt, ob die Militärs sich über den Zweck einer Maschinenpistole voll im klaren ge-

100 Shiki Kikantanju (Type 100)	
Munition	8-mm-Taisho 14
Länge	889 mm
Gewicht, ungeladen	3,83 kg
Lauflänge	228 mm
Magazin	30-Schuß-Kastenmagazin
Feuergeschwindigkeit	450 S/min
Mündungs-geschwindigkeit	335 m/sek

100 Shiki Kikantanju (Type 100, Modell 1944)	
Munition	8-mm-Taisho 14
Länge	863 mm
Gewicht, ungeladen	3,83 kg
Lauflänge	228 mm
Magazin	30-Schuß-Kastenmagazin
Feuergeschwindigkeit	800 S/min
Mündungs-geschwindigkeit	335 m/sek

wesen sind. Positiv muß erwähnt werden, daß der Innenlauf verchromt war, eine Beschaffenheit, die eine lange Lebensdauer und eine beachtliche Unempfindlichkeit gegen Verschmutzung garantierte. Mit der Waffe ließ sich lediglich Dauerfeuer abgeben, allerdings mit der niedrigen Schußfolge von 450 Schuß/min., bei der der Schütze das Aufbäumen der Mündung beim Schuß noch gut kontrollieren konnte. Außerdem blieb die Waffe als Ganzes dadurch in einer angemessenen Größe.

Das Magazin führte von links zu. Wegen der 8-mm-Randpatrone mußte es ein Kurvenmagazin sein, das bei Unsauberkeiten dazu neigte, Ladehemmungen zu verursachen.

Die Fallschirmjäger besaßen eine klappbare Version, bei der sich nach traditioneller japanischer Art das Gelenk am Kolbenhals befand. Wie viele davon gefertigt wurden, läßt sich heute nicht mehr mit Sicherheit feststellen, aber fraglos waren es am Maßstab westlicher Nationen gemessen, nur sehr wenige. Da sich die Konstruktion nicht besonders bewährte, wurde die Produktion anscheinend sehr klein gehalten, um mehr Zeit für eine Weiterentwicklung zu gewinnen. Auch wäre es möglich, daß die Fabriken ohnehin nicht mehr Schritt halten konnten. Jedenfalls wurde die Type 100 während des ganzen Krieges fortlaufend ver-

bessert, was schließlich 1944 mit der endgültigen Version endete, bei der die Rückholfeder geändert und damit eine größere Schußfolge von 800 Schuß/min. erreicht worden ist. Auch fiel der Bajonetthalter fort. Ein Bajonett konnte aber immer noch an der Mündung aufgepflanzt werden. Ferner besaß sie eine Mündungsbremse, die das Aufbäumen der Mündung beim Schuß verhindern sollte, was aber nur teilweise erreicht wurde. Das »optimistische« Visier war verschwunden. Einige weitere geringe Änderungen sollten zur Vereinfachung und Verbilligung der Produktion beitragen. Aber es war bereits zu spät. Wahrscheinlich sind nicht mehr als 7 000 gebaut und an die Truppe ausgegeben worden. Nur wenige von ihnen dürften die Verbände an der Front erreicht haben; die meisten wurden 1945 von den amerikanischen Besatzungstruppen erbeutet.

Maschinengewehre

Von Anfang an erkannten die Japaner die Brauchbarkeit der Maschinengewehre als Infanteriewaffe. 1902 übernahmen sie das Hotchkiss-Modell 1897 und verwendeten es mit großem Erfolg 1905 im Russisch-Japanischen Krieg. Das überzeugte sie von der Bedeutung des Maschinengewehrs in der Kriegführung. Anschließend experimentierten sie mit verschiedenen Typen. Allerdings handelte es sich bei allen lediglich um Varianten der Original-Hotchkiss-Konstruktion des späten neunzehnten Jahrhunderts. Hinter all den bizarren Formen der daraus entstandenen Modelle mit ihren verwirrenden Typennummern verbarg sich das charakteristische Gasdruck- und Verschlußsystem des Hotchkiss. Es ist bedauerlich, daß die Japaner es nicht im ursprünglichen Zustand beließen. Oberst Nambu mit seiner fragwürdigen Berühmtheit für Pistolen ging ans Werk, um die Konstruktion der 6,5-mm-Patrone anzupassen. Gleichzeitig konnte er der Versuchung nicht widerstehen, einige Eigenschaften zu ändern, mit dem Ergebnis, daß seine Type 3 (1914) wesentlich schlechter als das Original war. Der grundlegendste Unterschied lag in der Vergrößerung des Zwischenraumes zwischen der Patronenhülse und der Wandung im Patronenlager. Die Folge davon war, daß beim Auswerfen der leeren Hülsen ein gewaltiger Ruck entstand, während beim Hotchkiss dieser Vorgang infolge des vorangehenden Druckausgleichs normal verlief. Ähnlich wie bei vielen anderen mit diesem Prinzip des Auswerfens versehenen Waffen mußte auch hier die Hülse vor dem Laden geschmiert werden, weshalb das Hotchkiss-Gehäuse der Aufnahme eines Ölbehälters und eines Meßgeräts angepaßt wurde.

Im Jahre 1932 ist das Maschinengewehr für die Verwendung der 7,7-mm-Patrone mit Halbrand umgeändert worden und erhielt die Bezeichnung Type 92. Die Unterschiede waren — abgesehen von den notwendigen Änderungen am Patronenlager und Lauf — äußerst gering. Wegen des noch immer nicht gelösten Problems des vorangehenden Druckausgleiches behielt man das Ölsystem bei. Aber an der Mündung befand sich wegen der neuen Patrone ein Mündungsfeuerdämpfer. Eine weitere Änderung bestand darin, daß jetzt die beiden Spatengriffe der Bedienungshandhabe unter dem Gehäuse hingen und wie ein Paar nebeneinander angeordneter Pistolengriffe aussahen. Der größte Nachteil dieses ziemlich unbeweglichen Gewehrs war sein Gewicht. Es wog mit dem Dreibein 55,55 kg und mußte besondere Vorrichtungen haben, damit der körperlich kleine japanische Soldat diese Last tragen konnte. Jede Stütze des Dreibeins hatte unten einen Lochsockel. Durch die beiden vorderen wurde eine Stange geschoben. In den Lochsockel der hinteren Stütze kam ein Stahlrohr, ähnlich einer Lenkstange. Drei Mann konnten nun das Maschinengewehr zusammen mit dem Dreibein, ohne daß es auseinandergenommen werden mußte, als Ganzes tragen. Auf kurze Entfernungen und bei einigermaßen guten Bodenverhältnissen ließ sich dadurch eine hohe Beweglichkeit erzielen. Bei den Bemühungen, das Gewicht zu senken, wurde 1941 die Type 01 (1941) mit einem auf 39 kg verringerten Gewicht und einigen Änderungen eingeführt. Die Produktion hatte man vereinfacht, doch sind nur äußerst wenige Exemplare dieser Waffe hergestellt worden.

Die Type 92 (1932) war recht robust, zuverlässig und wurde zu einer hervorragenden Waffe für die Feuerunterstützung. Sie schoß langsam mit einer Schußfolge von 450 Schuß/min., weshalb ihr die Alliierten den Spitznamen »Woodpecker« (Specht) verliehen, aber sie war beim Einsatz in geeigneter Stellung sehr wirkungsvoll. Obwohl die Produktion 1945 eingestellt wurde, blieben viele der Gewehre bei den kleineren Armeen des Fernen Ostens bis weit in die fünfziger Jahre hinein im Dienst.

Als leichtes Maschinengewehr besaßen die Japaner die Type 11 (1922), eine weitere Schöpfung Nambus. Wie so viele andere japanische Waffen sah sie häßlich und unausgeglichen aus. Sie hatte an der Mündung ein Zweibein, einen Lauf mit vielen Kühlrippen und einen viereckigen Schaftkolben, der den Eindruck erweckte, als sei er erst nachträglich angebracht worden. Er glich einer Fahne, die unterhalb des Gehäuses herabflatterte. Der Kolbenhals war sehr dünn und aus Stahl gefertigt, um stark genug sein zu können. Man hatte ihn an dem großen viereckigen Holzkolben befestigt, der nach rechts abgebogen war, damit sich die Visiereinrichtung vor dem Gesicht des Schützen befand. Wie andere japanische Waffen besaß auch dieses Gewehr ein nach rechts abgesetztes Visier. Man behauptete, daß dies notwendig sei, weil die Japaner beim

Zielen nicht — wie die Europäer — nur ein Auge schließen konnten. Das ist natürlich Unsinn, aber die Mär hält sich jetzt schon hartnäckig über viele Jahre.

Eine weitere Eigenart der Type 11 (1922) war die Patronenzuführung, die bei den Maschinengewehren einmalig war. Da sie die Hauptfeuerkraft der Infanteriegruppe bilden sollte, ließ Nambu sie mit einem Gewehrladestreifen versehen. Links befand sich ein Kasten, der sechs Ladestreifen mit je fünf Schuß aufnehmen konnte. Sie lagen auf der Seite und wurden durch einen Federdeckel nach unten gedrückt. Die Zuführerklauen zogen die Patronen aus dem untersten Ladestreifen heraus und schoben sie nach rechts in die Waffe, worauf der leere Streifen durch den Kastenboden herausfiel. Der Schütze konnte genau feststel-

len, wieviel Munition sich noch im Kasten befand und ihn jederzeit mit neuen Ladestreifen auffüllen. Theoretisch ist das ideal, aber in der Praxis war es weniger zufriedenstellend. Erstens erforderte der modifizierte Hotchkiss-Mechanismus weiterhin das Fetten der Patronenhülsen, weshalb man noch immer den gleichen Behälter und die gleiche Ölbürste wie bei der Type 3 (1914) benötigte. Verbunden damit blieb der Nachteil, daß dadurch Staub und Schmutz angezogen wurden. Noch unbefriedigender aber erwies sich die Tatsache, daß infolge der Modifikationen

Unten: Japanische Marinekadetten üben mit einem Maschinengewehr, Taisho 3. Wie auch beim französischen Hotchkiss, von dem es abgeleitet war, wurde bei dieser Waffe für die Munitionszuführung ein flaches Streifenmagazin verwendet.

durch Nambu die Waffe mit der 6,5-mm-Standardpatrone zu schnell schoß und der Zuführmechanismus dem erhöhten Verschleiß nicht gewachsen war. So mußte eine schwächere Patrone geschaffen werden, deren Treibmittelgewicht nur 2 statt 2,15 Gramm betrug. Das ganze Konzept der komplizierten Munitionszuführung war somit vergeblich gewesen.

Die Grenzen der Type 11 (1922) wurden schnell genug erkannt. Es dauerte aber bis in die Mitte der dreißiger Jahre, bis etwas daran geändert und die Type 96 (1936) eingeführt wurde. Es handelte sich um eine leichte Waffe mit Merkmalen, die ihre Herkunft von der tschechischen ZB-Serie verrieten. Siebesaß den gleichen, ganz mit Kühlrippen versehenen Lauf, die flachen Gehäuseseiten, das gleiche Visier, den Gasdruckzylinder unterhalb des Laufes, den Tragegriff und das von oben zuführende Magazin. Aber die Gemeinsamkeit endete damit, daß Funktionsweise und Patrone im Grunde weiter die der Type 11 (1922) blieben. Erstaunlicherweise wurde die schwächere Patrone beibehalten, die immer noch geölt werden mußte. Nur die Methode hatte sich geändert. Es entfiel der Ölbehälter an der Waffe, und die Munition wurde beim Laden in das Magazin gefettet. Das bedeutete, daß die Gewehrbedienung die ölige Munition bei sich tragen mußte und jedes Magazin, das in den Schmutz fiel, beförderte eine klebrige mahlende Masse in das Patronenlager. Die Zahl der Ladehemmungen und die dadurch verursachten Schwierigkeiten stiegen enorm an. Aber unter idealen Bedingungen war die Waffe zumindest genauso gut wie jede europäische der damaligen Zeit. Sie besaß zwei seltsame Eigentümlichkeiten. Eine davon war die Möglichkeit, unterhalb der Mündung ein Bajonett aufzupflanzen. Diese Notwendigkeit ergab sich aus dem japanischen Reglement, wonach die Waffe während des Angriffs im Hüftanschlag getragen werden mußte. Die andere bestand in einem schwachen Zielfernrohr, das für ein Maschinengewehr recht ungewöhnlich ist. Es hatte eine 2,5fache Vergrößerung und war — rechts abgesetzt — an einem kleinen Schwalbenschwanzzapfen an der rechten Gehäuseseite angebracht. Diese Anordnung ließ die normale Visiereinrichtung an der linken Seite frei.

Die Type 99 (1939) bildete die logische Weiterentwicklung der Type 96 und kam 1939 in die Streitkräfte, als man im Verlauf der kriegerischen Verwicklungen mit China erkannte, daß die 6,5-mm-Patrone für einen modernen Krieg zu schwach war. Die neue 7,7-mm-Munition erforderte bedeutend mehr Änderungen als nur die Umrüstung auf neue Läufe und eine Modifizierung des Patronenlagers

Die Toleranzen bei der Herstellung mußten geringer sein, und für verschiedene Teile benötigte man anderes Material. Die Änderungen erwiesen sich als reicher als es der japanischen Industrie ohne größere Schwierigkeiten zuzumuten war. Nur wenige dieser Waffen erreichten bis 1942 die Armee. Ab 1943 befanden sie sich im eigentlichen Kampfeinsatz. Von da an stieg die Produktion ständig, und bis zum Kriegsende wurde sie das vorherrschende Maschinengewehr bei den Landstreitkräften. Wahrscheinlich bestand ihr größter Vorteil gegenüber der Type 96 in der besseren Verarbeitung des Verschlusses und dessen Bestandteile. Der Zwischenraum zwischen Patronenhülse und Wandung des Patronenlagers fiel fort, wodurch sich die Notwendigkeit des Ölens der Patronenhülsen erübrigte. Ein Gasdruckregler mit fünf verschiedenen Löchern ermöglichte eine ideale Regulierung des Gasdrucksystems. Das Ergebnis war eine zuverlässige und schlagkräftige Waffe, die allerdings infolge des großen Aufwandes bei der spanabhebenden Bearbeitung in ihrer Herstellung sehr teuer war. Durch taktisch klugen und aggressiven Einsatz dieser leichten Maschinengewehre verstanden es die Japaner, das Beste aus ihnen herauszuholen und gleichzeitig einen Ruf für gutes Schießen und Tarnen erwarben, wovon sie den ersteren möglicherweise kaum, den zweiten aber ganz bestimmt verdienten. Sie benutzten leichte Maschinengewehre weder als Waffe für Heckenschützen zur Bildung eines Hinterhaltes, wo eine solche Waffe die notwendige Feuerkraft zu liefern vermochte. Stets wurde das leichte Maschinengewehr der Gruppe im Kampf ganz nach vorn gebracht und war dort die Hauptfeuerkraft des Zuges.

Ein japanisches Infanteriebataillon besaß 36 leichte und acht mittlere Maschinengewehre. Die mittleren Maschinengewehre waren in der Maschinengewehrkompanie mit zwei Zügen zu je vier Maschinengewehren zusammengefaßt. Jeder Zug bestand aus zwei Gruppen mit je zwei Gewehren und einer Munitionsgruppe. Bei den Japanern war es üblich, die Maschinengewehre einzeln einzusetzen, während die Briten und in geringerem Maße auch die Amerikaner jeweils zwei Maschinengewehre zwecks gegenseitiger Unterstützung in Feuerstellung brachten. Jede Gruppe verfügte über ein leichtes Maschinengewehr. Drei Gruppen bildeten einen Zug, drei Züge eine Kompanie und vier Kompanien ein Bataillon. Merkwürdigerweise besaßen anscheinend weder die Kompanieführung noch der Bataillonsstab zu ihrer Verteidigung leichte Maschinengewehre. Diese stets sehr klein gehaltenen Teile verließen sich zu ihrem Schutz auf die Kompanien. Jedes leichte Maschinengewehr hatte eine Bedienung von zwei Mann, einem Schützen, der die Waffe trug und

Nen Shiki Kikanju 1922 (Type 11)

Munition	6,5-mm-Meiji mit verringerter Treibladung
Länge	1 104 mm
Gewicht, ungeladen	10,19 kg
Lauflänge	482 mm
Magazin	30-Schuß-Fülltrichtermagazin
Feuergeschwindigkeit	500 S/min
Mündungs-geschwindigkeit	701 m/sek

Shiki Kikanju 1939 (Type 99)

Munition	7,7-mm-Shiki 99
Länge	1 104 mm
Gewicht, ungeladen	10,43 kg
Lauflänge	545 mm
Magazin	30-Schuß-Kastenmagazin
Feuergeschwindigkeit	500 S/min
Mündungs-geschwindigkeit	715 m/sek

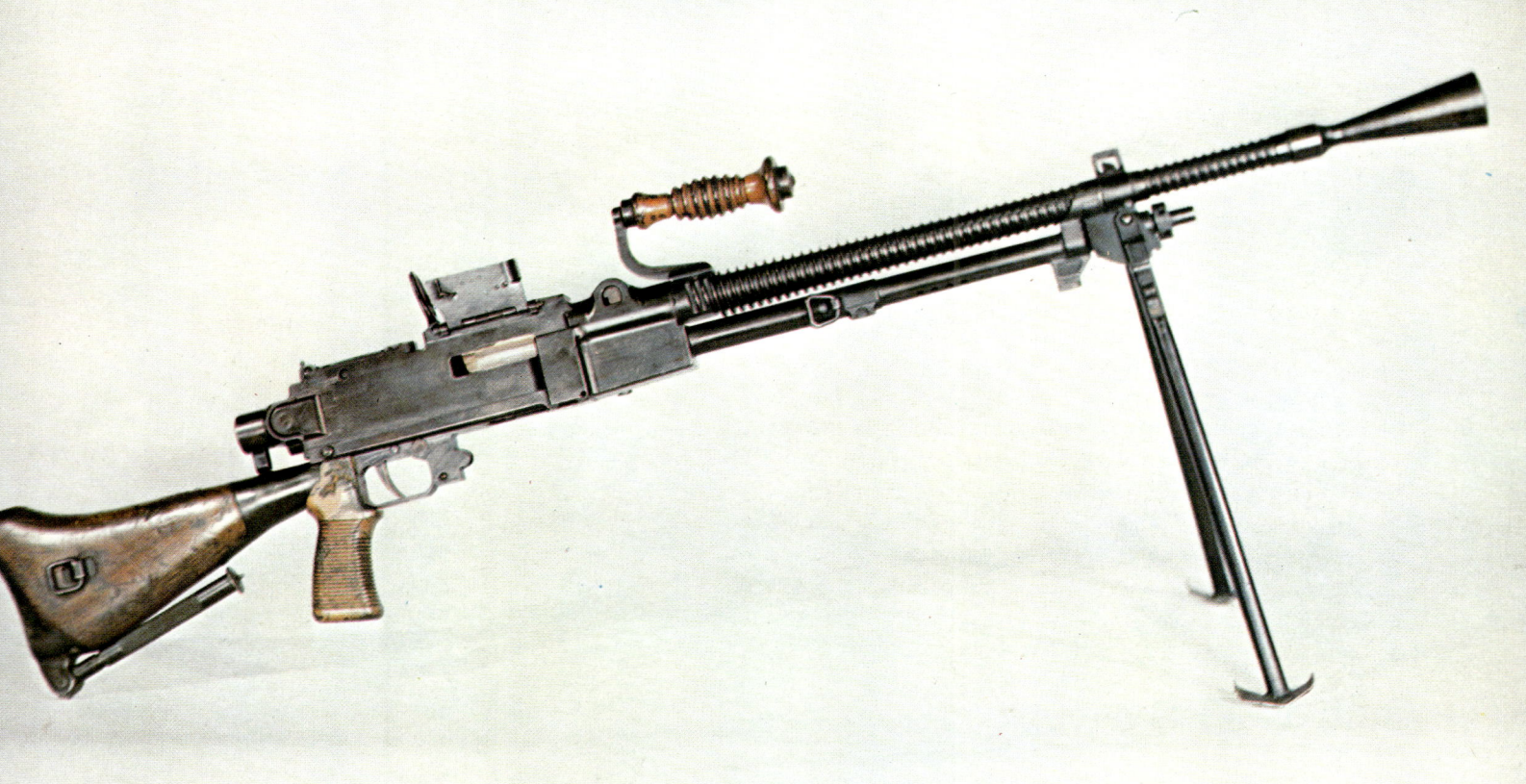

einen Ladeschützen der die Magazine mit sich führte. Letzerer mußte zugleich die Maschinengewehrstellung mit seinem Gewehr und mit Handgranaten sichern und verteidigen.

Es gibt viele Beispiele für den erfolgreichen Einsatz dieser Maschinengewehre. Die Briten trafen erstmalig in Hongkong auf die Type 96, als die japanische 38. Division im Dezember 1941 die Hauptverteidigungsanlagen des Festlandes angriff. Von da an tauchte sie in ständig wachsender Anzahl auf, bis ab 1943 die Type 99 sie zu verdrängen begann. Die Type 99 (1939) wurde, wie auch verschiedene andere Waffen, erstmalig auf den Aleuten festgestellt. Ein Beweis dafür, daß die Inseln in den japanischen Kriegsplänen, eine bedeutende Rolle spielten. Das leichte Maschinengewehr vom Typ 92 (1932) war dagegen allgemein auf allen Kriegsschauplätzen anzutreffen. Auf der Aleuteninsel Attu bereiteten Maschinengewehre dieses Typs, die aus äußerst günstigen Stellungen auf Entfernungen von 1 000 Metern und mehr das Feuer eröffneten, den angreifenden US-Truppen erhebliche Schwierigkeiten. Bei anderen Gelegenheiten schossen sie auf Entfernungen von über 2 000 Meter Störfeuer, wobei die Geschosse fast senkrecht herabfielen und die normalen Einmannlöcher sowie Schützengräben keinen Schutz dagegen boten. Diese steilabfallende Flugbahn bei solchen Reichweiten ermöglichte es den Schützen, den Raum hinter Bergen sowie Bodensenken und Stränden zu bestreichen.

Durch die Niederlage Japans gingen die genauen Unterlagen über die während des Krieges hergesstellten Waffen verloren. Alle Zahlen beruhen heute nur auf Schätzungen. Es erscheint aber als sicher, daß die Typen 92 und 01 bis 1945 Stückzahlen von insgesamt 20 000 oder 30 000 erreicht haben. Bei der Type 95 dürften es mindestens 120 000 gewesen sein, und bei der Type 99 rechnet man mit etwas weniger als 100 000.

Während es sich bei den hier beschriebenen Maschinengewehren um diejenigen handelt, die als Standardausrüstung eingeführt und im Zuge der Kampfhandlungen am häufigsten angetroffen wurden, befanden sich noch weitere in den Beständen. Besonders hervorstechend waren die beiden direkten Kopien des mittleren Maschinengewehrs Vickers und des leichten Maschinengewehrs Lewis. Beide wurden im Boden- und Lufteinsatz verwendet und verfeuerten die 7,7-mm-Randpatrone. Das Lewis wurde in ziemlich großen Stückzahlen hergestellt und hauptsächlich auch bei der japanischen Marine verwendet. Eine andere Waffe

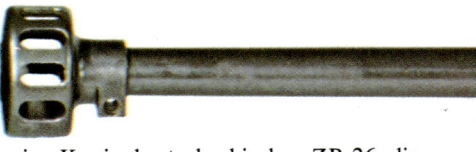

war die Type 97 (1937), eine Kopie der tschechischen ZB 26, die zumeist in Panzern eingesetzt wurde. Es läßt sich kaum eine weniger geeignete Waffe für Panzerfahrzeuge vorstellen, weil die Magazinzuführung von oben erfolgte. So überrascht es nicht, wenn sie später als Infanteriewaffe — ausgerüstet mit einem wackeligen Zweibein und mit einem starken, kurzen Kolbengriff — auftauchte. Eine Eigenheit, die man aus der Zeit ihrer Verwendung als Panzer-MG beibehielt, war ein langes Zielfernrohr an der linken Seite des Gehäuses. Als Munition verfeuerte sie ähnlich wie das Maschinengewehr Type 99 die randlose 7,7-mm-Patrone.

Anti-Tank-Gewehre

Es ist insofern falsch von den japanischen Anti-Tank-Gewehren in der Mehrzahl zu sprechen, weil lediglich ein Modell von ihnen in den Streit-

kräften verwendet worden ist. Es gab Gerüchte über weitere — vor allem eine 13-mm-Waffe —, und die amerikanischen Besatzungstruppen fanden auf den japanischen Heimatinseln einige großkalibrige Mißbildungen von Handfeuerwaffen, die wahrscheinlich dazu dienen sollten, die Landungsfahrzeuge bei ihrem Vorrücken auf die Küstenstreifen unter Feuer zu nehmen. Aber für die Infanteriebataillone war das einzige Anti-Tank-Gewehr das Modell 97 (1937) 20 mm, selbstladend[8].

Das Modell 97 stellt eine Original-Konstruktion dar, obwohl es einige Gemeinsamkeiten mit der Hispano-Suiza-Flugzeugkanone — hauptsächlich in dem kombinierten Gas-Rückstoßsystem — zu besitzen scheint. Die Verriegelung erfolgte im Augenblick des Schusses, indem der Verschlußblock hinten hochkippte und die Verriegelungswarzen im Gehäuse einrasteten. Nach dem Schuß wurde die Verriegelung durch das Gasdrucksystem aufgehoben, und der verbleibende Druck im Lauf trieb den Mechanismus nach hinten. Als 20-mm-Waffe stellte sie durchaus nichts Neues dar, aber sie war leistungsfähig, vorausgesetzt, daß man die Munitionsart während ihrer Lebensdauer nicht veränderte. Falls das eintrat, mußte die Waffe wegen der neuen Druckverhältnisse umkonstruiert werden.

Als Anti-Tank-Gewehr war das Modell 97 groß, schwer und kompliziert. Seine Länge betrug etwas mehr als 2,08 m und sein Gewicht belief sich einschließlich der Tragegriffe auf 68 kg. Ursprünglich sollte die Bedienung aus zwei Mann bestehen, aber in der Praxis war dann eine dreimanchmal auch eine vierköpfige Bedienungsmannschaft üblich. Jedes Bataillon hatte in seinem Ausrüstungssoll zwei von ihnen, die sich beim Panzerabwehrzug der Maschinengewehrkompanie befanden. Diese Zahl erscheint bemerkenswert gering, denn die meisten anderen Armeen versuchten, jeden Infanteriezug mit einer Panzerabwehrwaffe auszurüsten. Vielleicht ist das darauf zurückzuführen, daß von der Industrie nicht genügend Exemplare hergestellt worden sind.

Mit der Auswahl des 20-mm-Kalibers hatte man ganz offensichtlich richtig gehandelt, weil Büchsen mit geringeren Kalibern schon kurz nach ihrer Entwicklung als überholt gelten mußten. Die Entscheidung war auch deshalb sinnvoll, weil sie auf der gleichen Linie mit den anderen japanischen Waffenbeständen lag, und sich das gleiche Geschoß wie bei den übrigen Kanonen verwenden ließ, wenngleich das Modell 97 eine besondere Patronenhülse besaß. Eine eigenartige Besonderheit des Mo-

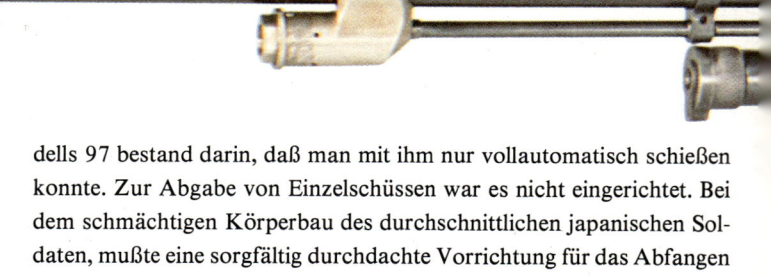

dells 97 bestand darin, daß man mit ihm nur vollautomatisch schießen konnte. Zur Abgabe von Einzelschüssen war es nicht eingerichtet. Bei dem schmächtigen Körperbau des durchschnittlichen japanischen Soldaten, mußte eine sorgfältig durchdachte Vorrichtung für das Abfangen des Rückstoßes vorhanden sein. Sie bestand darin, daß sich in einer Lagerung der Lauf, das Gehäuse und der Pistolengriff während des Rückstoßes nach hinten bewegten. An dieser Lagerung war vorn das Zweibein und hinten der Griff befestigt. Dazwischen befanden sich Rückstoßfedern und -dämpfer. Alles hatte man so aufeinander abgestimmt, daß die Kraft des Rückstoßes niemals zu stark sein konnte. Der Schütze war daher einem längeren gleichmäßigen Druck an der Schulter, statt einer Reihe von spürbaren Rückstößen ausgesetzt. Da das Magazin nur sieben Patronen faßte, dauerte ein Feuerstoß nicht lange. Ohnehin erwartete man anscheinend von einem ausgebildeten Schützen auch nicht, daß er mehr als zwei Feuerstöße unmittelbar hintereinander abgeben würde. Zur weiteren Erleichterung befand sich unter dem Kolben eine Einbeinstütze, die das hintere Gewicht trug und ebenfalls etwas von dem Druck nach hinten abfing. Der Nachteil bestand darin, daß die Waffe angehoben und gedreht werden mußte, wenn man die Visierlinie seitlich schwenken wollte. Somit war das Schießen auf einen quer vorbeifahrenden Panzer ziemlich schwierig.

Der Schütze wurde gewöhnlich durch einen Schild aus dünnem Stahl geschützt, der diesen Zweck mehr theoretisch als praktisch erfüllt haben mag. Ferner war eine Mündungsbremse vorhanden, die jedes Anti-Tank-Gewehr besitzt. Das ungewöhnlichste beim Modell 97 aber bildete seine Tragevorrichtung. Wie bei allen japanischen Infanteriewaffen lag eine der Hauptforderungen darin, daß sie von den Mannschaften getragen werden konnten. Eine Last von 68 kg — neben der übrigen Ausrüstung — übersteigt normalerweise schon die Kräfte von zwei Mann. Darum hatte man besondere Tragegriffe angebracht. Sie erinnerten an übergroße Fahrradlenkstangen und wurden in Schlitze am hinteren und vorderen Ende der Rückstoßlagerung eingeschoben. Beide Enden der hinteren Stange konnten von einem Mann (oder aber auch zwei Mann) angefaßt werden. Zwei Mann ergriffen die vordere Stange. So ließ sich die Waffe von drei oder vier Mann schnell anheben und tragen, ohne daß der heiße Lauf berührt werden mußte. Auch brauchten die Soldaten nicht auf die vielen kleinen Dinge zu achten, die das rasche Bewegen einer schweren Waffe zur Qual werden lassen können. Selbst bei geladenem Magazin bestand keine Gefahr, weil sich die Träger hinter der Mündung befanden. Sobald man an der vorgesehenen Stelle angekommen war, konnte die Waffe schon fast richtungsgenau abgesetzt und das Feuer ohne größere Verzögerung eröffnet werden. So finden wir bei den japanischen Handfeuerwaffen auch durchaus kluge Einfälle.

Sehr wenige dieser Waffen haben den Krieg überlebt, was die Theorie bestärkt, daß nicht viele hergestellt worden sind. Anscheinend ist auch keine Munition mehr vorhanden. Ein Mann, der während der Endphase des Krieges im Pazifik ein erbeutetes Modell 97 abgefeuert hat, berichtet, daß es bemerkenswert rückstoßfrei und unkompliziert war. Der Rückstoß sei nicht größer, als der eines Springfield-Gewehrs 30 (7,62 mm) gewesen. Mit dieser Bewertung müssen wir uns zufriedengeben.

1 Anm. des Übers.: Im deutschen Sprachgebrauch gibt es diese Bezeichnung nicht. Waffen dieser Art wurden im deutschen Herr als Panzerbüchsen bezeichnet. Diese o. a. spezielle Waffe würde heute aber, wahrscheinlich wegen ihres Kalibers von 20 mm, schon als Maschinenkanone eingestuft werden.

2 Anm. des Übers.: Patrone mit Patronenhülse mit halbhohem Rand.

3 Anm. des Übers.: Gemeint ist die ››MEIJI ÄRA‹‹ (1867 - 1912). Mutsihito bestieg 1867 den japanischen Thron. Sein Kaisername lautete MEIJI (Meiji Tenno).

4 ibd.: Gemeint ist die ››TAISHO ZEIT‹‹ (1912 - 1926). Yoshihito (Kaisername: TAISHO) regierte von 1912 - 27.

5 ibd.: Hirohito (Kaisername: SHOWA/ oder Showa Tenno) führte seit 1926 die Showa-Zeit ein. Der Autor hat sich hier geirrt, denn Hirohito bestieg erst im März 1926 den japanischen Thron, nicht 1925. Obwohl Hirohito für den kranken Yoshihito die Regentschaft bereits früher übernahm, beginnt die Showa-Zeitrechnung mit dem Jahr der Thronbesteigung.

6 Anm. des Übers.: Nach der oben erwähnten Reform begann die Zeitrechnung mit dem Jahr 660 v. Chr., als nach offiziellen Darstellungen Jemmu Tenno in Yamato ein legendäres Reich gründet.

7 ibd.: Zero-Null. Es handelt sich hier um den Jägertyp, Mitsubishi A6M-Zero Sen.

8 ibd.: Würde heute wahrscheinlich als Maschinenkanone bezeichnet werden.

Kyunana Shiki 20 mm (Modell 97)

Munition	20-mm-(kurze Hülse) AT
Länge	2 035 mm
Gewicht, ungeladen	68,93 kg
Lauflänge	1 195 mm
Magazin	7-Schuß-Kastenmagazin
Mündungs-geschwindigkeit	609 m/sek

GROSSBRITANNIEN

Die britischen Handfeuerwaffen des Zweiten Weltkrieges waren weder in ihrer Konstruktion noch in ihren Hauptwesenszügen bemerkenswert. Sie hatten aber den Vorteil, daß sie aufgrund konservativer Planungspolitik nur wenigen wesentlichen Änderungen unterlagen, obwohl man diese Politik gleichsam für ihre Zurückhaltung und ihre Farblosigkeit kritisieren kann. Die Waffen, mit denen man den Ersten Weltkrieg gewonnen hatte, waren einfach, robust und in der Hand von ausgebildeten Soldaten höchst wirkungsvoll. Der britische Grundsatz bestand darin, diese Waffen in einer Berufsarmee ohne Wehrpflichtige zu verwenden, in der Annahme, daß ihre Schlagkraft mehr von den Fähigkeiten des Benutzers als von der Waffe selbst abhing. Die einzige Hauptforderung war die nach einem geeigneten leichten Maschinengewehr für die Infanterie, das das komplizierte und schwere Lewis-MG ersetzen sollte. Die beschränkten finanziellen Möglichkeiten der 20er Jahre bestärkten dieses Verhalten und verursachten einen nur langsamen Fortschritt bei der Modernisierung in der Ausrüstung mit Handfeuerwaffen.

Einige bescheidene Verbesserungen wurden an der Konstruktion des älteren Lee-Enfield-Gewehrs vorgenommen, um die Produktion in Kriegszeiten zu vereinfachen. Ähnliche Maßnahmen traf man auch bei der Pistole. Aber abgesehen davon, geschah nicht viel. Eine sichere Entscheidung wurde für die weitere Verwendung der .303-Zoll-(7,7-mm-)-Munition getroffen, was sich im Rückblick vielleicht aus operativer Sicht heraus trotz des ausschlaggebenden überwältigenden finanziellen Drucks als falsch erwies. Die .303-Zoll-(7,7-mm-)-Patrone mit Rand war für Maschinengewehre wenig geeignet, und die meisten europäischen Nationen hatten vor Beginn des Zweiten Weltkrieges die Verwendung von Randpatronen aufgegeben. Die britischen Bestände waren zu umfangreich, als daß sie eine Änderung erlaubt hätten. Außerdem mußte man das ganze Empire mit in die Erwägungen einbeziehen, denn alle Dominien, auch die Kolonien benutzten britische Ausrüstungsgegenstände. Schließlich gab es in Indien bedeutende Fabriken, die auf die Herstellung von Waffen und Munition des Kalibers .303 Zoll (7,7 mm) maschinell eingerichtet waren. Wie in den meisten Fällen, siegten auch hier die Finanzleute.

Diese Entscheidung ist insofern bedauernswert, als der Ausschuß für Handfeuerwaffen bereits 1910 eine Umstellung auf ein kleineres Kaliber als .303 Zoll mit einer randlosen Patrone empfahl und diese Empfehlung im Jahre 1922 mit einer weiteren Studie untermauerte. Somit fehlte es nicht an Argumenten für eine notwendige Änderung. Aber was auch immer die Nachteile der .303-Zoll-Munition gewesen sein mögen, sie hatte hervorragende ballistische Eigenschaften und das machte die Armee erfolgreich.

Das britische Beschaffungssystem war im Frieden bei der Produktion und bei den Entwicklungsarbeiten auf die staatliche ››Royal Small Arms Factory‹‹ angewiesen und konnte erst im Kriege Beschaffungsverträge zur Erweiterung der Produktion vergeben. Das konnte kaum eine ermutigende Situation für die Waffenindustrie sein, aber bis 1945 reichte es. Im Hinblick auf die Möglichkeit eines erneuten Krieges innerhalb eines Zeitraumes, in dem die Waffen, die auf den vorhandenen Bändern gefertigt werden konnten, noch verwendungsfähig waren, ließ die Firma BSA (Birmingham Smalls Arms, Ltd.) auf eigene Kosten ihre eingemotteten Produktionsbänder in den mageren Jahren nach 1918 bestehen. Auf schreckliche Weise zahlte sich diese Voraussicht aus. Im Jahre 1936, als

England möglichst rasch wieder aufrüstete, war BSA in der Lage, mit einem Minimum an Änderungen und Zeitverzögerung die volle Produktion aufzunehmen. Ähnliches geschah bei Webley und Scott, einer anderen Firma mit einem langjährigen ausgezeichneten Ruf in der Herstellung britischer Handfeuerwaffen.

Aber die größte Umwälzung stellte sich mit dem Erscheinen der Sten-Maschinenpistole und der Bombardierung Birminghams ein. Die Sten-Maschinenpistole war so einfach, daß sie in jeder kleinen Werkstatt hergestellt werden konnte. Zum ersten Mal in der Geschichte der britischen Waffenproduktion wurden Aufträge an eine große Zahl winziger Firmen vergeben, die sie in gewaltigen Stückzahlen herstellen konnten, während sie mehr oder weniger von den Bombardierungen unbehelligt blieben. Die Bombardierungen der in Birmingham konzentrierten Fabriken beschleunigten diesen Prozeß und trugen dazu bei, daß die Fertigung der einfachen Konstruktionen, wie die der Sten-Maschinenpistole, über das ganze Land verteilt wurde. Bei den soliden herkömmlichen

Waffen ließ sich das nicht bewerkstelligen, weshalb ihre Tage im modernen Krieg bald gezählt waren.

Eine Besonderheit bei den britischen Handfeuerwaffen der letzten hundert Jahre war die geringe Anzahl eigener nationaler Entwicklungen. Seit Einführung der Mehrlader (Hinterlader) wurde die britische Armee mit Waffen ausgerüstet, die ihren Ursprung in anderen Ländern hatten. Das bildete wahrscheinlich ihre Stärke, denn anscheinend wurde nie gezögert, das Beste zu beschaffen, was sich auf dem Markt befand, was sich nirgends deutlicher als bei der Auswahl des leichten Maschinengewehrs Modell Bren gezeigt hatte. In vielen anderen Ländern wäre hierbei aus Nationalstolz und zur Wahrung der Interessen der heimischen Industrie die Wahl auf ein eigenes Produkt gefallen. In diesem Fall mögen derartige Gesichtspunkte ohne große Bedeutung gewesen sein, aber dennoch arbeitete die Firma Vickers-Berthier ausschließlich in Indien.

Die einzig angebrachte Kritik an britischen Planungsgrundsätzen bezüglich Handfeuerwaffen besteht darin, daß sie äußerst konservativ waren. In der Tat könnte man mit Recht behaupten, daß sie vollkommen ziellos war, was allerdings ebenso für die entsprechenden Planungen in vielen anderen Ländern zutraf. England versäumte zwei bedeutende Fortschritte bei der Entwicklung von Handfeuerwaffen richtig einzuschätzen, die sich im Jahre 1918 oder kurz danach vollzogen. Das erste war das Ende des Handladers, der dem Schützen viel zuviel Können abverlangte, um einigermaßen wirkungsvoll zu sein. Dieser Mangel zeigte sich besonders bei den in Massen zum Ende des Ersten Weltkrieges eingezogenen Wehrpflichtigen. Obwohl das kurze Lee-Enfield das wohl beste aller militärischen Handlader gewesen ist, war es selbst einem durchschnittlichen Selbstlader unterlegen, und die Briten weigerten sich hartnäckig, das einzusehen. Das nächste Beispiel waren die Maschinenpistolen. Es bedurfte des drohenden Mißerfolges gegenüber Fallschirmjägern, um von der Brauchbarkeit dieser Waffe überzeugt zu werden. England hätte sie bereits lange vor 1939 in ausreichender Zahl besitzen können, ließ aber die Gelegenheit verstreichen. Dieses Beispiel zeugt aber von nicht weniger Kurzsichtigkeit als sie bei den Japanern zu beobachten war, die das gleiche bei der Aufstellung einer Armee für den Dschungelkrieg auf den Pazifischen Inseln taten. Aber das soll nicht als Entschuldigung gelten. Tatsache ist, daß die Briten Maschinenpistolen als unsportliche Waffen ansahen, was natürlich im Hinblick auf einen Krieg eine falsche Einstellung war.

Unten Britische Luftlandetruppen 1944 bei Arnheim. Ausgerüstet mit Gewehren No. 4 und Maschinenpistolen Sten MK 2.

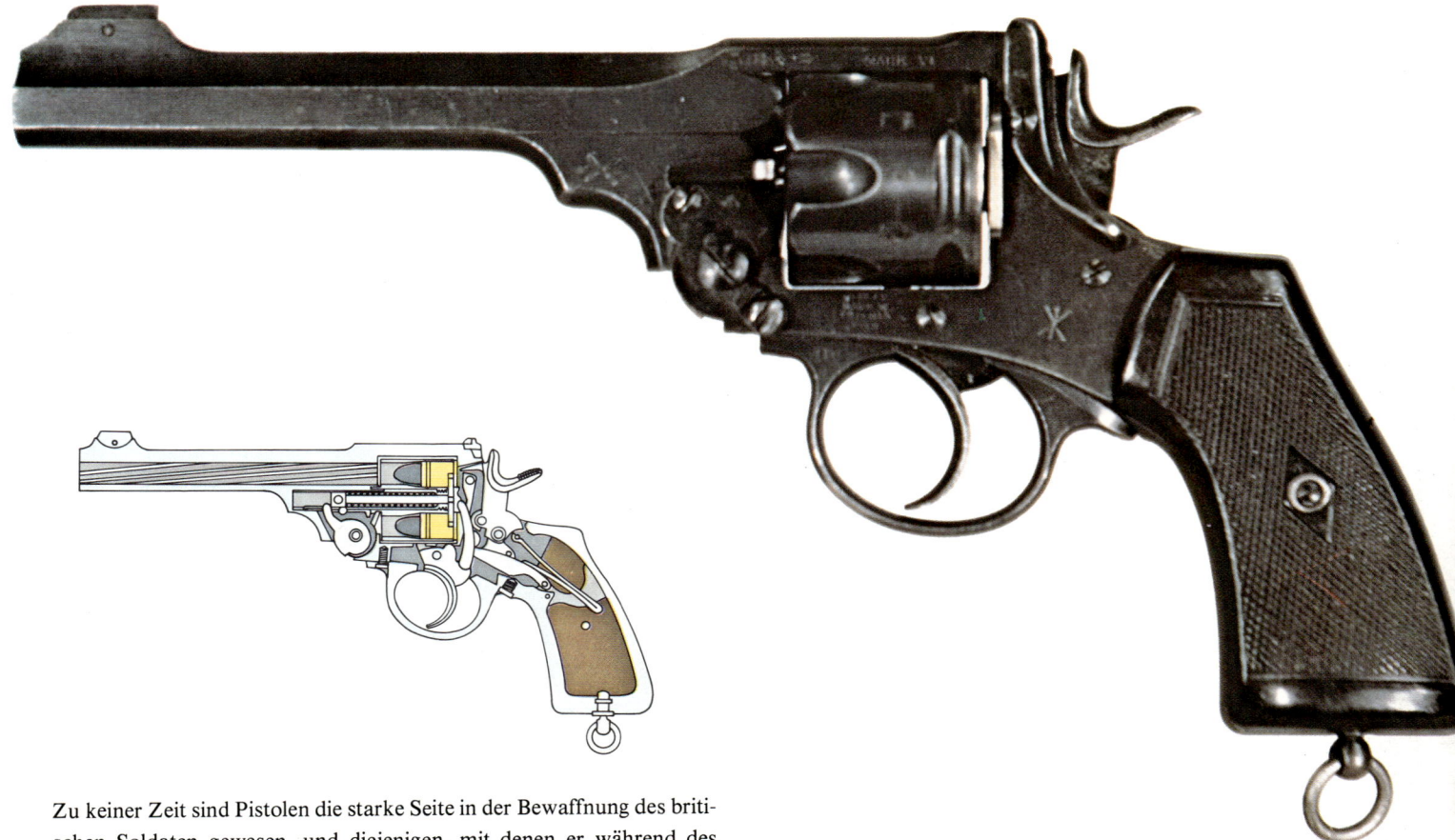

Zu keiner Zeit sind Pistolen die starke Seite in der Bewaffnung des britischen Soldaten gewesen, und diejenigen, mit denen er während des Zweiten Weltkrieges ausgerüstet war, muß man wohl als die wirkungslosesten und unbeliebtesten von allen bezeichnen. Während des Ersten Weltkrieges war der starke, robuste und vollkommen zuverlässige alte Webley Mark 6, Kaliber .455 Zoll (11,5 mm), der Einheitsrevolver gewesen. Diese glänzende Faustwaffe bildete die letzte einer Serie von Webley-Modellen, die in der ganzen Welt bei unzähligen Eingeborenenkriegen und Scharmützeln Verwendung gefunden und sich dabei das volle Vertrauen ihrer Benutzer erworben hatten. Gewiß waren sie und ihre Munition schwer, aber mit ihren gewaltigen Bleikugeln verursachten sie einen niederschmetternden Schlag. Sie überlebten unbegrenzt schlechte Behandlung, Vernachlässigung und Beschädigung.

Nach dem Ersten Weltkrieg kam man zu dem Schluß, daß diese vorzügliche Waffe für die normale Verwendung bei der Infanterie zu groß sei und die Ausbildung an ihr zu viel Zeit erforderte. Diese Einwände waren zweifellos berechtigt, denn das Kaliber .455 Zoll hat einen gewaltigen Rückschlag, an den man sich nur schwer gewöhnt, und die Pistolenausbildung ist eine der Extravaganzen, denen man in Kriegszeiten nicht sehr viel Aufmerksamkeit schenkt. Deshalb entschied man sich für ein kleineres Kaliber. Die Webley-Modelle waren ursprünglich für Schwarzpulvermunition geschaffen und später ohne große Veränderung dem rauchlosen Pulver angepaßt worden, als es verfügbar wurde. In den 20er Jahren war es bereits möglich, mit einem kleineren und leichteren Kaliber als dem .455-Zoll-Geschoß die gleiche Stoppwirkung und Mündungsenergie wie die eines .455-Zoll-Geschosses zu erreichen. Dieses Kaliber besaß außerdem eine höhere Anfangsgeschwindigkeit. Die 9-mm-Parabellum war zu jener Zeit ein gutes Vorbild für eine leichte, dennoch starke Patrone, und es wäre daher von der Kommission, die über

Webley & Scott, MK VI	
Munition	.455 inch SAA, Ball (11,44 mm)
Länge	286 mm
Gewicht, ungeladen	1,09 kg
Lauflänge	152 mm
Trommel	6 Schuß
Mündungsgeschwindigkeit	199 m/sek

eine neue Pistole zu befinden hatte, weise gewesen, sich für diese Munition zu entscheiden.

Statt dessen blieb man bei den Sechs-Schuß-Trommelrevolvern, weil sie sowohl einfach als auch zuverlässig waren. Aufgrund dieser Entscheidung wurde man mehr oder weniger dazu gezwungen, eine Randpatrone zu verwenden. Die Parabellum 9 mm kam dafür nicht in Frage. Was dabei herauskam, war eine bedeutend schwächere .38-Zoll-(9,6-mm-)Patrone. Bei dem auserwählten Revolver handelte es sich um einen Webley, aber diesmal um das Polizeimodell 1923. Der Abzugs- und Verschlußmechanismus wurde durch die ››Royal Small Arms Factory‹‹ in Enfield wesentlich verändert. Danach kam er als Enfield-Revolver Nr. 2 erstmals 1936 in die Armee.

Trotz der Rechtfertigung, daß man mit der Wahl des .38-Zoll-Kalibers gleichzeitig die Möglichkeit für die Einführung einer Faustwaffe geschaffen hatte, die wesentlich kürzere Ausbildungszeiten bei den Soldaten gestattete, war das keine glückliche Lösung. Es gab Soldaten, die gute Ergebnisse mit ihr erzielten, aber man muß sich fragen, wieviel Munition sie verfeuert haben mögen, um diesen Stand zu erreichen. Für den

Enfield-Revolver

Munition	.38 inch SAA, Ball (9,65 mm)
Länge	260 mm
Gewicht, ungeladen	0,76 kg
Lauflänge	127 mm
Trommel	6 Schuß
Mündungs-geschwindigkeit	198 m/sek

Unten: Ein vorrückender Offizier mit seinem Enfield-Revolver während der Schlacht um Al Alamain.

Browning High Power 9 mm SAA Ball

Munition	9 mm Parabellum
Länge	197 mm
Gewicht, ungeladen	0,99 kg
Lauflänge	118 mm
Magazin	13-Schuß-Kastenmagazin
Mündungs-geschwindigkeit	335 m/sek

überwiegenden Teil der Armee, dem lediglich die lächerliche Anzahl von **jährlich** 12 Patronen (pro Mann) für Ausbildungszwecke zur Verfügung stand, gab es nur die Hoffnung, daß man den Feind durch Demonstration fester Entschlossenheit einschüchtern könne. Die Trageausrüstung für diese Waffe war ebenfalls nicht sehr vorteilhaft. Das Einheitshalfter aus grobem Drell besaß eine Klappe, die so fest am unteren Ende des Halfters festgeknöpft war, daß es zum Öffnen meist beider Hände bedurfte. Eine dicke Tragschnur mußte mittels Ring am Griffboden des Revolvers angebracht und um den Hals getragen werden. Sie verfing sich in allen in der Nähe befindlichen Gegenständen. Sechs Ersatzpatronen steckten in Stofförsen an der Außenseite des Halfters und konnten nur mit Hilfe des Reinigungsstockes herausgeholt werden.

Wenigstens garantierte diese übertriebene Sicherheitsmaßnahme, daß keiner beim Üben von ››quick-draws‹‹ nach Cowboymanier erschossen wurde. Auch in den besten Zeiten hatte niemand großes Vertrauen zu diesem Revolver. Es wurde immer angenommen, daß ihm eine ausreichende Stoppwirkung fehle, was auch zutraf. Obwohl das Geschoß ungefähr die gleiche Anfangsgeschwindigkeit wie die des alten Webley-Modells besaß, hatte es wegen seines geringeren Gewichts eine schwächere Mündungsenergie und deshalb zweifelten die Männer an ihrer Wirkung.

Tatsächlich fand der Enfield-Revolver weite Verwendung und wurde in großen Stückzahlen hergestellt. Er diente allen Offizieren und außerdem Maschinengewehrschützen, Granatwerferbedienungen, Meldern, Militärpolizisten sowie Panzerbesatzungen als Seitenwaffe. Schnell fanden die Panzermänner heraus, daß der Kamm des Abzugshahns sich in den Panzertürmen verfing. Das führte zur Fertigung des Modells Mark 2, bei dem der Kamm fehlte. Ein solcher Revolver konnte nur selbstspannend sein. Infolge des erforderlichen enormen Kraftaufwandes bei der Betätigung des Abzuges war er noch weniger treffsicher als das Modell Mark 1. Unglücklicherweise fand man heraus, daß es unter dem Zwang der Kriegsproduktion einfacher wäre, nur noch den Mark 2 herzustellen, zumal das auch die Versorgung vereinfachte. Die Folge davon war, daß nach einer gewissen Zeit der größte Teil aller Enfields nur noch selbstspannend war und damit seinen schlechten Ruf erwarb.

Rechts: Straßenkampf in Italien 1944 mit einem No. 4-Gewehr und einer Thompson-Maschinenpistole

Das Gegenstück zu den Enfields war der amerikanische Revolver Smith & Wesson, Kaliber .38 Zoll, den man in größeren Stückzahlen von den USA als Ergänzung zu den Enfields kaufte. Es war ein Trommelrevolver mit festem Gehäuse, der auf dem bekannten Polizeimodell basierte und den man für die Verwendung der Enfield-200-Grain-Patrone (Geschoßgewicht 12,96 g) nur geringfügig modifiziert hatte. In der Handhabung war er wesentlich besser als der Enfield und folglich auch beliebter, dafür aber weniger robust und anfälliger für kleinere Defekte und Versager. Das letztere trat auf, weil die amerikanische Munition einen schwächeren Zündschlag erforderte als die englische. Ein verschmutzter Mechanismus konnte leicht dazu führen, daß sich der Schlag für die Auslösung des Schusses als zu schwach erwies. Aus irgendwelchen Gründen wurden viele dieser Smith & Wesson mit einem kleinen (fast ››quick draw‹‹) Halfter ausgegeben. Das steigerte ihre Popularität gewaltig, trug aber wenig zu ihrer Wirksamkeit bei.

Noch andere amerikanische Revolver waren vorhanden, die alle während der finsteren Zeit nach Dünkirchen gekauft wurden, als man befürchten mußte, daß Großbritannien besiegt werden würde, bevor alle an der französischen Küste zurückgelassenen Waffen ersetzt werden konnten. Zu diesen Beschaffungen zählten das Modell Smith & Wesson, Kaliber .45 Zoll (11,44 mm) zusammen mit mehreren tausend Colts des gleichen Kalibers. Viele jener Waffen erhielten nur Spezialeinheiten, deren Munitionsversorgung gesondert erfolgen konnte. In anderen Fällen gingen sie sofort an die ››Home Guard‹‹ (Heimwehr) und waren lediglich für den Heimatschutz bestimmt.

Wenn man die vom Feind erbeuteten nicht mitzählt, gehörte während des Krieges nur ein einziges Modell von Selbstladepistolen zur britischen Bewaffnung. Es handelte sich um die Browning 9 mm, ursprünglich als Modell 35, oder ››High Power‹‹ bekannt. Sie bildete die offizielle Seitenwaffe der belgischen Armee vor dem Krieg. Die Zeichnungen kamen 1939 nach England und landeten schließlich bei der Firma John Inglis in Kanada, die 1943 einen Auftrag für die Armee Tschiang Kaischeks erfüllte. Als keine weiteren Bestellungen mehr vorlagen, produzierte Inglis anschließend Pistolen für England. Luftlandetruppen und Sondereinheiten wurden mit ihnen ausgerüstet. Da die Browning als wirklich sehr gute Pistole bezeichnet werden kann, erlangte sie außerordentliche Beliebtheit. Sie war stark, zuverlässig und gegen Schmutz verhältnismäßig unempfindlich, was man nicht von allen Selbstladepistolen sagen kann. Ihr großes Griffstückmagazin faßte 13 Schuß. Die frühen Modelle besaßen ein sorgfältig ausgeführtes Visier mit der optimistischen Reichweite bis 500 yards (457 m). Ähnlich wie die Mauser oder Parabellum hatten sie eine hölzerne Pistolentasche, die, am Griffstück eingerastet, als Schaft dienen konnte. Dieses Blendwerk entfiel, als eine ernsthafte Kriegsproduktion einsetzte und ist nur noch selten bei erhaltengebliebenen Exemplaren zu finden. Die Chinesen verlangten bei ihren Bestellungen stets diese Pistolentaschen.

Die Browning war während des Krieges so erfolgreich, daß sie 1946 als britische Einheitsseitenwaffe eingeführt wurde, was sie auch heute noch ist. Ein Grund für ihre Popularität ist die Tatsache, daß man die gleiche Munition wie für die Maschinenpistolen benutzen kann, daher traten praktisch keine Probleme bei der Munitionsversorgung auf. Auch für Ausbildungszwecke stand immer genügend Munition zur Verfügung. Das war ein bedeutender Unterschied gegenüber den unbefriedigenden Enfields.

Gewehre - Handlader/Mehrlader

England hat während des Krieges kein Selbstladegewehr eingeführt. Italien und Japan taten das gleichfalls nicht, aber beide Länder experimentierten zumindest mit einigen Konstruktionen. In England waren die Vorurteile zu stark und die Fabrikationskapazitäten zu klein für viele Änderungen an den eingeführten Modellen, unbeschadet der Qualität

Gewehr, Rifle No. 1 (SMLE)	
Munition	.303 inch SAA (7,7 mm)
Länge	1132 mm
Gewicht, ungeladen	3,71 kg
Lauflänge	640 mm
Magazin	10-Schuß-Kastenmagazin
Mündungs-geschwindigkeit	670 m/sek

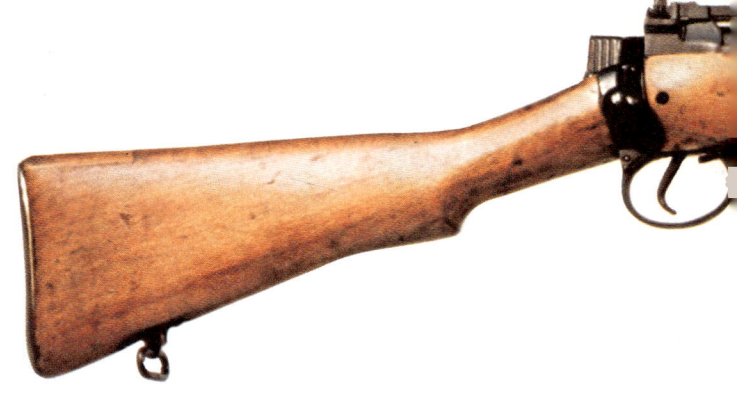

Gewehr, Rifle No. 4

Munition	.303 inch SAA (7,7 mm)
Länge	1 128 mm
Gewicht, ungeladen	4,17 kg
Lauflänge	640 mm
Magazin	10-Schuß-Kastenmagazin
Mündungs-geschwindigkeit	731 m/sek

Unten: Männer der ››Royal Engineers‹‹ verwenden während des Feldzuges in Nordafrika im Februar 1943 aufgepflanzte Bajonette als Behelfssonden beim Minensuchen.

der Waffen. In vielen Fällen muß das zweitbeste genügen, was nirgends klarer wurde als bei ››der Braut‹‹ des Soldaten, dem Gewehr.

Keinesfalls hat in England jemand geglaubt, daß das Enfield zweitrangig gewesen wäre. Seit seiner Einführung im Jahre 1895 hatte es mit einigen Änderungen und Zusätzen gute Dienste geleistet. Das bezeichnendste an ihm war, daß es 1903 mit der gleichen Gewehrlänge sowohl für die Kavallerie als auch für die Infanterie eingeführt wurde. Diese Waffe, als Lee-Enfield-Magazin, kurz (Short Magazine Lee-Enfield or SMLE), bezeichnet, war 1939 noch das Einheitsgewehr. Nicht vor 1941 wurde es für veraltet erklärt und ersetzt. Fraglos war das SMLE ein außergewöhnlich gutes Gewehr. Es besaß einen handbetätigten Verschluß, bei dem die Verriegelung durch hintere Warzen erfolgte. Der Verschlußkopf war abnehmbar und konnte zum Variieren des Verschlußabstandes ausgewechselt werden. Die hinteren Verriegelungswarzen erlaubten eine kurze Ladebewegung. Der Weg war nicht länger als die Patrone selbst. Die Oberflächen der Verriegelungsteile ermöglichten infolge ihrer Konstruktion eine ganz besonders leichte Betätigung des Kammerstengels. Nach kurzem Gebrauch, wenn sich die Teile aufeinander eingespielt hatten und mit Hilfe eines leichten Ölfilms, war der Verschluß des SMLE der schnellste und leichteste in der ganzen Welt. Von einem ausgebildeten Soldaten konnten bis zu 15 Schüsse gezieltes Feuer in der Minute ohne Anstrengung abgegeben werden. Das war mehr als jemals verlangt wurde, doch das Problem liegt in der Ausbildung des Soldaten. Der verhängnisvolle Irrtum bei der Verwendung von Handladern liegt in der erforderlichen Ausbildungszeit der Soldaten zum tüchtigen Schützen. In Kriegszeiten erhalten sie niemals genügend Praxis. So sind sie nie besser als durchschnittliche oder sogar schlechte Schützen.

Die Ausbildung mit Selbstladegewehren geht leichter und schneller vonstatten, obgleich Reinigung und Wartung mehr Zeit in Anspruch nehmen können. Das britische Kriegsministerium brauchte lange, um diese grundlegende Tatsache zu erkennen. Obwohl Konstrukteure dazu ermuntert wurden, einen brauchbaren englischen Selbstlader zu erproben und herzustellen, legte das Kriegsministerium solch strenge Forderungen fest, daß sie alle daran scheiterten. Somit zog die Armee 1939 mit dem gleichen Gewehr wie 1918 — in vielen Fällen sogar buchstäblich — in den Krieg. Ein weiterer Nachteil des SMLE bestand darin, daß es einen zu großen Aufwand bei der Herstellung erforderte. In den zwanziger Jahren erschien ein verbessertes Modell, das die besten Eigenschaften des SMLE besaß, aber billiger und einfacher zu fertigen war. Gleichzeitig wurde die Bezeichnung geändert. Das SMLE wurde zum Gewehr Nr. 1 Mark 3 und das neue hieß Gewehr Nr. 4. Im Jahre 1938 begann die Produktion des Gewehrs Nr. 4, während die des Gewehrs Nr. 1 in England praktisch schon beendet war. Jedoch wurden noch sehr viele bis zur Mitte des Krieges in Australien hergestellt.

Das Gewehr Nr. 4 besaß den gleichen Verschluß und Lauf sowie das gleiche Gehäuse und Magazin, aber es gab verschiedene Vereinfachungen bei der Produktion. Der Holzschaft war der gleiche, nur an seinem Vorderschaft hatte er eine veränderte Kontur. Die Visiere waren neu. Das Modell Nr. 1 besaß ein offenes U-förmiges Visier, und es dauerte

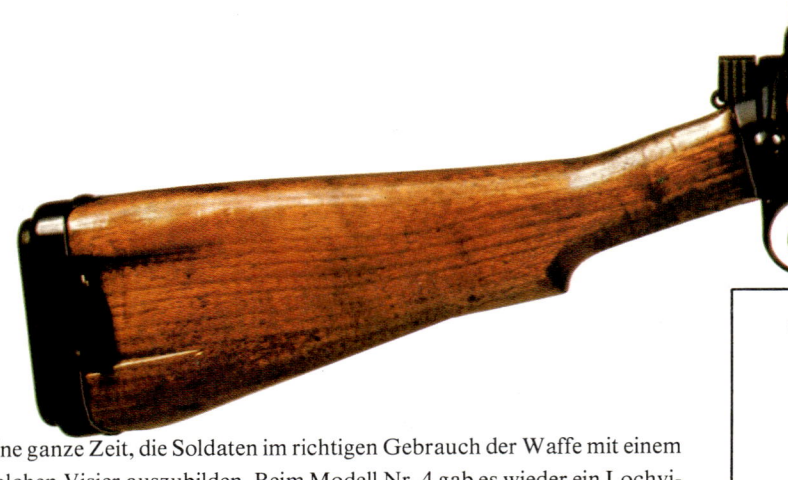

Gewehr, Rifle No. 5

Munition	.303 inch SAA (7,7 mm)
Länge	1 000 mm
Gewicht, ungeladen	3,24 kg
Lauflänge	478 mm
Magazin	10-Schuß-Kastenmagazin
Mündungs-geschwindigkeit	609 m/sek

eine ganze Zeit, die Soldaten im richtigen Gebrauch der Waffe mit einem solchen Visier auszubilden. Beim Modell Nr. 4 gab es wieder ein Lochvisier. Später, im Verlauf des Krieges, als die Produktion stark vereinfacht worden war, hatte die Visiereinrichtung nur noch zwei Entfernungseinstellungen, und zwar für 300 und 600 yards (274 und 549 m). Die dazwischenliegenden Entfernungen fixierte man mittels aufgepflanztem Bajonett. Das verursachte volles Entsetzen und kein Rekrut konnte Zielübungen dieser Art je begreifen. Nach 1944 wurden die Visiere durch neue ersetzt, die eine genaue Entfernungseinstellung ermöglichten. Abgesehen von dem billigeren Holz und offensichtlichen Einsparungen, war das Modell Nr. 4 genauso gut wie das alte Nr. 1, obwohl es nie das gleiche ››Gefühl‹‹ erweckte und die gleiche Qualität ausstrahlte. Es besteht kein Zweifel daran: Das Nr. 1 war ein Aristokrat, und kein anderes Gewehr kam ihm gleich.

Der schwache Punkt der Enfields bildete die Munition. Die .303-Zoll-Patrone (7,7 mm) war 1939 bereits veraltet. Man behielt sie aus den gleichen Gründen bei, aus denen man an den Gewehren festhielt. Eine Umrüstung war zu teuer und der militärische Konservatismus wollte das Notwendige nicht einsehen. Daran hat sich auch heute noch nicht viel geändert. Dieses Kaliber hatte sich während des Burenkrieges und an der indischen Grenze bewährt und war weit weniger erfolgreich in den flandrischen Schützengräben und Bergen der Halbinsel Gallipoli. Ein weiterer Hinweis hätten die Schwierigkeiten sein müssen, die bei der Modifizierung des tschechischen leichten Maschinengewehrs ZB 30 auf Kaliber .303 Zoll (7,7 mm) entstanden waren. Aber nichts davon zählte. Wenigstens zwei Auswahlkomitees hatten die Patrone als zu stark und veraltet verdammt. Die Munitionsvorräte waren aber zu groß und die Kosten für die Produktionsumstellung der Fabriken zu gewaltig, als daß man sich zu einer Änderung durchringen konnte.

Das Kaliber .303 war eine Randpatrone. Um Ladehemmungen bei den Enfields zu vermeiden, mußten die Ladestreifen sehr sorgfältig geladen werden und der Rand sich genau an der richtigen Stelle befinden. Wenn das gelang, war das Laden unkompliziert und das Schießen eine Freude, anderenfalls aber klemmte die Kammer bei der Vorwärtsbewegung. Das gleiche passierte beim Bren-Maschinengewehr.

Wie dem auch sein mag, ungeachtet der Mängel lernte der britische Soldat seinen Handlader zu lieben. Trotz seiner offensichtlichen Schwächen tauschten nur sehr wenige Infanteristen ihre Enfield zugunsten eines Garand oder eines G 43 ein.

Am Ende des Krieges, als sich die Nr.-1-Gewehre nicht mehr im Arsenal der britischen Streitkräfte in Europa befanden, war die australische Armee noch mit ihnen ausgerüstet. Das gleiche galt auch für die indische Armee. Jene bevorzugten Truppen des Commonwealth wurden häufig von den Briten beneidet, weil sie das Gefühl hatten, daß ihr Modell Nr. 4 eine schlechtere Waffe sei. Das aber war ein Trugschluß, denn

die Nr. 4 dient noch heute, auf einen Lauf mit Kaliber 7,62 mm umgerüstet, in der NATO als Scharfschützengewehr.

Der Dschungelkrieg erforderte eine leichte und unkomplizierte Ausrüstung. Obwohl sich die Enfields unempfindlich gegen Rost, Schmutz und rauhe Behandlung erwiesen, waren sie andererseits schwer und ziemlich lang. Man erkannte die Notwendigkeit eines kurzen Karabiners mit gleicher Munition, einer Waffe, die leicht und trotzdem schlagkräftig war. Die einfache Antwort darauf schien zu sein, das Gewehr Nr. 4 zu verkürzen. Das geschah, und die Soldaten erhielten somit das Modell Nr. 5.

Um es milde auszudrücken, blieb diesem Modell der Erfolg versagt. Sicher war es kurz und leicht und sah mit dem konischen Mündungsfeuerdämpfer, einer dicken Gummi-Kolbenkappe und einem ziemlich attraktiven neuen Bajonett, gut aus. Der Ärger begann, wenn man damit schoß. Sein Gewicht war um knapp 1 kg verringert worden. Das veränderte die Rückstoßwirkung vollkommen. Statt des erträglichen Rückstoßes des Gewehrs Nr. 4, erzeugte der Dschungelkarabiner einen barbarischen Schlag in Verbindung mit einem viel schärferen Knall, der ein Klingeln in den Ohren verursachte. Der Lauf war verkürzt worden, was einen höheren Druck an der Mündung und ein stärkeres Mündungsfeuer verursachte. Eine schwächere Patrone wäre erforderlich gewesen, und der Konstrukteur muß sich dessen bewußt gewesen sein, aber unter dem Druck der Kriegsverhältnisse war er wahrscheinlich dazu gezwungen, die Gesetze der Ballistik zu ignorieren. Das Ergebnis bewies, daß man das nicht tun kann. Etwa 100 000 Stück sind hergestellt worden. Aufgrund der wütenden, vernichtenden Berichte, die man über sie erhielt, kamen aber nicht alle in die Hände der Truppe. Man kann nur annehmen, daß der Rest in aller Stille verschrottet wurde. Von sämtlichen britischen Gewehren hatte es die kürzeste Lebensdauer. Es erschien erstmals im Mai 1945 und wurde im August 1946 aus dem Dienst gezogen.

Im Rückblick betrachtet, beinhaltet die Geschichte der britischen Gewehre des Zweiten Weltkrieges keine großen Besonderheiten oder Neuerungen. Auf einer Konstruktion der Vorkriegszeit beruhend, fuhren die Briten fort, sie so schnell wie möglich — jedoch niemals rasch genug — bis 1945 zu produzieren. Das Gewehr selbst war vor Ausbruch des Krieges schon veraltet, aber es überlebte, weil die Soldaten hauptsächlich seine Unzulänglichkeiten durch ihre gute Ausbildung, aber auch durch ihre andere Bewaffnung ausglichen. Es kann nicht bezweifelt werden, daß England dem Beispiel anderer Nationen hätte folgen und sofort nach Beendigung des Ersten Weltkrieges nach einem Selbstladegewehr streben müssen. Möglicherweise wären dann viele Gefechte anders verlaufen.

Maschinenpistolen

Es ist als historische Tatsache akzeptiert worden, daß England bis etwa 1940 oder 1941 überhaupt kein Interesse an Maschinenpistolen gezeigt hat, dann aber die Sten in großer Eile herstellen mußte. Das ist jedoch eine Verdrehung der Wahrheit, denn in Wirklichkeit bestand seit 1916 ein beträchtliches Interesse an ihnen und seitdem wurde auch daran gearbeitet. Uninteressiert zeigten sich militärische Stellen, was äußerst entmutigend war.

Unten: Ein gestelltes Bild einer Dschungelpatrouille während 1944 in Burma. Die Soldaten tragen No. 4-Gewehre und Thompson-Maschinenpistolen.

Bei der ersten erprobten Waffe handelte es sich um die italienische Villar Perosa, der eine erbeutete Bergmann MP 18 folgte. Ein Bericht über die letztere wurde zum Generalhauptquartier (GHQ) in Frankreich geschickt und eine Beurteilung über die Verwendungsmöglichkeit als Waffe für den Grabenkrieg erbeten. Die Antwort ist interessant, da man sich vor Augen halten muß, daß die Bergmann gerade für diese spezielle Aufgabe entwickelt worden war. Erstens brauchte das GHQ für die Antwort elf Monate, wodurch allein schon vermutet werden konnte, daß der Inhalt nicht positiv sein würde. Das war auch so. Nach einer ziemlich umfangreichen Untersuchung der Forderungen, die an eine Infanteriewaffe im Grabenkrieg gestellt werden mußten, schließt die Antwort mit der bemerkenswerten Phrase: ›‹Es wird gefolgert, daß keine Waffe mit der Beschaffenheit einer Pistole jemals das Gewehr des Infanteristen als Hauptwaffe ersetzen kann‹‹. Das stimmt zwar, doch geht die Antwort im wesentlichen am Inhalt der gestellten Frage vorbei.

Von da an untersuchte die Entwicklungsabteilung (Design Department) in Enfield praktisch jede Maschinenpistole, die während der letzten Jahre des Ersten Weltkrieges bis 1939 hergestellt wurde und berichtete darüber. Das Kriegsministerium schien immer eine Begründung dafür zu finden, sich nicht näher damit zu befassen. Gewöhnlich hob man die kurzen Reichweiten hervor. Man muß sich vorstellen, daß trotz der während des Grabenkrieges gemachten Erfahrungen weiter vom Infanteristen erwartet wurde, den Feind auf eine Entfernung von rund 550 m mit gezieltem Gewehrfeuer unter Beschuß zu nehmen und das Bajonett noch als Nahkampfwaffe galt.

Im Jahre 1932 tauchte eine verständnislose Behauptung auf, die sich während der folgenden Jahre noch einige Male wiederholen sollte. Ein Dokument, das über die Versuche mit der finnischen Suomi-Maschinenpistole berichtet, sagte aus: ›‹Das ist sicherlich eine der besten Gangsterwaffen, die wir je gesehen haben.‹‹ Von da an setzte sich anscheinend der Gedanke fest, daß ausschließlich Gangster Maschinenpistolen gebrauchten und echte Soldaten nichts mit ihnen zu tun hätten. 1938 wurde der Firma BSA mitgeteilt, daß das Kriegsministerium den Ankauf von unter Lizenz in England hergestellten Thompson-Maschinenpistolen nicht befürworten würde, da ›‹die britische Armee nicht an Gangsterwaffen interessiert sei.‹‹ Das scheint das letzte Mal gewesen zu sein, daß eine solche Bezeichnung in offiziellen Schriftstücken auftauchte, weil kurz danach die Einsicht dämmerte, daß die Realität des Krieges keine Klassenvorstellungen dulde und alles erlaubt ist.

Der erste Schock kam kurz nach Beginn des Krieges, als patrouillierende britische Soldaten plötzlich der schnellfeuernden Maschinenpisto-

le MP 38 oder wahrscheinlich noch mehr den MP 28 und 34 gegenüberstanden. Die erste Forderung nach einem britischen Modell erging am 22. Dezember 1939. In vorsichtigen Beratungen wurden die besten Möglichkeiten für den Ankauf solcher Waffen erörtert. Bei BSA war die Lizenz von Thompson abgelaufen und bei der amerikanischen Mutterfirma gab es infolge Belieferung der Franzosen keine freien Kapazitäten. Fraglos zu Recht vermutete man, daß wegen des sowjetisch-finnischen Winterkrieges die Suomi ebenfalls nicht zu beschaffen sei. Während man diese wichtigen Dinge beriet, mußten sich die britischen Truppen vom Kontinent zurückziehen. Plötzlich war die Lage äußerst ernst und gefährlich geworden. In Ermangelung eines ausländischen Herstellers begann man sofort, die beste der vorhandenen Vorbilder zu kopieren. Die Wahl fiel auf die MP 28. Bei dieser Auswahl ergriff die Admiralität die Initiative und erklärte sich damit einverstanden, daß der erste Auftrag von 50 000 Exemplaren mit dem Luftwaffenministerium, das diese Pistolen zur Verteidigung von Flughäfen gegen Fallschirmjäger benötigte, geteilt werden sollte. Die ersten Prototypen bestanden alle Erprobungen im November 1940 (zu einer Zeit, als die Hauptgefahr schon gebannt war). Unmittelbar danach ging die Waffe in die Produktion.

Sie wurde nach ihrem Chefkonstrukteur die Lanchester genannt. Es war eine direkte Kopie der MP 28 und wich nur in einigen sehr kleinen Einzelheiten und teilweise auch in der Art des verwendeten Materials von ihr ab. Zum Schluß ging die gesamte Produktion an die Marine, bei der sie noch Mitte der 60er Jahre zur Ausrüstung gehörte. Sie paßte sehr gut ins Waffenwesen der Navy, da sie schwer, stark und mit einem Magazin versehen war, das aus Messing, dem Lieblingsmaterial der Seeleute, gefertigt war. Die Lanchester zeichnete sich im Kriege nicht besonders aus, weil sie den Marinesoldaten zu schwer für begeisterte Landeinsätze war, und somit vorwiegend bei der Bordverteidigung und bei kleinen Landungseinsätzen Verwendung fand.

Die Armee brauchte eine etwas unkompliziertere und leichtere Waffe als die Lanchester und verlangte nach einer Kopie der MP 38/40, allgemein unter dem Namen ›‹Schmeißer‹‹ bekannt. Die Konstruktionsabteilung in Enfield entschied sich gegen eine weitere sklavische Kopie, verwertete die Konzeption der MP 38/40 für die Herstellung der Einzelteile und übernahm sie für die Entwicklung einer viel einfacheren Konstruktion. Das Ergebnis war die Sten-Maschinenpistole. Die Bezeichnung wurde aus den Anfangsbuchstaben der Namen der Entwicklungsgruppe und den Buchstaben EN von Enfield gebildet. Im Januar 1941, etwa acht Monate, nachdem man sich für sie entschieden hatte, wurde sie erstmalig vorgestellt; die Serienproduktion lief im Juni an.

Links: Ein Soldat mit seiner Sten MK 2 beim Vorgehen 1944 in Italien. Beachte den improvisierten vorderen Griff für die linke Hand.

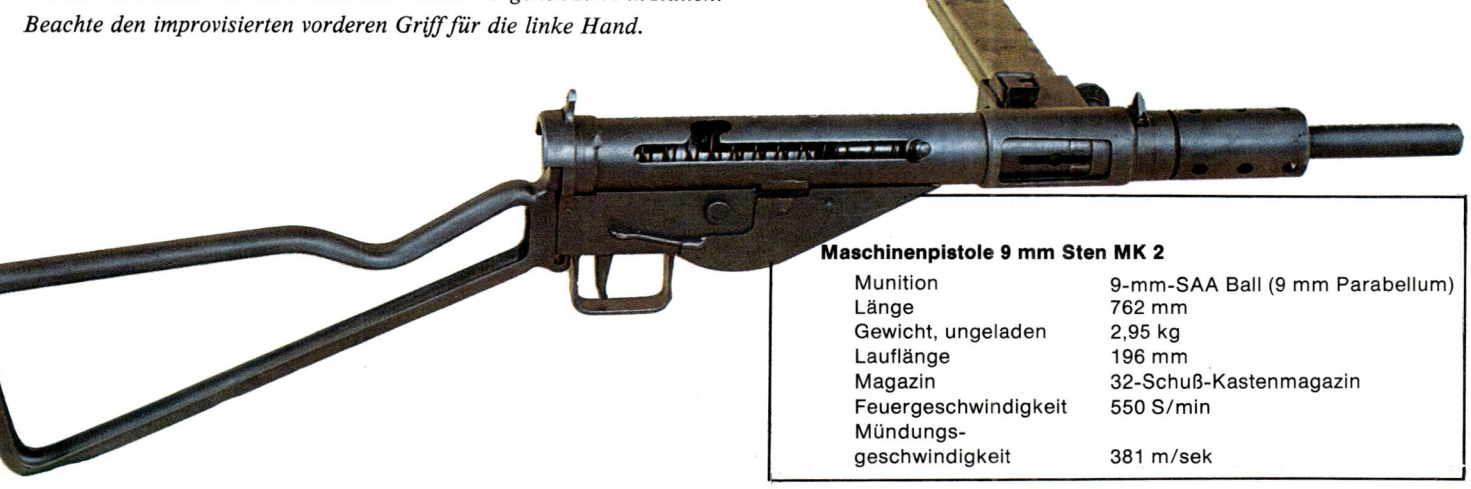

Maschinenpistole 9 mm Sten MK 2	
Munition	9-mm-SAA Ball (9 mm Parabellum)
Länge	762 mm
Gewicht, ungeladen	2,95 kg
Lauflänge	196 mm
Magazin	32-Schuß-Kastenmagazin
Feuergeschwindigkeit	550 S/min
Mündungs-geschwindigkeit	381 m/sek

Das erste Modell führte die Bezeichnung. Trotz überlegter Ansätze, einige Schnörkel wegzulassen, war sie immer noch etwas zu verfeinert. Die Mark II reduzierte alles auf ein Minimum und wurde die gebräuchlichste von allen. An der Mark II gab es nichts überflüssiges. Das einfache Stangenmagazin entsprach voll dem der MP 38 und faßte die gleichen 32 9-mm-Parabellum-Patronen. Alle Teile hatte man unter Anwendung der Stanz- und Prägetechnik hergestellt, bis auf den Lauf und den Verschluß, die aber gleichfalls sehr einfach waren. Die Waffe konnte in der einfachsten Maschinenwerkstatt hergestellt werden, und die Fertigung wurde im ganzen Land an Autowerkstätten und ländliche Werkstätten in Unterauftrag gegeben. Die Produktionsziffern erreichten erstaunliche Höhen. Eine bestimmte Werkstatt allein fertigte 1942 in einer Woche 20 000 an. Ihre Gesamtproduktion betrug mehr als zwei Millionen. BSA stellte mehr als 400 000 Stück der Modelle Mark I und II her. Insgesamt sind wahrscheinlich über 3 1/2 Millionen Sten-Maschinenpistolen hergestellt worden.

Die Mark II hatte den Vorteil, daß sie sich leicht zerlegen ließ. Sie eignete sich daher besonders für die Widerstandskämpfer in den besetzten Ländern, die sie in Einkaufs- und Aktentaschen mit sich herumtragen konnten. Aber die Mark III war noch einfacher. Sie besaß einen festen Lauf, das Gehäuse und der Laufmantel bestanden aus einem Stück. Das ermöglichte den Fortfall einiger Produktionsgänge und senkte dadurch die Zeiten und Kosten noch weiter. Dieses Modell wurde auch in der ›Long Branch Factory‹ in Kanada hergestellt. Sie war in den britischen Streitkräften genauso verbreitet wie die Mark II, jedoch wurde sie nicht im gleichen Umfange exportiert.

Anschließend folgte die mißlungene Variante der Mark IV für die Fallschirmtruppe. Sie war verkürzt und mit einer klappbaren Schulterstütze ausgestattet worden. Weil sie den Anforderungen nicht genügte, wurde sie nicht eingeführt. 1943 stellte man eine Version der Mark II mit Schalldämpfer her, die so erfolgreich war, daß sie noch lange nach dem Kriegsende bei den Streitkräften Verwendung fand. Möglicherweise kann sie als die am meisten verbreitete Waffe mit Schalldämpfer während des Krieges bezeichnet werden, weil Widerstandskämpfer in ganz Europa mit ihr bewaffnet wurden.

Die letzte Version, die Mark V, kam im Jahre 1944. Sie war ein Versuch, die Vorbehalte gegenüber der Mark II und III zu überwinden, von denen man behauptete, sie seien unzuverlässig und neigten in kritischen Situationen zu Ladehemmungen. Wegen dieser Unzulänglichkeiten erhielten sie wenig schmeichelhafte Namen, wobei ›Stench Gun[1]‹ oder ›Woolworth-Pistole‹ noch die freundlichsten waren. Zum Teil war diese Kritik berechtigt, weil das einreihige Magazin in keiner Weise genügte und kleine Beschädigungen leicht die Patronenzuführung beeinträchtigten. Unglücklicherweise blieb bei den Sten Mark V dieses Problem ebenfalls unberücksichtigt, indem man das Magazin unverändert ließ und mehr Gewicht auf die Robustheit und auf eine bessere Ausführung legte. Die Mark V war auf alle Fälle vom Äußeren her eine wesentliche Verbesserung gegenüber allen früheren Modellen und auch einfacher in der Handhabung. Sie besaß einen Kolben aus Holz und ein zusätzliches hölzernes Griffstück, das sich vorn unterhalb des Verschlußgehäuses befand. Außerdem hatte sie ein besseres Visier. Die Toleranzen waren geringer und die technische Zuverlässigkeit hervorragend. Sie wurde sofort bei der Fallschirmtruppe eingeführt und vom ersten Tage der Invasion ab in ziemlich großem Umfang eingesetzt. Bis in die frühen 60er Jahre gehörte sie zur Ausrüstung und wurde dann durch die Sterling ersetzt.

Die Wandlung von vollkommener Ablehnung im Jahre 1939 bis zu der im Grunde genommen alles überragenden Konstruktion im Jahre 1945 beinhaltet eine bemerkenswerte Leistung. Die Sten wurde so bekannt, daß ihr Name noch immer als Bezeichnung jeder Maschinenpistole gebraucht wird, ohne Unterschied auf ihren wirklichen Namen und auf ihr Herkunftsland. Ungeachtet der Häufigkeit von Ladehemmungen und ihres Rufes, im entscheidenden Augenblick zu versagen, war sie praktisch auf jedem Kriegsschauplatz im Fronteinsatz. Man kopierte sie in geheimen Werkstätten in ganz Europa, und wenn man Geheimberichten glauben kann, geschieht das auch heute noch. In Deutschland wurde sie zur Bewaffnung des sogenannten Werwolfs kopiert und die Vietminh benutzten sie in Indochina gegen die Franzosen. Fast widerwillig erzielte England einen bemerkenswerten Erfolg und war anscheinend genauso wie alle anderen darüber verblüfft.

Maschinengewehre

Die Geschichte des britischen Maschinengewehrs war in ihrer Gesamtheit vernünftig und sehr zufriedenstellend, denn mit erprobten und zuverlässigen Konstruktionen, die mit wenigen Veränderungen produziert wurden, ging man in den Krieg. Das einzige Problem, mit dem die Regierung konfrontiert wurde, bildete die Verfügbarkeit ausreichender Fabrikationskapazitäten für die hohe Zahl der benötigten Waffen. Zu keiner Zeit bestand die nervenaufreibende Notwendigkeit, neue Modelle unter dem Druck der Kriegserfordernisse zu entwickeln und zu produzieren. Bei der britischen Armee gab es entweder das Bren oder das Vickers-Maschinengewehr, abgesehen von einigen wenigen Kuriositäten, die sich von Zeit zu Zeit einschlichen.

In den frühen Kriegsjahren konnte man auch noch das Lewis-MG antreffen, weil von ihm noch ziemlich große Bestände existierten und es, wie alle anderen, die .303-Zoll-(7,7-mm-)Patrone verschoß. Aber das Lewis war 1936 durch das Bren ersetzt und vor Beginn des Krieges Reserveeinheiten überlassen worden. Nach Dünkirchen wurde jede funktionsfähige Waffe herangezogen, und alle vorhandenen Lewis-Maschinengewehre kamen wieder zum Vorschein, auf gepanzerten Fahrzeugen und Lastwagen montiert, in Betonstellungen der Maschinengewehrposten an den Bahnlinien und entlang der Strände. Es gab zu dieser Zeit Lewis-Maschinengewehre in allen Ausführungen. Bei vielen von ihnen handelte es sich um Waffen, die aus zweisitzigen Militärflugzeugen der

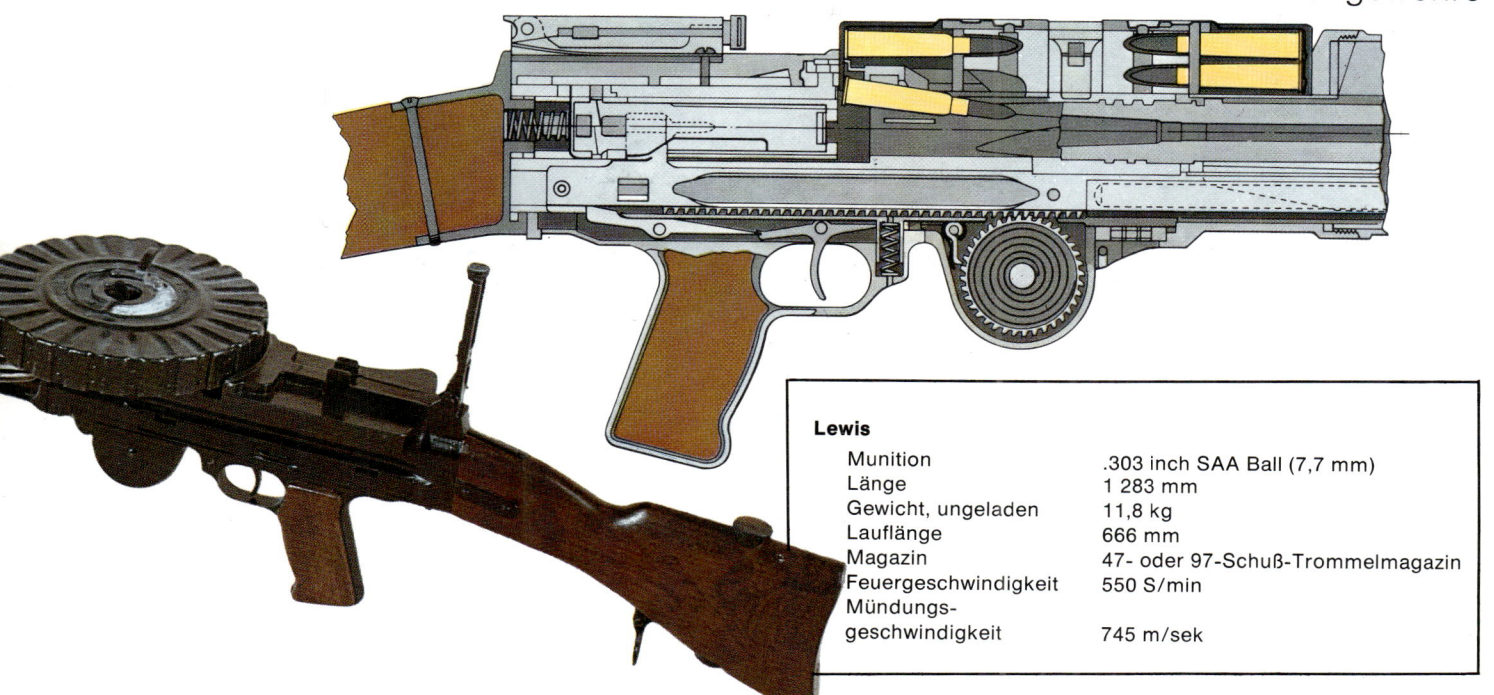

Lewis

Munition	.303 inch SAA Ball (7,7 mm)
Länge	1 283 mm
Gewicht, ungeladen	11,8 kg
Lauflänge	666 mm
Magazin	47- oder 97-Schuß-Trommelmagazin
Feuergeschwindigkeit	550 S/min
Mündungs-geschwindigkeit	745 m/sek

20er Jahre stammten. Als sich die Gefahr verringerte, wurden die meisten von der ››Home Guard‹‹ (Heimwehr) übernommen, wo sie bis 1945 Verwendung fanden. Einige Hundert sind an Bord von Schiffen der Handelsmarine, besonders aber auf Küstenbooten und Fischereischiffen zum Schutz gegen Sturzkampfbomber und Bordwaffenbeschuß durch Tiefflieger im Ärmelkanal und in der Nordsee benutzt worden.

Hin und wieder konnten die Zeitungen eine ermutigende Geschichte über den Abschuß eines Flugzeuges durch eines dieser Maschinengewehre veröffentlichen. Gewöhnlich sah man dann auch ein Foto von einem hämisch-lächelnden Schützen, der in möglichst lässiger Pose neben einem Lewis stand. Im allgemeinen jedoch spielte das Lewis-MG eine untergeordnete, wenn auch notwendige Rolle in diesem Kriege.

Der Hauptanteil bei den Kampfhandlungen lag beim Bren, ein in jeder Hinsicht bemerkenswertes Maschinengewehr, was durch die Tatsache bestätigt wird, daß es seit seiner Einführung 1935 auch heute noch, — abgesehen von der Umstellung auf ein anderes Kaliber — praktisch unverändert in den Streitkräften verwendet wird. Die Geschichte, wie es dazu kam, daß es ein britisches Maschinengewehr wurde, ist oft genug erzählt worden, denn wie so viele der britischen Handfeuerwaffen dieses Jahrhunderts ist auch das Bren keine einheimische Konstruktion. Es begann als tschechoslowakisches ZB 30, das von einem kleinen Stamm ähnlicher Waffen, die in den 20er Jahren ihren Ursprung hatten, ab-

Unten: Fliegerabwehrpatrouillen setzen Lewis-Maschinengewehre auf den inländischen britischen Wasserwegen im November 1940 ein.

stammte. In den Jahren 1932 und 1933 wurden mit ihm längere gründliche Versuche in England durchgeführt. Die Tschechen änderten das Kaliber des ZB 30 auf .303 Zoll (7,7 mm) und nahmen einige Änderungen am Gasdrucksystem vor. Schließlich wählte das britische Kriegsministerium es als Ersatz für das Lewis-MG aus. So einfach war das. Abgesehen von der Abänderung der Maße in den Zeichnungen vom Dezimalsystem auf Inch, brauchte nicht viel mehr getan zu werden.

Die Massenproduktion lief im Jahre 1938 in Enfield an und erstreckte sich ohne Unterbrechung über den ganzen Krieg. Das einzige andere Unternehmen, das das Bren-MG in größerem Umfange herstellte, war John Inglis in Kanada, das 1942/43 an einen Auftrag für Mauser-Gewehre vom Kaliber 7,92 mm für Tschiang Kai-Schek arbeitete und anschließend für den Rest des Krieges die Version mit .303-Zoll-Kaliber herstellte. In Lithgow (Australien) produzierte die staatliche Fabrik eine kleine Anzahl. Abgesehen davon kamen alle Bren-MG aus Enfield. Ein einziger Luftangriff hätte 1940 für die gesamte Produktion katastrophale Folgen haben können. Offenbar waren weder Zeichnungen noch Schablonen sonst irgendwo im Lande vorhanden.

Das Bren ist ein hervorragendes leichtes Maschinengewehr, wenn nicht sogar das beste, was jemals hergestellt wurde. Es ist zuverlässig, robust, einfach und präzise. Wenn man dem hinzufügt, daß es bemerkenswert unanfällig gegen Ladehemmungen war, kann man verstehen, warum es die britischen Soldaten fast 40 Jahre lang so schätzten. Es handelte sich um einen ziemlich unkomplizierten Gasdrucklader mit langem Kolbenweg und Gasdruckregeler am Gaszylinderblock. Der Gasdruck ließ sich innerhalb weniger Sekunden ganz einfach durch Drehen des Zylinderblocks mittels einer Patronenspitze regulieren. Der Lauf konnte durch einen grobgewindigen Haltering am Verschlußstück gelöst und mit Hilfe des Tragegriffes herausgenommen werden. Dadurch kam die Hand niemals mit einem heißen Metallteil in Berührung. Das Zerlegen und das Reinigen waren relativ leicht. Sein geringes Gewicht von 10 kg erlaubte es, von einem Mann getragen und beim Vorgehen aus der Hüfte abgefeuert werden zu können. Das oben aufgesteckte Kastenmagazin befand sich für das Tragen der Waffe in günstiger Position, obwohl diese Anbringung eine nach links abgesetzte Visiereinrichtung erforderte, was bedeutete, daß es keine linkshändigen Bren-MG-Schützen gab.

Der einzige Nachteil des MG war das von oben zuführende Magazin, und zwar nicht deshalb, weil es von oben zuführte, sondern weil es die Hauptursache für Ladehemmungen bildete. Die Magazinlippen erwiesen sich als ziemlich anfällig gegen Beschädigungen, wenn sie in Behältern oder Taschen getragen wurden. Beim Verbiegen dieser Lippen wurden die Patronen dem Verschluß nicht richtig zugeführt. In den meisten Fällen aber war möglicherweise die Munition der Übeltäter. Die ZB-Serie hatte man für die randlose Mauser-Patrone entwickelt, und die Änderung auf die .303 Randpatrone verursachte einige Schwierigkeiten, die nie richtig behoben werden konnten. Die Patronen mußten so geladen werden, daß der Rand der einen vor dem Rand der anderen lag und die untere herausgleiten konnte, wenn sie aus dem Magazin herausgeschoben und mit dem Verschluß nach vorn gebracht wurde. Falls sich der Rand entweder durch achtloses Laden oder durch Schütteln des Magazins dahinter befand, verursachte das sofort eine Ladehemmung. Sie konnte zwar leicht behoben werden, doch war es lästig.

Ein weiteres Ärgernis trat auf, wenn das Magazin bis zu seiner äußersten Kapazität oder aus Versehen etwas darüber hinaus geladen wurde, dann neigte es ebenfalls zu Ladehemmungen. Die Patronen klemmten

gegen die Seite des Magazingehäuses und wurden nicht zugeführt. Wiederum war dem leicht beizukommen, indem man entweder den Verschluß von Hand betätigte und ein Paar Patronen herausholte oder indem man dem Magazin einen kräftigen Stoß versetzte. Aber das hinderte den Schützen am Schießen.

Während des Krieges diente das Bren auf allen Kriegsschauplätzen. Ungefähr 300 000 Exemplare sind gefertigt worden. Die Produktion der Waffe war sehr aufwendig und benötigte eine umfangreiche Bearbeitungszeit, die im Krieg äußerst kostbar ist. Das Gehäuse wog etwa 2,04 kg. Da es aus einem ca. 10 kg schweren Schmiedeeisenstück angefertigt wurde, landete der überwiegende Teil des Gewichtsunterschiedes auf dem Boden der Werkstätten als Späne und Abfälle während der 226 Arbeitsgänge, die zur Fertigung dieses Einzelteiles notwendig waren. Man unternahm mehrere Versuche, diesen Produktionsablauf zu vereinfachen, ohne allerdings den Aufwand wesentlich zu verringern. Vom ursprünglichen Mark I des Jahres 1938 bis zum Mark III und IV im Jahre 1944 wurden lediglich ein einfacheres Visier, der Wegfall eines Griffes und eines Tragriemens, ein nicht-verstellbares Zweibein und ein einfacherer verkürzter Lauf eingeführt. Ferner fiel auch das Dreibein weg. Alle ursprünglichen Bren-MG hatten eine Dreibeinlafette bei ihrer Feldausrüstung. Es sollte sowohl einen starren Beschuß als auch die Bekämpfung von Luftzielen ermöglichen. In beiden Verwendungen war es

Oben: Ein Bren MK 1 im Einsatz Frankreich 1944.

Bren MK 2

Munition	303 inch SAA Ball (7,7 mm)
Länge	1150 mm
Gewicht, ungeladen	10,15 kg
Lauflänge	635 mm
Magazin	30-Schuß-Kastenmagazin
Feuergeschwindigkeit	500 S/min
Mündungsgeschwindig-keit	731 m/sek

nicht sehr brauchbar. Die meisten Dreibeine blieben am Strand von Dünkirchen zurück und wurden nicht mehr ersetzt.

Das einzige MG, das mit dem Bren konkurrieren konnte, war das Vickers-Berthier, ein Modell von gleicher Unkompliziertheit und Verläßlichkeit, das seinen Ursprung einem Franzosen im Jahre 1909 verdankt. In den zwanziger Jahren wurde es verbessert und 1925 von Vickers angekauft. Einige kleinere Länder waren die ersten Abnehmer, aber das große Geschäft lief an, als die indische Regierung ihre Armee damit ausrüstete. Die Beschaffung von Waffen in Indien war von England unabhängig und für andere Überlegungen Raum. Das VB, wie es später genannt wurde, benutzte dasselbe Gasdrucksystem mit langem Kolbenweg und fast die gleiche Verriegelung durch einen Kippverschlußblock. Die Maße waren die gleichen — oder fast sehr ähnlich — was auch für die Magazine und die Zuführung zutraf. Auf den ersten Blick sind beide Waffen gleich, bei genauerer Betrachtung werden die Unterschiede in den Hauptzügen und der Kontur offensichtlich und zeigen bei der VB et-

Unten: Ein Vickers Mittleres Maschinengewehr im Einsatz während des Feldzuges in der nordafrikanischen Wüste. Beachte den Kühlschlauch, der vom Laufmantel zum Kühlwasserbehälter führt.

was mehr Gefälligkeit und Reiz. Dieser Unterschied wurde sogar auf das Dreibein übertragen, dessen Hauptstützen leichte Biegungen aufweisen.

Aber es sind nicht die Unterschiede, die überraschen, es sind die Gemeinsamkeiten. Das VB ist dem Bren so ähnlich, daß man glauben müßte, es hätte eine Verabredung zwischen den beiden Konstrukteuren bestanden. Das ist zwar unwahrscheinlich, aber sogar die Magazine fassen die gleiche Patronenzahl, und die Tragegriffe sind fast identisch. Der Hauptunterschied liegt in der Präzision der Verriegelung. Das Verschlußstück beim Bren wird während der gesamten Vorwärtsbewegung gegen das obere Gehäuse gedrückt und dieser zusätzliche Widerstand begrenzt die Feuergeschwindigkeit, die bei etwa 800 Schuß/Minute liegt. Das VB verriegelt erst im letzten Moment der Vorwärtsbewegung,

was in Verbindung mit den etwas leichteren beweglichen Teilen eine Feuergeschwindigkeit von mindestens 1200 Schuß/Minute ermöglicht In dieser schnellfeuernden Ausführung hieß es das ››Vickers Gas Operated‹‹ (VGO)-MG und diente Flugbeobachtern als Waffe. Als die Geschwindigkeit der Flugzeuge für die handbedienten MG zu groß wurde, übernahm die VGO-MG's das britische Heer. Der ››Special Air Service‹‹ (SAS) benutzte sie speziell auf ihren Jeeps bei Wüstenpatrouillen. Für solche Aufgaben waren sie dann mit dem flachen Trommelmagazin mit 96 Schuß statt des Stangenmagazins ausgestattet.

Während der meisten Kampfhandlungen der indischen Armee in Burma und anderswo war die Infanterie mit den VB ausgerüstet. Sie wurden aber immer als Bren bezeichnet und ihre Verdienste nie gewürdigt. Ihre Produktion lief bis 1945 im Ishnapore Arsenal, und lediglich die ersten

Modelle sind in den Vickers-Werken gefertigt worden. Insgesamt dürften wahrscheinlich nicht mehr als 300 000 hergestellt worden sein.

Das andere Maschinengewehr, das in der britischen Armee breite Verwendung fand, war das Vickers-MG, eine Waffe, der man fast königliche Ehrfurcht und Hochachtung entgegenbringt. Wenn man einige geringfügige Änderungen in der Ausführung nicht zählt, war es 1939 bereits 57 Jahre alt. Trotzdem bestanden nie die geringsten Zweifel darüber, daß es weiter Verwendung finden sollte. Tatsächlich war die Überzeugung von seiner Güte so stark, daß die Frage einer Ablösung nie aufkam. Es hatte im Ersten Weltkrieg Wunder vollbracht und man erwartete fest, daß es auch weiterhin so sein werde. Ohne daß jemand überrascht war, tat es das und würde es auch heute noch tun.

Beim Vickers-MG handelte es sich um ein im Gewicht verringertes

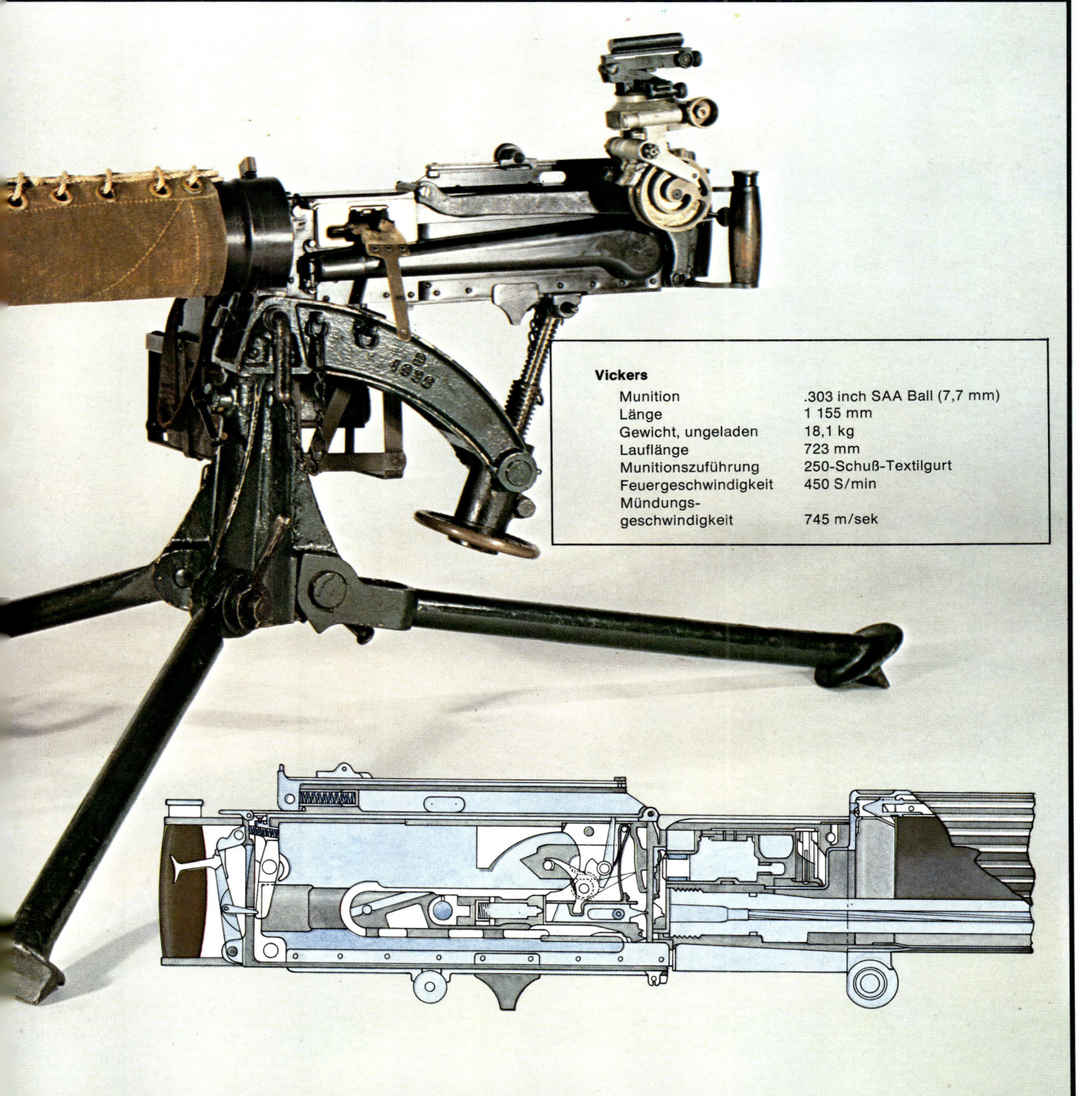

Vickers

Munition	.303 inch SAA Ball (7,7 mm)
Länge	1 155 mm
Gewicht, ungeladen	18,1 kg
Lauflänge	723 mm
Munitionszuführung	250-Schuß-Textilgurt
Feuergeschwindigkeit	450 S/min
Mündungsgeschwindigkeit	745 m/sek

Maxim, ursprünglich 1912 eingeführt, aber basierend auf dem Maxim von 1882. Es war ziemlich groß, schwer, überladen und wassergekühlt. Um es zu bewegen, benötigte man drei Mann, nach Möglichkeit noch mehr und um es im Einsatz zu halten, wurden zwei oder drei Mann, viel Wasser, einige Ersatzläufe und ein zusätzlicher Mann zum Aufmunitionieren der Gurte gebraucht. Mit dieser aufwendigen Bedienung konnte es dann auch auf eine Entfernung bis zu 3 700 m Unterstützungsfeuer geben, solange der Munitionsvorrat reichte. Für das Vickers spielte es keine Rolle, ob der Feuerauftrag in Minuten, Stunden oder Tagen gemessen wurde. Das Ergebnis war immer das gleiche, absolute Zuverlässigkeit und absolute Erfüllung der Erwartungen. Manche Soldaten beteten sie regelrecht an.

Weil die Arbeitsweise des Maxim-MG unter dem Kapitel UdSSR beschrieben wird, soll sie hier nicht weiter behandelt werden. Es reicht aus, zu erwähnen, daß der Verschlußblock anders angeordnet war und dadurch beträchtlicher Raum gespart wurde. Die ganze Konstruktion bestand aus leichterem Material, einschließlich einiger Aluminiumteile. Die englische Munition war fast identisch mit der sowjetischen 7,62-mm-Patrone und hatte die gleiche Gurtzuführung. Das Vickers besaß seinem Rivalen gegenüber den Vorteil, daß es leicht genug war, um von den Mannschaften getragen werden zu können, obwohl jede Last bei etwa 23 kg lag und das Dreibein eine teuflische Bürde bildete, die man niemals vergißt.

Das Vickers-MG wurde dem Support Platoon (Unterstützungszug) zugeteilt, der gewöhnlich mit vier, manchmal aber auch mit sechs MG ausgerüstet war und unmittelbar zum Bataillon gehörte. Bei Feuereinsätzen bildete man in der Regel Gruppen zu je zwei MG's, weil zwei MG's die ideale Feuerkraft für die meisten taktischen Situationen lieferten. Diese Gruppen wurden von einem Korporal befehligt. Aber es gab auch MG-Bataillone, in denen drei Kompanien ausschließlich mit Vickers bewaffnet waren. Jede Kompanie bestand aus drei Platoons (Zügen) mit sechs MG's — Die Gesamtzahl der Maschinengewehre im Bataillon betrug 56. In diesen Bataillonen — ebenso wie in den Infanteriebataillonen — wurden die MG's fast immer auf der Universal-Lafette mitgeführt. Das war die einzig zufriedenstellende Art, die Last der Munition und Ausrüstung, die das MG benötigte, zu befördern.

Luftlandetruppen, die dieses MG ebenfalls benutzten, nahmen die Hauptteile, in den Taschen der MG-Stützen verpackt, in den Einsatz mit. Um die ganze Munition tragen zu können, wurden in jedem Zug zusätzliche Soldaten benötigt. Manchmal waren die Lasten geradezu angsteinflößend. Der Autor hat einmal das Gewicht einer Tasche vom Vickers Nr. 3 gewogen (sie trug einen Wasserkanister und einige Munition) und fand heraus, daß sie annähernd 51 kg schwer war. Damit sollte ein Soldat aus einem Flugzeug abspringen.

Ungeachtet der offensichtlichen Nachteile eines wassergekühlten MG verblieb das Vickers noch fünfzehn Jahre nach Kriegsende bei den Streitkräften. Bis zum Schluß bestätigte sich die Richtigkeit der ursprünglichen Entscheidung für seine Weiterverwendung. Die britische Armee mag in mancher Hinsicht mit unzulänglichen Waffen in den Krieg gezogen sein, aber bei ihren Maschinengewehren befand sie sich zweifellos auf dem richtigen Wege.

Anti-Tank-Gewehre

Während der 30er Jahre waren Panzerbüchsen die moderne Panzerabwehrwaffe. Obwohl Mauser 1918 den Weg gewiesen hatte, geschah nicht viel bis 1934, als sowohl die Polen wie auch die Briten begannen, Nachbildungen der Mauser zu entwickeln, um dem zu begegnen, was sie als wachsende Panzerbedrohung durch Deutschland erkannten. Abgesehen von der Grundidee verdankte die Panzerbüchse schließlich der Mauser wenig, denn sie wurde ein Mehrlader mit oberer Magazinzuführung. Zu ihrer Zeit stellte sie eine äußerst durchschlagkräftige Waffe dar, die ein .55-Zoll-(14-mm-) Stahlkerngeschoß mit einer Mündungsgeschwindigkeit von 990 m/sec. abfeuerte, das jeden der damals üblichen Panzer auf eine Entfernung von 250 Metern durchschlagen konnte. Man muß sich vor Augen halten, daß danach die Panzerung der Fahrzeuge nur unwesentlich besser war als 1918. Immerhin bildete ein 14-mm-Geschoß für eine Panzerbesatzung eine keinesfalls geringe Gefährdung. Bei den meisten Panzern durchschlug sie die vordere Panzerung und verursachte erhebliche Zerstörungen im Innenraum.

Die Büchse war unter der Kontrolle des Small Arms Commitee (Ausschuß für Handfeuerwaffen) entwickelt worden, der ihr den Namen ››Stanchion‹‹ gab. Da aber das maßgebliche Mitglied der Waffe starb,

wurde dieser Entwicklungsgruppe, Captain Boys, kurz vor der Einführung, ihm zu Ehren die Bezeichnung in Boys oder genauer gesagt, Rifle, Anti-Tank, .55 inch Boys, Mark I geändert. Die offizielle Genehmigung erfolgte am 24. November 1937, und die volle Produktion begann bald danach in Enfield und in der Birmingham Small Arms Factory (BSA).

Anti-Tank-Gewehr .55inch, Boys MK 1 und MK 2	
Munition	.55 inch Boys
Länge	1 614 mm
Gewicht, ungeladen	16,32 kg
Lauflänge	915 mm
Magazin	5-Schuß-Kastenmagazin
Mündungs-geschwindigkeit	900 m/sek
Panzerbrechende Wirkung	21 mm auf 300 m bei einem Auftreffwinkel von 90°

1 etwa: Stink-Spritze (Pistole)

GROSSBRITANNIEN: Anti-Tank-Gewehre

Die Boys war eine vollkommen aus Stahl gefertigte Waffe. Der größte Teil der Kraft des Rückstoßes beim Abfeuern wurde durch einen Rückstoßdämpfer in der Schulterstütze gemindert. Trotzdem bewirkte er einen erheblichen Stoß und Rekruten erzählte man die gräßlichsten Geschichten darüber, welche Verletzungen sie durch ihn erleiden könnten. Der Boys besaß eine runde Mündungsbremse, die später durch einen flachen ››Harmonika-Typ‹‹ ersetzt wurde — und eine Einbeinstütze. Das Schießen mit ihr war weniger aufregend, als man annahm, abgesehen von dem ohrenbetäubenden Knall. Es kam vor allem darauf an, und das gilt für alle Gewehre mit großer Durchschlagkraft gleich welcher Nation, daß man die Waffe beim Schuß ganz fest eingezogen behielt und so die Rückstoßdämpferhalterung den Stoß auffangen ließ. Aber wenn der Schütze die Büchse nicht festhielt (und der betäubende Knall an der Mündung verleitete ihn dazu), machte sie sich selbständig, versetzte ihm einen mächtigen Schlag an der Schulter und verursachte eine Prellung, die eine ganze Woche andauern konnte, verbunden mit einem verzerrten Hals, der vom Zurückschlagen des Kopfes herrührte.

Von allen Panzerbüchsen, die während des Zweiten Weltkrieges eingesetzt wurden, erreichte die Boys die größten Produktionsziffern. Allein BSA stellte 63 000 her, bevor ihre Fertigung 1942 eingestellt wurde. Kleinere Stückzahlen lieferten Enfield und durch Inglis in Kanada. Die Büchse war die Basiswaffe des Zuges für die Panzerbekämpfung in den meisten Commonwealth-Ländern, 1940 wurden auch gepanzerte Fahrzeuge damit ausgerüstet. Die Behelfsfahrzeuge, die die britischen Flughäfen während der Luftschlacht um England sicherten, hatten gewöhnlich einige Boys in jeder Einheit, und die Rolls-Royce-Panzerspähwagen aus dem Ersten Weltkrieg in Nordafrika, die an den Grenzen der Cyrenaika patrouillierten, trugen eine Boys zusammen mit einem Maschinengewehr in ihren Türmen. Tatsächlich war die Wüste das vielleicht erfolgreichste Einsatzgebiet für die Boys, weil sie die leichten italienischen Panzer ohne große Schwierigkeiten bekämpfen konnte. In Frankreich und Norwegen hatten sie wegen der stärker werdenden Panzerung der deutschen Panzer weniger Erfolg. Ihr letzter rühmlicher Einsatz erfolgte sicherlich in Britisch-Malaya anfang des Jahres 1942, bei dem zwei leichte japanische Panzer an einer Straßensperre durch die 1/14. Punjabis abgeschossen wurden.

Zu Beginn des Jahres 1942, als man die Invasion Tunesiens plante, besaßen die Luftlandetruppen keine Panzerabwehrwaffen; man experimentierte mit einer verkürzten Boys. Die Läufe wurden um etwa 15 cm gekürzt, damit sie in den Fallschirmbehältern Platz fanden. Außerdem verzichtete man bei den ersten Modellen auf die Mündungsbremsen. Es waren Versager. Der kürzere Lauf verminderte die Anfangsgeschwindigkeit ganz erheblich und somit auch die Durchschlagkraft, die ohnehin 1942 bei weitem nicht mehr ausreichte. Durch den Fortfall der Mündungsbremse war sie eine entsetzliche Waffe beim Schuß. Einige wenige wurden doch nach Tunesien mitgenommen und dort ohne jeden Erfolg erprobt. Die Soldaten entledigten sich schnell ihrer. Glücklicherweise folgte bald danach der Projector, Infanterie, Anti-Tank (PIAT = Panzerabwehr-Abschußgerät) gerade noch zur rechten Zeit.

FRANKREICH

Jedes Land besitzt offenbar bei seinen einheimischen Erzeugnissen ganz bestimmte individuelle Eigenheiten, was sich sehr deutlich bei der militärischen Rüstung zeigt. In Frankreich läßt sich der überwiegende Teil der industriellen und handwerklichen Produkte als robust, einfach, logisch und in der Regel häßlich beschreiben. Der gleiche Trend ist bei den französischen Infanteriewaffen zu beobachten. Kein anderes Land hätte ein so wenig ansprechendes Gewehr wie das MAS 36 entwickeln können, und doch war es auf seine Art genauso praktisch, wirtschaftlich und zuverlässig wie die außergewöhnliche Wellblechkonstruktion, die Pony-Kutsche, der Citroën C 2 der 50er Jahre. Den bedeutendsten Faktor bei den französischen Waffen bildeten die finanziellen Mittel oder besser gesagt, das Fehlen der finanziellen Mittel. Sie reichten niemals aus, aber in den Jahren zwischen den beiden Kriegen waren sie knapper als zu irgendeiner anderen Zeit. Der sozialistische Pazifismus in Verbindung mit den Verteidigungstheorien von Maginot stellten sicher, daß die Mittel der Verteidigungsetats der aufeinanderfolgenden Regierungen für Beton statt für Waffen und Munition bereitgestellt wurden. Die mit einem Sieg verbundene Gleichgültigkeit trat an die Stelle von Energie und Kraft, die zur wirkungsvollen Abwehr von Aggressionen erforderlich sind. Das galt für ganz Europa, aber am ausgeprägtesten für Frankreich.

Die französische Armee war sich dessen bewußt, was sie benötigte, aber nicht in der Lage, es zu bekommen. Im Bereich der Infanteriewaffen mußte vorrangig und dringend eine neue Patrone für die Handfeuerwaffen beschafft werden. Die 8-mm-Lebel-Patrone hatte mit Mühe und Not den Ersten Weltkrieg überstanden und war ganz offensichtlich für einen neuen Krieg hoffnungslos veraltet. Sie litt unter dem schwerwiegenden Mangel, daß man sie für ein Röhrenmagazin entwickelt hatte und deshalb einen großen flachen Hülsenboden haben mußte, der verhinderte, daß die Geschoßspitze der einen Patrone das im Hülsenboden befindliche Zündhütchen der sich direkt vor ihr liegenden zündete. Das konnte nur dadurch verhindert werden, daß die beiden Teile (Hülsenboden und Geschoßspitze) einen entsprechenden Unterschied im Durchmesser aufwiesen. Die sich daraus ergebende konische Patronenhülse ließ sich nur äußerst schwer in ein Kastenmagazin laden. Das zeigt sich nirgendwo deutlicher als bei dem leichten Maschinengewehr Chauchat, bei dem das Magazin praktisch einen Halbkreis unterhalb des Gewehrs beschreibt.

Glücklicherweise waren gerade genügend Mittel für die Entwicklung und Produktion einer neuen Patrone vorhanden. Auf diese Weise entstand die langlebige 7,5-mm-Patrone von 1924/29. Sie wird heute noch in den Streitkräften verwendet. Das Fehlen finanzieller Mittel bildete den Grund, weshalb die Konstrukteure so lange für ihre Entwicklung benötigten. Aber sie war rechtzeitig vor dem Ausbruch des Zweiten Weltkrieges fertig geworden. Jedoch mußte das hoffnungslos veraltete Lebel-Gewehr weiterhin seinen Dienst verrichten, wahrscheinlich nur deshalb, weil die vorhandenen 8-mm-Munitionsbestände aufgebraucht werden mußten.

Bemerkenswert ist es, daß es unter den französischen Infanteriewaffen bis 1939 kein wirklich schlagkräftiges mittleres Maschinengewehr gab. Das Hotchkiss-Modell 1914 hatte während des Ersten Weltkrieges ausgereicht, doch waren bei ihm sehr häufig Fehler und Störungen aufgetreten, die nicht zuletzt von dem überholten Streifenmagazin herrühr-

ten, das die Japaner kopierten und es wahrscheinlich bereut haben. Als einziges der an den Kriegshandlungen beteiligten Länder besaß Frankreich kein Maschinengewehr mit Gurtzuführung, was überraschen mußte. Das leichte Maschinengewehr Chatellerault war gut geeignet. Aber das Fehlen ausreichender mittlerer Feuerunterstützung mag auch hier wieder auf die Theorie der Festungsverteidigung zurückzuführen sein. Ohne Bewegungskrieg benötigte man kein bewegliches mittleres Maschinengewehr, und das Hotchkiss konnte im Betonbunker bleiben. Falls das als Anklage gewertet werden soll, scheint es zumindest genügend Indizien für ihre Untermauerung zu geben. Kaum andere Begründungen können so einleuchtend sein.

Vom subjektiven Standpunkt des Forschers, der sich mit der Entwicklung von Handfeuerwaffen beschäftigt, aus gesehen, dürfte es bedauerlich sein, daß die französische Rüstung während des Krieges eigentlich nie ihre Schlagkraft beweisen konnte, obwohl die Franzosen hiermit nicht ganz übereinstimmen mögen. Jedenfalls ist es sehr schwer, ein gerechtes Urteil über die Wirksamkeit der französischen Rüstung zu

treffen, weil sie im Einsatz nur kurz Gelegenheit zum Beweis ihres Kampfwertes erhielt. Nach dem Mai 1940 waren weder Weiterentwicklungen noch Verbesserungen bei den Konstruktionen zu verzeichnen, auch wenn die Produktion noch weiterlief. Wie dem auch sei, die Schwächen der Waffen, mit denen die französische Armee 1939 in den Krieg ziehen mußte, sind deutlich zu erkennen. Der vielleicht schwerwiegendste Mangel beruht darauf, daß sie fast ausnahmslos durch staatliche Arsenale unter der Aufsicht und mit der Genehmigung von Komitees entwickelt wurden. Von einem Einfluß des fachkundigen Waffenhandwerks war nur sehr wenig zu bemerken.

Die Auswirkungen dieser Verhaltensweise werden deutlich, wenn man die Berthier- und MAS-Gewehre betrachtet, die nur sehr mittelmäßig und darüber hinaus häßlich waren. Es ist sehr bezeichnend, daß keines davon jemals als Sportgewehr hergestellt wurde. Zum Vergleich betrachte man die Pistole MAS 1935, eine Konstruktion, die aus der Privatindustrie stammt (obwohl sie eine Kopie des Colt darstellt). Sie war eine saubere, solide und fachmännische Waffe, die noch heute in den Streitkräften Verwendung finden würde, wenn nicht das Handikap bestünde, daß sie lediglich die französische 7,5-mm-Patrone verschießen konnte. Der gleiche Nachteil verkürzte die Lebensdauer des sonst sehr brauchbaren leichten Maschinengewehrs MAS 38 ganz erheblich. Es

gibt Zeiten, wo man sich fragt, ob die französischen Konstrukteure dazu entschlossen waren, ihre Waffen vollkommen von Gemeinsamkeiten mit Produkten anderer Länder zu isolieren. Eine andere Frage ist, warum es nie ein französisches Anti-Tank-Gewehr[1] gab. Was immer die Schwächen dieser Waffen gewesen sein mögen, Mitte der dreißiger Jahre waren sie noch nicht offenkundig. Sie erhielten dann durch den Spanischen Bürgerkrieg einen Aufschwung. Frankreich aber erprobte nicht eine einzige von ihnen und bevorzugte die in seiner Schlagkraft ebenso schwache, aber teurere und kompliziertere 25-mm-Hotchkiss-Kanone.

Dennoch, wie wir alle wissen, gab es in Frankreich immer ein riesiges Potential an Talenten und Fähigkeiten. Heute ist das mehr denn je der Fall. Während der zwanziger Jahre waren diese Fähigkeiten ebenso stark vorhanden. Aber das endgültige Urteil lautet, daß die lähmenden finanziellen Beschränkungen auf die Entschlossenheit, künftige Kriege zu vermeiden, sich auf die militärische Bewaffnung auswirkte. Eine tapfere und schlagkräftige Armee wurde mit veralteten und unzureichenden Waffen in den Krieg geschickt, die der Männer, die sie einsetzten, unwürdig waren. Es sollte ein Lehre für uns alle sein.

Unten: Angehörige des Widerstandes »Maquis« 1944 irgendwo in Frankreich. Sie sind mit Lebel-Gewehren, Berthier-Karabinern, Sten-Maschinenpistolen, M1-Gewehren und einer Colt-Pistole ausgerüstet.

Pistolen

Modèle D Ordonnance 1892	
Munition	8-mm-Cartouche Mle 1892
Länge	236 mm
Gewicht, ungeladen	0,84 kg
Lauflänge	117 mm
Trommel	6 Schuß
Mündungs- geschwindigkeit	228 m/sek

Wie jedes Land, das einen großen Krieg gewinnt, litt Frankreich während der 20er Jahre unter der Tendenz, alle Rüstungsausgaben zu kürzen und den Versuchen zur Einführung neuer Waffen beharrlich zu widerstehen. Es herrschte die Ansicht, daß das, was für den Großen Krieg gut genug gewesen ist, auch für das, was möglicherweise im Frieden passieren könne, genüge. Somit konnten die alten Modelle weiter in den Streitkräften verwendet werden. Obwohl diese Auffassung bei den Gewehren und Maschinengewehren durchbrochen wurde, galt sie nach wie vor bei den Pistolen und nur geringe Mittel wurden für neue Waffen zur Verfügung gestellt. Die Armee benutzte weiter die Veteranen aus dem Kriege.

Zu den ältesten zählte das Revolvermodell 1892, der Modèle D'Ordonnance. Er war die offizielle Seitenwaffe während des Ersten Weltkrieges, obwohl davon nur soviel vorhanden waren, um lediglich einen Teil des Heeres — geschweige denn die Marine und die noch zum Heer gehörenden Luftstreitkräfte — damit ausstatten zu können. Das Modèle D'Ordonnance war in jeder Hinsicht ein typischer Revolver des späten neunzehnten Jahrhunderts, groß, robust und relativ einfach in der Konstruktion. Er hatte einen festen Rahmen und seine Trommel war nach rechts ausschwenkbar, eine höchst ungewöhnliche Anordnung. Seltsamerweise befand sich die Sperre für die Trommel ebenfalls an der rechten Seite, was die Waffe ideal für Linkshänder erscheinen ließ, aber weniger praktisch für Rechtshänder.

Eine weitere sonderbare Eigentümlichkeit bestand darin, daß die linke Seitenplatte am Hahnschloß sich mit dem Abzugsbügel zusammen nach vorne bewegte und dabei den Schloßmechanismus freilegte. Das brachte für das Reinigen und für die allgemeine Wartung zwar große Vorteile, begünstigte aber das unvermeidbare Eindringen von Schmutz. Als Munition diente eine besondere 8-mm-Patrone, die bedauerlicherweise im Verlgeich zu ihren Zeitgenossen zu schwach war. Somit war die Waffe 1939 vollkommen veraltet und nicht mehr als ein Anachronismus. Aber sie verblieb bis 1945 in den Streitkräften und verschwand dann stillschweigend.

Der einzige wirkliche Fortschritt bei den französischen Militärpistolen trat 1935 ein, als der Chefkonstrukteur der Société Alsacienne de Construction Mécanique (SACM) eine Selbstladepistole schuf, die die Regierung als militärische Ausrüstung aufnahm. Die Basis war der Colt M 1911A1, und zwar unter geringfügiger Verbesserung des Mechanismus. Äußerlich hatte sich kaum etwas verändert. Das Kaliber war auf die besondere französische Patrone, die 7,65 mm lang, geändert worden. Kein anderes Land hat diese Patrone eingeführt, was ihren militärischen Wert minderte. Aber die Pistole selbst war in jeder anderen Beziehung eine gute Konstruktion. Das Heer übernahm sie als Modèle 1935 A und fügte später das Modèle 1935 S hinzu, bei dem einige kleine Änderungen an der Vorholfeder und am Verschlußriegel vorgenommen worden waren.

Das Modèle 35 benötigte man in derart großen Stückzahlen, daß die Herstellung in Unteraufträgen an andere Firmen und ebenfalls an das Arsenal St. Etienne vergeben wurde, das den späteren Modellen als Kennzeichnung seine Anfangsbuchstaben gab. Diese Modelle wurden

MAS 1935 A	
Munition	7,65 mm lang
Länge	189 mm
Gewicht, ungeladen	0,73 mm
Lauflänge	109 mm
Magazin	8-Schuß-Kastenmagazin
Mündungs-geschwindigkeit	305 m/sek

Oben: An einer Straßensperre 1944 in Frankreich. Der Widerstandskämpfer links im Vordergrund trägt einen Lebel-Revolver, während der rechte eine MAS 35 A besitzt.

MAS 35 genannt und sind heute noch als solche bekannt. Bis zur Besetzung durch die Deutschen, 1940, bildete dieser Selbstlader die Standard-Pistole der französischen Streitkräfte. Zu jener Zeit waren einige in den Kolonien vorhanden, aber die meisten befanden sich in Frankreich und wurden von den deutschen Streitkräften übernommen. Einige durfte jedoch die Vichy-Polizei behalten. 1945 wurde eine ziemlich große Zahl von den Deutschen erbeutet. Erneut war die MAS 35 eine französische Militärwaffe geworden, die man bis vor wenigen Jahren in Indochina und Algerien benutzte. Obwohl ihre Leistung und ihr Ruf nicht als außergewöhnlich bezeichnet werden konnten, war die MAS 35 genauso gut wie viele andere der damaligen Zeit, und hätte sicherlich ein besseres Schicksal verdient.

Obwohl sich die offizielle Ausrüstung mit Pistolen auf die beiden beschriebenen Modelle beschränkte, gab es in den Streitkräften viele andere, die aus dem Ersten Weltkrieg stammten. Im Jahre 1915 stellte die französische Armee fest, daß sie viel zu wenig Pistolen für die eingezogenen Wehrpflichtigen besaß. Da kaum Hoffnung bestand, eine ausreichende Anzahl in Frankreich herzustellen, erhielten die Waffenproduzenten von Eibar in Spanien die Spezifikationen zur Fertigung einer einfachen (Rückstoß-) Selbstladepistole, die auf Browning-Patenten beruhte. Das Kaliber wurde auf 7,65 mm festgelegt, was für militärische Zwecke ziemlich klein ist, aber anscheinend für den Grabenkrieg genügte. Eibar stellte mehrere tausend Exemplare her. Es waren so viele, daß die vorhandenen Unterlagen darüber äußerst lückenhaft sind. Am Ende des Krieges, als die Aufträge schlagartig aufhörten, stand die Firma vor dem Ruin. Deshalb fuhr sie fort, Pistolen in zweifelhafter Konkurrenz

zu anderen Herstellern zu produzieren, bis der Spanische Bürgerkrieg sie zur völligen Aufgabe zwang.

Die Basis-Pistole, mit der das Unternehmen begonnen hatte, wurde allgemein die Ruby genannt. Sie befand sich bis 1940 im persönlichen Besitz vieler Offiziere, weil sie die leichte und handliche Ruby den schwereren Revolvern und der MAS 35 vorzogen. Ohnehin erwarten nur wenige Offiziere, ihre Pistolen benutzen zu müssen. Die Lage mußte schon ziemlich aussichtslos sein, wenn sie gezwungen waren, sich an einem Feuerkampf zu beteiligen. Die französische militärische Führung maß ihrer persönlichen Bewaffnung keine allzu große Bedeutung zu. Andere waren nicht so kurzsichtig. 1945 bezeichnete ein nachrichtendienstliches Merkblatt die Ruby ganz eindeutig als ››keine brauchbare militärische Waffe‹‹.

Gewehre - Handlader/Mehrlader

Bei der Flut der Erfindungen auf dem militärischen Sektor zum Ende des neunzehnten Jahrhunderts hatte Frankreich einen guten Vorsprung, indem es auf jedem Gebiet etwas neuartiges und praktisches hervorbrachte, nicht zuletzt bei den Explosivstoffen. Schließlich war es ein Franzose, der als erster ein rauchloses Pulver herstellte. Die ersten Messinghülsen waren mit gepreßtem Schwarzpulver gefüllt, einfach weil es keine anderen geeigneten Treibmittel gab. Als Folge davon wurde bei jedem Versuch von Salvenfeuer durch größere Truppenteile die ganze Front in Wolken weißen Rauches gehüllt.

An windstillen Tagen dauerte es eine ganze Zeit, bis sie sich verzogen hatte und die Soldaten erkennen konnten, worauf sie geschossen hatten. Aber in den späten 1880er Jahren entwickelte ein französischer Chemiker eine Methode zur Verwendung von Schießbaumwolle (Nitrozellulose) anstatt des Schwarzpulvers, und die französische Armee schuf ein neues Gewehr, um den Vorteil dieser Erfindung auszunutzen.

Schwarzpulver war ein schwaches Treibmittel. Daher mußte die Patronenhülse ziemlich groß und das Geschoß langsam sein, um die Energie voll ausnutzen zu können. Pulverrückstände verstopften die Läufe sehr schnell, und das Pulver wurde sehr leicht feucht. Somit war das neue Treibmittel ein gewaltiger Schritt vorwärts, weil es alle diese Nachteile nicht besaß.

Bei dem neuen französischen Gewehr handelte es sich um das Modell 1886, das schon bald nach dem Colonel Lebel, dem Leiter der Militärkommission, die das Gewehr ausgewählt hatte, benannt wurde. Als eine überraschende Neuerung ist das Kaliber zu nennen. Das Lebel war das

kurz und deswegen nicht sehr leicht zu erfassen oder umzulegen. Er mußte bis in seine senkrechte Stellung aufgerichtet werden, damit sich die beiden vorderen Verriegelungswarzen (am Verschlußkopf) lösten und dann in einer ziemlich strammen Führung zurückgezogen werden. Mit der Bewegung nach vorn (Ladebewegung) wurde eine neue Patrone ins Patronenlager eingeführt und durch Umlegen des Kammerstengels die Verriegelung bewirkt. Es war kein Verschluß, der sich für Schnellfeuer eignete. Schmutz oder Schlamm auf dem Schlachtfeld bewirkten sehr schnell Störungen. Die meisten Schützen fanden es leichter, das Gewehr zum Laden abzusetzen. Deshalb gab es bei jedem Versuch, Salven abzufeuern, fliegende Ellenbogen und schwankende Mündungen.

Aber die wesentlichste Eigentümlichkeit beim alten Lebel war die Art der Munitionszuführung, denn es handelte sich um eines der letzten Gewehre mit Röhrenmagazin. Die Patronen wurden in ein Rohr, das unterhalb des Laufes und innerhalb des Vorderschaftes entlanglief, geladen und durch eine Feder nach hinten gedrückt. Um das Gewehr zu laden, wurden die Patronen einzeln nacheinander vor dem geöffneten Verschluß in die Öffnung des Röhrenmagazins geschoben und gegen den

erste Gewehr mit kleinem Kaliber, das in größeren Stückzahlen hergestellt wurde und war das erste Militärgewehr, bei dem rauchloses Pulver verwendet wurde. Abgesehen von diesen beiden Gesichtspunkten stellte das Lebel eine Wiederholung der beiden existierenden französischen Schwarzpulver-Gewehre, Gras und Kropatschek von 1884, dar. Deshalb war es in seiner Konzeption in vieler Hinsicht ein Gewehr des neunzehnten Jahrhunderts. Es ist wichtig, sich diese Tatsache bei der Betrachtung des Gewehrs vor Augen zu halten, denn es verblieb für mehr als 60 Jahre bei den Streitkräften. Dennoch war es im Vergleich zu seinen Zeitgenossen schon vor der Jahrhundertwende überholt.

Das Lebel hatte ein Zylinderschloß mit einem allerdings groben und schwerfälligen Verschluß. Der kräftige Kammerstengel ragte horizontal hervor, genau da, wo er sich am besten in der Ausrüstung und Bekleidung verfangen konnte. Um dieser Gefahr zu begegnen, war er ziemlich

Federwiderstand gedrückt. Das war kein Vorgang, der in Eile oder rasch mit kalten Fingern durchgeführt werden konnte. In Wirklichkeit ging das hoffnungslos langsam und unpraktisch vonstatten und bildete absolut keine geeignete Waffenbedienungsweise in einem modernen Krieg. Bereits um 1900 waren die meisten Armeen schon mit einem Gewehr ausgerüstet, dessen Kastenmagazin mittels Ladestreifen oder Patronenrahmen geladen werden konnte.

Überraschenderweise verblieb das Lebel während des ganzen Ersten Weltkrieges bei der Truppe, und was noch mehr überrascht: 1939 war es in bedeutenden Stückzahlen noch in den Streitkräften vorhanden, obwohl zu jener Zeit bereits ernsthafte Maßnahmen für seine Ablösung getroffen wurden. Das Lebel mag das modernste an Infanteriebewaffnung im Jahre 1886 gewesen sein, aber im Zweiten Weltkrieg war es wenig mehr als ein Anachronismus. Dennoch diente es weiter und wurde noch

15 Jahre nach Kriegsende in einigen der ehemaligen französischen Kolonien verwendet. Sein eigentlicher Kriegseinsatz war äußerst vielseitig. Mit ihm kämpfte man 1940 im Blitzkrieg, bewaffnete die Vichy-Truppen im unbesetzten Frankreich, focht gegen die Briten in Syrien und gegen die Japaner in Indochina, mit ihm rüsteten die Deutschen ihre Ersatzreserve aus und war gelegentlich auch die französische Untergrundbewegung ausgestattet. Keine schlechte Leistung für eine Antiquität!

Fusil d'Infanterie Modèle 1907 Transformé 1915

Munition	8-mm-Cartouche Mle 86
Länge	1 303 mm
Gewicht, ungeladen	3,79 kg
Lauflänge	798 mm
Magazin	3-Schuß-integrales-Kastenmagazin
Mündungsgeschwindigkeit	716 m/sek

Neben dem Lebel gab es noch eine andere ältere Konstruktion, das Berthier, das im Jahre 1890 als modernisiertes Lebel eingeführt worden war. Bereits in diesem frühen Stadium hatte man in Frankreich erkannt, daß das Röhrenmagazin für militärische Zwecke verwendbar war. Das Berthier-Gewehr stellte einen Versuch dar, ein modifiziertes Lebel mit einem Kastenmagazin auszustatten, das sich unterhalb des Gewehrs befand. 1935 wurden die Berthier-Bestände auf 7,5-mm-Läufe umgerüstet und das Magazin in einen 5-Schuß-Mauser-Typ geändert. Aber selbst das war im Hinblick auf den schon damals vorauszusehenden Krieg ein Hohn. Frankreich standen jedoch während der dreißiger Jahre so geringe Mittel zur Verfügung, daß diese Maßnahme genügen mußte.

Um dem Berthier gegenüber fair zu sein, muß gesagt werden, daß es, gemessen am Lebel, Verbesserungen brachte. Es behielt zwar den unglaublich schwerfälligen und komplizierten Verschluß, aber der Kammerstengel wurde verlängert und lag nun beim Anlegen an die Hülsenwand dicht an der rechten Seite an und konnte sich damit nicht mehr so leicht in allen möglichen Dingen verfangen. Dadurch, daß er länger war, ließ er sich leichter betätigen. Das Kastenmagazin konnte nun mittels Ladestreifens geladen werden und hielt jetzt die moderne 7,5-mm-Patrone, die gegenüber der alten 8-mm-Lebel ein großer Fortschritt war. Der größte Nachteil der 8-mm-Patrone bestand in ihrem großen flachen Rand, der speziell so konstruiert war, um zu verhindern, daß die Zündhütchen der vorderen Patronen im Röhrenmagazin durch die Geschoßspitze der hinteren gezündet wurden. Während eine solche Patrone für ein Röhrenmagazin ideal ist, läßt sie sich andererseits unmöglich als Munition in einem Kastenmagazin verwenden, ohne daß das Risiko von

Unten: Kanoniere der Panzerabwehr mühen sich zu Beginn des Krieges an einem Berg ab. Sie tragen Berthier-Karabiner 1892/16.

Ladehemmungen nach jeweils wenigen Schüssen eintritt. Das war genau das, was bei der Berthier während der ersten Erprobungen eintrat. Daher mußten die Änderungen auf das Kaliber 7,5 mm erfolgen und die finanziellen Mittel zur Umrüstung auf neue Läufe aufgebracht werden. Berthiers gab es in zwei verschiedenen Längen: Gewehre und Karabiner. Infanterieeinheiten trugen Gewehre und die Artillerie sowie andere Unterstützungstruppen Karabiner. Aber mit Karabinern waren auch Soldaten mit spezieller Verwendung ausgestattet, wie zum Beispiel Maschinengewehrschützen (die ihr Gewicht und ihre Länge nicht sehr geschätzt haben mögen) und Fahrer. Bei den französischen Kolonialtruppen, bei denen es noch viele Pferde gab, besaß die Kavallerie ausschließlich Karabiner.

Die Berthiers sind während des ganzen Krieges — ähnlich wie die Lebels — verwendet worden. Auch sie wurden in beschränktem Umfang von den deutschen Besatzungstruppen übernommen, einfach weil es immer an deutschen Waffen mangelte. Die französischen Munitionsfabriken lieferten weiterhin den Munitionsbedarf. Während die Lebel-Gewehre 1945 ausgeschieden wurden, war die französische Armee bei ihrer Neuaufstellung auf eine beträchtliche Anzahl von Berthiers angewiesen, bis sie durch modernere Waffen ersetzt werden konnten.

Eines der neuen Modelle war das MAS 36, bei dem es sich in der Tat um die einzige Entwicklung zum Ersatz der älteren Berthiers und Lebels handelte. Es besaß den fragwürdigen Ruf, daß es das letzte Zylinderschloß-Gewehr darstellte, das in irgendeiner Armee der westlichen Welt — möglicherweise sogar überhaupt — eingeführt worden ist. Die französische Armee hatte bereits 1916 erkannt, daß ihre 8-mm-Patrone wenig geeignet war, aber unter dem wirtschaftlichen Zwang, mußte sie weiter hergestellt und verwendet werden. Jedoch sah sich die Regierung während der zwanziger Jahre gezwungen, bescheidene Mittel zur Entwicklung neuer Waffen bereitzustellen. Daraus resultierte die 7,5-mm-Patrone. Das MAS war das Gewehr, das dazu geschaffen wurde, um sie zu verfeuern. Es entstand im Jahre 1932 in St. Etienne und erhielt von dort seinen Namen Manufacture D'Armes de Saint-Etienne, oder MAS. Im wesentlichen handelte es sich um das einfachste Gewehr, das ohne erhebliche Veränderung der Fabrikationsanlagen in größeren Stückzahlen hergestellt werden konnte und dennoch robust und zuverlässig war. Aufgrund der schlechten Erfahrungen mit der 8-mm-Munition bezüglich Ladehemmungen bildete die Zuverlässigkeit die Hauptforderung, die auch verwirklicht wurde, indem man auf einige andere Dinge, darunter Stil, Gefälligkeit, Leichtigkeit bei der Bedienung und zu einem gewissen Grade auch auf Sicherheit verzichtete.

Es war eines der häßlichsten und in der Handhabung unbefriedigendsten Gewehre, die je hergestellt wurden, weil der Konstrukteur mehr auf den Vorarbeiter in der Fabrik als auf den Schützen Rücksicht genommen hatte. Der Verschluß erforderte noch immer die volle Vierteldrehung zum Ver- und Entriegeln, aber er lag noch ungünstiger als beim Berthier. Beim MAS befanden sich die Verriegelungswarzen am hinteren Verschlußstück, genauso wie beim Lee-Enfield. Dadurch war der Verschluß länger, so daß der Kammerstengel ziemlich weit hinten und an einer für die Hand des Schützen ungünstigen Stelle lag. Um dem abzuhelfen, wurde er nach vorn abgewinkelt, wobei sich nur der Kammerstengelknopf oberhalb des Abzuges befand. Hieran ließ sich ein MAS sofort erkennen. Wie beim Lebel bildeten Haupt- und Vorderschaft zwei voneinander getrennte, am Verschlußgehäuse angebrachte Teile. Ein schlankes Pikenbajonett konnte an einem entsprechenden Halterrohr unterhalb der Mündung aufgepflanzt werden. Dieses Bajonett ließ sich mit seiner Klinge im Halterrohr unterbringen, ohne daß es sichtbar war. Bei Bedarf wurde es herausgezogen und aufgepflanzt. Durch diese Vorrichtung stieg das Gewicht des Gewehres, andererseits konnte hierdurch eine zusätzliche Scheide und Tragevorrichtung bei der Ausrüstung des Soldaten eingespart werden, was möglicherweise von Vorteil ist, der davon abhängt, für wie wichtig der Besitzer sein Bajonett einschätzt. Ein schwerwiegender Nachteil des Pikenbajonetts für den gewöhnlichen Infanteristen bestand darin, daß es für solch unerläßliche Tätigkeiten wie Dosenöffnen und Spalten von Feuerholz absolut unbrauchbar war.

Das MAS wurde in begrenztem Umfang während der Schlacht um Frankreich verwendet und diente dann weiter den Streitkräften der Vichy-Regierung. Die Produktion lief während des ganzen Krieges in St. Etienne gedrosselt. Ein Teil der Fertigung ging an die Deutschen zur Verwendung am Atlantikwall und an der Küste. Da diese Gewehre für die Wehrmacht neu hergestellt wurden, trugen sie einen Stempel mit dem deutschen Hoheitszeichen, was sonst üblicherweise bei anderen von den Franzosen requirierten Beständen nicht der Fall gewesen ist.

Obwohl das MAS keinen besonders bemerkenswerten Kriegseinsatz erlebte, wurde es nach 1945 beibehalten und bei den Kämpfen in Indochina und Algerien benutzt. Es zählte dann nur noch zum Reservebestand sowie zur Standardausrüstung der Polizei.

Maschinenpistolen

Frankreich, ebenso wie Großbritannien, die USA und einige andere Länder, sonst intelligente, vorausschauende Nationen, ignorierten die Maschinenpistole als Infanteriewaffe, trotz offensichtlicher Anzeichen

MAS 36	
Munition	7,5-mm-Cartouche Mle 29
Länge	1 020 mm
Gewicht, ungeladen	3,78 kg
Lauflänge	573 mm
Magazin	5-Schuß-integrales-Kastenmagazin
Mündungsgeschwindigkeit	823 m/sek

deutscher und italienischer Erfolge mit ihr während des Ersten Weltkrieges. Jedoch erprobte das Saint-Etienne-Arsenal im Jahre 1935 ein Versuchsmodell und erhielt die Erlaubnis, die Weiterentwicklung ohne Vorrang über einige Jahre fortzuführen. Die daraus entstandene Waffe erschien in den Vorkriegsjahren gerade noch rechtzeitig für die Ausrüstung der französischen Armee und wurde als Spezialwaffe für Stoßtrupps, Sondereinsätze, Spähtrupps und ebenfalls für die Schutzpolizei und die Garde Mobile eingeführt.

Die MAS 38 besaß verschiedene Eigenschaften, die bedauerlicherweise anderen Konstruktionen in Europa fehlten. Sie war leicht, handlich, ziemlich treffsicher und einigermaßen unempfindlich gegen Schlamm und Schmutz und nur für den Einsatz auf kurze Entfernung gedacht. Zu viele der zeitgenössischen Maschinenpistolen versuchten alles in sich zu vereinen, mit Bajonetten an der Mündung versehen, oft ein Zweibein als Schießstütze, ein langer Holzschaft und eine Visiereinrichtung, die bis 1 000 Meter reichte. Sie waren schwer, unhandlich und konnten nur die Hälfte der durch die Konstrukteure an sie gestellten hochgesteckten Aufgaben erfüllen. Die kleine MAS vermied das alles und sah dabei ziemlich elegant aus, obwohl sie sofort an ihrem ››Buckel‹‹ zu erkennen war.

Diese ungewöhnliche Form rührte daher, daß der Lauf im leichten Winkel zum Gehäuse und Schaft stand. Die beiden letzteren verliefen geradlinig zueinander, damit sich der Verschluß und die Feder in dem hohlen Schaft bewegen konnten, um dadurch Platz einzusparen. Um die Visierlinie auf dem Gehäuse niedrig zu halten, ließ man den Lauf im Winkel abfallen, was bedeutete, daß die Stirnseite des Verschlusses so gefräst sein mußte, damit er den gleichen Winkel besaß, mit dem er auf dem Patronenlager aufsetzen konnte. Im ersten Augenblick erscheint es als vollkommen falsch, Verschluß und Lauf im Winkel zueinander anzuordnen, aber in Wirklichkeit funktioniert das sehr gut und stört die Patronenhülsen nur wenig. Das MAS war beim Schießen eine handliche, kleine Waffe, und man kann es nur bedauern, daß sie auf die 7,5-mm-Pistolenpatronen, lang, kalibriert werden mußte, die keine andere Nation jemals verwendet hat und wahrscheinlich auch nie verwenden wird.

Abgesehen von der Formgebung gab es bei der Pistole eine oder zwei weitere kleine Neuerungen. Der Verschluß konnte entweder in seiner vorderen oder hinteren Stellung durch Vorwärtsschieben des Abzuges arretiert werden, was eine saubere Art von Sicherung darstellte und der Spannhebel betätigte eine Abdeckplatte gegen Staub, wenn er zurückgezogen wurde. Die MAS war eine sehr effektive Konstruktion und ist ein Beispiel dafür, welchen Standard Arsenal-Konstrukteure erreichen konnten, wenn sie nicht durch Komitees oder finanzielle Zwänge behindert wurden.

Pistolet Mitrailleur Modèle 38 (MAS 38)

Munition	7,65 mm, lang autom. Pistole
Länge	635 mm
Gewicht, ungeladen	2,83 kg
Lauflänge	222 mm
Magazin	32-Schuß-Kastemagazin
Feuergeschwindigkeit	600 S/min
Mündungsgeschwindigkeit	350 m/sek

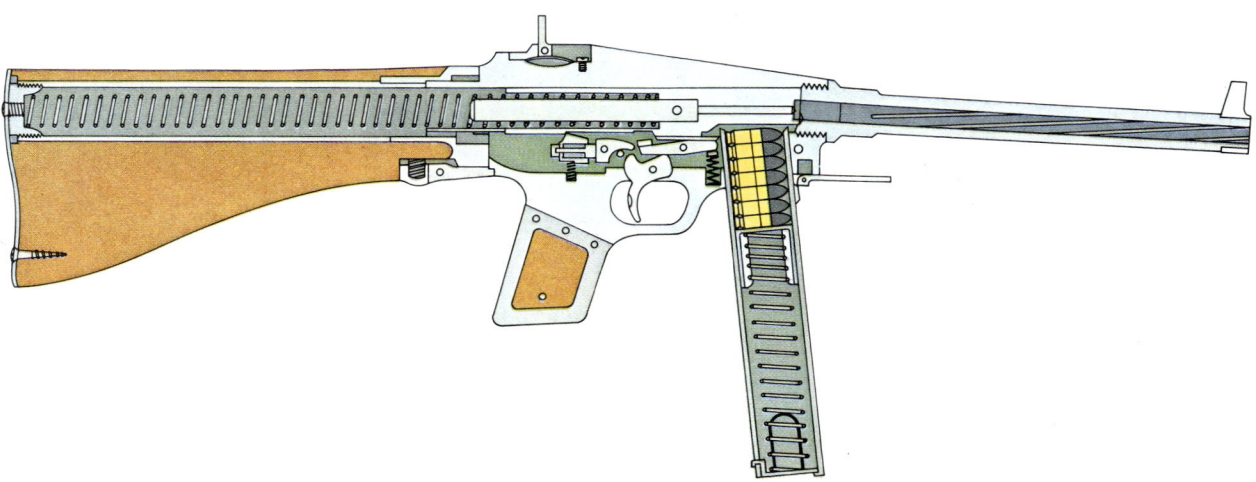

Obwohl sie bereits 1938 angenommen wurde, befanden sich vor dem Frühjahr 1940 nur wenige in den Streitkräften. Es gibt kaum Nachweise über ihre Verwendung während der Schlacht um Frankreich. Das Arsenal stellte die Waffe während des ganzen Krieges weiter her, hauptsächlich für die Verwendung bei der Polizei. In großem Umfang wurde sie dann in den Feldzügen der späten vierziger Jahre in Indochina benutzt. Viele der Waffen verblieben dort und tauchten in Vietnam wieder auf. Einige hatten noch das ursprüngliche Kaliber, viele aber waren von den Vietnamesen auf neue Läufe umgerüstet oder durchbohrt worden, um andere Munition verschießen zu können.

Maschinengewehre

Die französische Manie für Wirtschaftlichkeit in Verteidigungsfragen offenbarte sich bei den Maschinengewehren noch deutlicher als auf den meisten anderen Gebieten. Es war nicht allein der Fehler der militärischen Stäbe, denn ihnen war schon 1919 bewußt, daß das Chauchat im Ersten Weltkrieg vollkommen versagt hatte. Auf sein Konto kamen schwerwiegende Verluste verbunden mit sinkender Moral. Bereits schon 1920 existierte der Entwurf für ein leichtes Maschinengewehr. Das erste Modell erschien im folgenden Jahr. Über drei Jahre zog sich die Entwicklung fast im Schneckentempo dahin. Etwa 1924 erprobte man schließlich einen fachgerechten und brauchbaren Prototyp.

Einer der bedeutendsten Faktoren für das Versagen des alten Chauchat bestand darin, daß es die 8-mm-Lebel-Munition verwendete, die sich für eine automatische Waffe kaum eignete. Die staatlichen Arsenale, knapp an Geld und Zeit, hielten Ausschau nach einer optimalen, für die Einführung geeigneten Patrone. Es endete mit einem Kompromiß zwischen der 7,92-mm-Mauser und der schweizer 7,5-mm-Rubin. Das

Kaliber betrug 7,5 mm. Anfangs konnte man mit der Waffe keineswegs zufrieden sein. Jedoch die zweite Version, im Jahre 1929 vorgestellt, besaß einen modifizierten Zünder und ein besseres Treibmittel, wodurch sich die Gesamtlänge um 4 mm reduzieren ließ. Das hatte zur Folge, daß alle früheren Maschinengewehre, die für die 1924er Patrone eingerichtet waren, modifiziert werden mußten. Aber dagegen gab es keine Einwände, weil einer der Mängel, die bei den ersten Serien der Munition auftraten, in der Gefahr folgenschwerer Explosionen im Patronenlager bestanden, wobei einige Schützen verletzt worden waren.

Das Maschinengewehr wurde nach dem Namen des Arsenals als Chatellerault bekannt und basierte weitgehend auf dem Browning Automatik Rifle[2] mit einem kleinen Schuß von den Eigenheiten des Berthier. Es war ein ziemlich durchschnittlicher Gasdrucklader, mit einer Verriegelung in der Weise, daß ein Gelenk den Verschlußblock nach oben in die Verschlußnuten am oberen Gehäuse drückte — sehr ähnlich wie beim BAR. Jedoch erfolgte die Zündung durch einen ständig aus dem Kolbenaufsatz herausragenden Schlagbolzen, was an die tschechische ZB-Serie leichter Maschinengewehre erinnerte. Der Gasdruck ließ sich zur Änderung der Feuergeschwindigkeit regulieren. Obwohl die Waffe etwas schwer war, gab es mit ihr weniger Schwierigkeiten als mit manchen anderen Modellen.

Eine eigentümliche Besonderheit des Chatellerault bestand im Vorhandensein von zwei Abzügen — auch eine Methode um Kosten unter Inkaufnahme größeren Gewichts zu sparen. Der vordere Abzug diente für Einzel- und der hintere für Dauerfeuer. Diese Anordnung war besonders einfach, doch unhandlich, weil der vordere Abzug sich etwas zu weit vorn und zu weit vom Pistolengriff entfernt befand, was sich für einen Schützen mit einer kleinen Hand als unpraktisch erwies.

Chatellerault Modèle 24/29

Munition	7,5-mm-Cartouche Mle 24/29
Länge	1 082 mm
Gewicht, ungeladen	9,24 kg
Lauflänge	500 mm
Magazin	25-Schuß-Kastenmagazin
Feuergeschwindigkeit	500 S/min
Mündungs-geschwindigkeit	823 m/sek

Das Kastenmagazin wurde von oben eingeführt und faßte 30 Schuß. Für ein Maschinengewehr der Gruppe oder des Zuges reichte das aus. Weil die Infanteriekompanien als Unterstützungswaffe lediglich das schwere Hotchkiss besaßen, wurde der Versuch unternommen, dem Chatellerault eine größere Verwendungsbreite zu geben, indem man unter dem Gewehrkolben eine Schießstütze anbrachte. Auf diese Weise sollte das Gewehr bei Verteidigungsaufgaben starres Sperrfeuer abgeben können, ein Mißbrauch eines leichten Maschinengewehrs. Es versagte vollkommen, weil das ganze Gewehr beim Feuern zu sehr in Bewegung geriet, um treffgenau sein zu können.

Bedingt durch die zwingende Notwendigkeit Geld einzusparen, wurde das Gewehr zum Einbau in gepanzerte Fahrzeuge und sogenannte Festungsverteidigungsstellungen verwendet. Als Fahrzeugbewaffnung

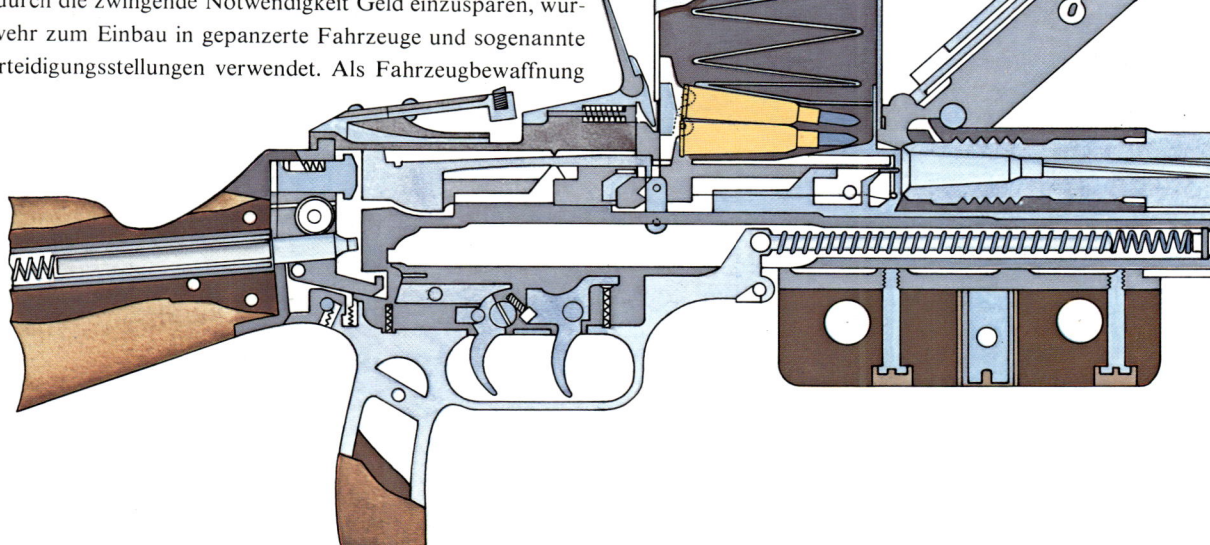

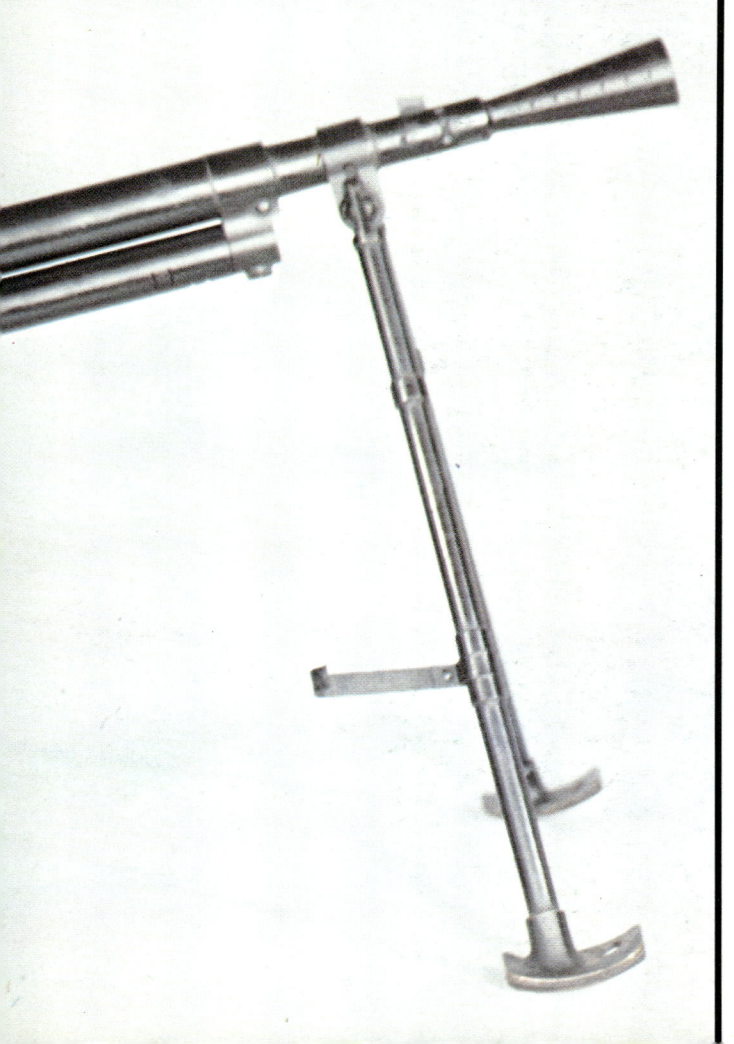

Oben: Ein Chatellerault-Maschinengewehr im Einsatz in den Alpen. Nach dem Kriege wurde es in Algerien und in Indochina verwendet.

erhielt das Gewehr ein gewaltiges Trommelmagazin mit 150 Schuß, das leer nicht weniger als 4,5 kg wog. Als Fahrzeugversion lag das Gewicht des Gewehres ohne Munition bei 16,3 kg. Das Trommelmagazin bedeutete ein beachtliches zusätzliches Gewicht. Es konnte senkrecht wahlweise an beiden Seiten aufgesetzt werden und wird auf keinen Fall im Inneren des engen Panzerturms begrüßt worden sein. Das gleiche Gewehr wurde in der Maginotlinie als Festungs-MG verwendet, erhielt hier eine ungewöhnliche Vorrichtung für die zusätzliche Kühlung des Laufes. Da man damit rechnen mußte, daß die Gewehre in den Kasematten möglicherweise für längere Zeit Dauerfeuer ohne Laufwechsel abzugeben hätten, installierte man eine eigenartige und komplizierte Vorrichtung, die einen kleinen Strahl kalten Wassers geradewegs in das Patronenlager spritzte, sobald die Patronenhülse herausgezogen war. Wieviel an Hitzeentwicklung dieser Strahl verhinderte, ist nicht überliefert. Die Franzosen behaupteten, daß sie dadurch in der Lage waren, unentwegt Dauerfeuer zu schießen, ohne sich um die Lauferhitzung die geringsten Gedanken machen zu müssen. Unglücklicherweise erhielten sie nie Gelegenheit, das im Einsatz zu beweisen, weil die Deutschen klug genug waren, die Befestigungsanlagen von hinten her aufzurollen.

Genug über das Chatellerault, das in seiner Ausführung als leichtes Maschinengewehr keinesfalls eine schlechte Waffe war. Nach dem Kriege wurde es mit beachtlichem Erfolg in Indochina und Algerien verwendet, bis es in der Mitte der fünfziger Jahre durch das AA 52 ersetzt wurde. Eine massive Verkaufskampagne in den dreißiger Jahren bewog einige kleine Armeen dazu, es zu kaufen. Somit traf man es in vielen Teilen der Welt an, was möglicherweise jetzt noch der Fall sein kann.

Die Unterstützungswaffe der Infanteriekompanie bildete das ältliche Hotchkiss, ein Relikt aus den frühen Jahren unseres Jahrhunderts. Ob-

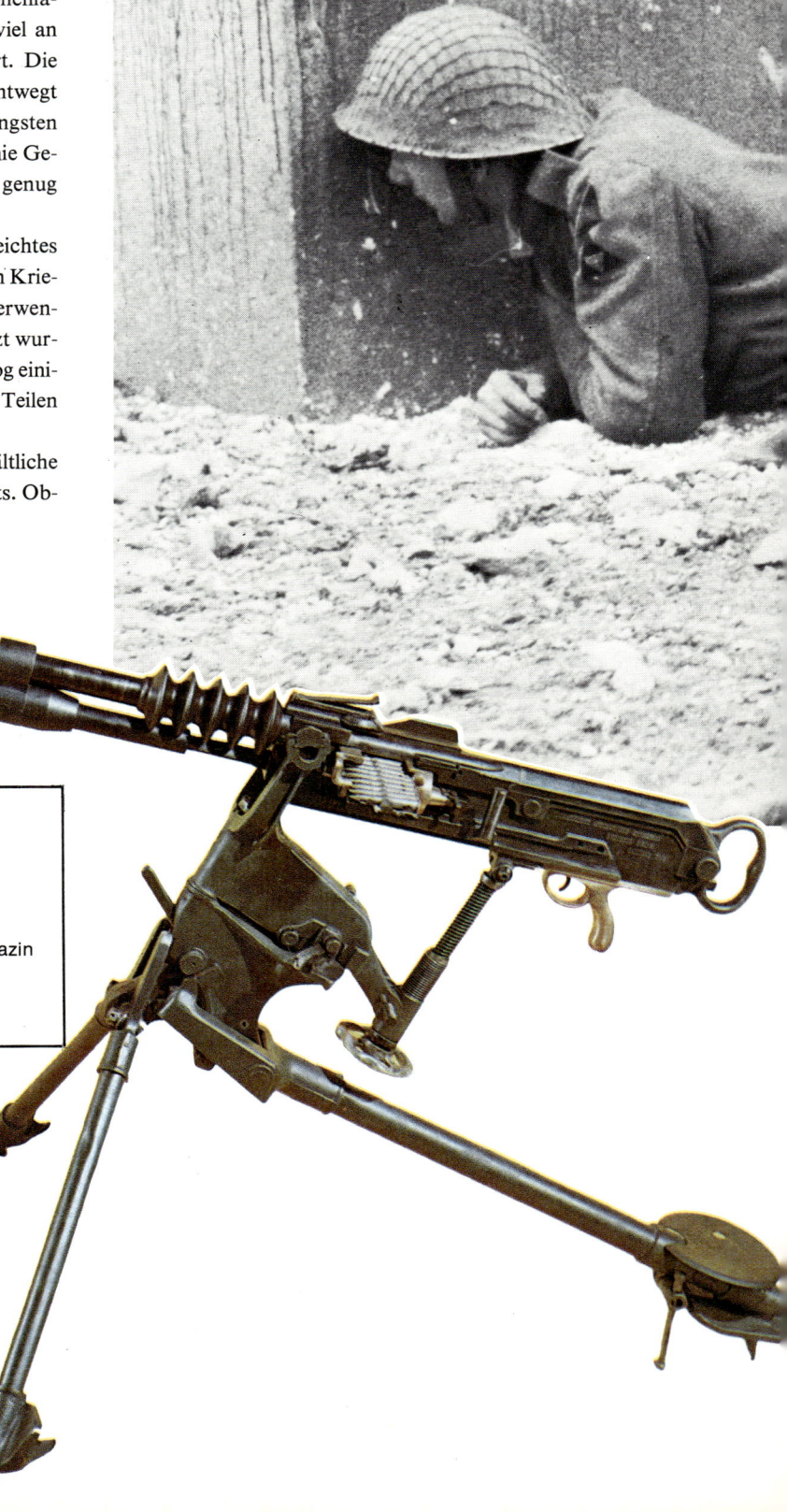

Hotchkiss Modèle 1914	
Munition	8-mm-Cartouche Mle 86
Länge	1 270 mm
Gewicht	23,58 kg
Lauflänge	775 mm
Munitionszuführung	24- oder 30-Schuß-Streifenmagazin
Feuergeschwindigkeit	600 S/min
Mündungs- geschwindigkeit	725 m/sek

Oben: Ein Hotschkiss-Maschinengewehr 1914, das 1940 durch die Deutschen von den Franzosen erobert und 1944 von den Briten zurückerobert wurde.

wohl das Hotchkiss sich im Ersten Weltkrieg relativ gut bewährt hatte, war es 1939 überholt. Aber wie immer mangelte es am Geld für eine neue Konstruktion, weshalb es weiterhin bei den Streitkräften verblieb. Es war groß und schwer, aber nicht wesentlich größer und schwerer als das Browning oder das Vickers. Da es eine Luftkühlung besaß, gab es bei ihm nicht die Belastungen durch Wasserbehälter und Kondenzschläuche. Aber in der Munitionszuführung lag ein verhängnisvoller Mangel. Er bestand in den dünnen flachen Streifenmagazinen, eine Eigentümlichkeit der Hotchkiss-Maschinengewehre seit ihren ersten Anfängen. Sie bildeten im Einsatz immer eine Quelle für Probleme. Das flache Streifenmagazin besaß Klammern, die die Patronen hielten. Jedes Streifenmagazin faßte 30 Schuß. Jedoch gab es auch eine Art von langem Ladegurt, der aus einer Reihe von Gliedern mit je drei Patronen zusammengefügt wurde. Beides war jedoch unzuverlässig und höchst anfällig für Beschädigungen. Es ist verwunderlich, daß für dieses Gewehr nie ein ordentlicher Kanvasgurt entwickelt wurde. Kein anderer Gurt hätte den Anforderungen genügt, denn die Munition war die des 8 mm

Lebels, was sich bis zum Schluß auch nicht änderte. Das Hotchkiss profitierte nicht von der 1929 eingeführten 7,5-mm-Munition.

Die deutschen Besatzungstruppen waren offenbar nicht sehr am Hotchkiss interessiert. Obwohl sie nur zu bereitwillig das Chatellerault in ihren Verteidigungsanlagen — hauptsächlich entlang dem Atlantikwall — benutzten, gibt es kaum Berichte über das alte Hotchkiss. 1945 waren für das alte Hotchkiss die Tage gezählt. Nur äußerst wenige verblieben bei den Streitkräften in Frankreich. Zusammenfassend läßt sich zur Geschichte der französischen Maschinengewehre sagen, daß sie im Zweiten Weltkrieg keine glückliche Rolle spielten. Die französische Armee zeigte die Bereitschaft, neue Modelle anzunehmen, die ihre Aufgaben besser erfüllen.

1 Anm. des Übers.: Im deutschen Sprachgebrauch »Panzerbüchse«.
2 Anm. des Übers.: Amerikanisches Selbstladegewehr BAR M 1918.

SOWJETRUSSLAND

Anmerkung des Übersetzers zu diesem Kapitel

Die Transkription und Transliteration aus dem Russischen ins Englische weicht zum Teil erheblich von der aus dem Russischen ins Deutsche ab. Eine Ungenauigkeit, die sich in vielen Übersetzungen auf diesem Gebiet der Handfeuerwaffen aus dem Englischen ins Deutsche immer wieder ergibt. In diesem Kapitel des Buches wurde daher versucht, die erwähnten Namen und Städtenamen (Stichworte: Arsenale, Konstrukteure) direkt aus deutschen Kartenwerken und Wörterbüchern zu entnehmen. Als Grundlage für die Bezeichnung der Handfeuerwaffen diente:

Nikolaus Krivinyi
Leichte Infanteriewaffen
Aus der Reihe Truppendienst — Taschenbuch
J. F. Lehmanns Verlag, München, 1974.

Um den Leser nicht weiter zu verwirren, sei deshalb bei weiterführenden Studien auf diese Tatsache hingewiesen.

Um die sowjetischen Handfeuerwaffen zu beschreiben, ist es notwendig, etwas über das sowjetische Heimatland und die Wesensart zu erklären, denn diese beiden Faktoren wirkten sich bei der Konstruktion und der Herstellung der Waffen aus, die von der sowjetischen Armee geführt wurden. Während seiner ganzen Geschichte lag Rußland bei der allgemeinen Technologie und im Maschinenbau ein ganzes Stück hinter den westlichen Nationen zurück, obwohl es genügend Erfinder gab. Als die westlichen Nationen von der Mitte bis zum späten neunzehnten Jahrhundert die Grundlagen für das Maschinenbau- und Fabrikationswesen erweiterten, hinkte Rußland weit hinterher. Es gab sehr wenig Leichtindustrie und auch nicht viel Schwerindustrie, obwohl sich letzteres mit der Ausweitung der Eisenbahnen änderte.

Die großen Arsenale von Tula und Kowrow stellten bis in die 1890er Jahre keine Waffen her. Davor wurde die gesamte russische Bewaffnung

Unten: Deutsche ergeben sich. Die sowjetischen Soldaten sind mit Maschinenpistolen PPSh-41 und Moissin-Nagant-Gewehren bewaffnet.

im Ausland, oft in Belgien und den USA, gekauft. Die Fertigung von Gewehren begann 1894 und Maschinengewehre wurden erstmalig im Jahre 1905 hergestellt. Aber eine bedeutende Produktion von Handfeuerwaffen gab es bis in die frühen 1920er Jahre nicht, in denen sich das kommunistische Regime gegen die Abhängigkeit von ausländischen Firmen entschied und eine starke nationale Waffenindustrie gründete. Einer der ersten Schritte bestand 1924 in der Gründung eines Konstruktionsbüros für Handfeuerwaffen in der Maschinengewehrfabrik in Kowrow. Sein Leiter war Wladimir Fedorow, der 1916 das entwickelte, was heute als erstes brauchbares Selbstladegewehr der Welt anerkannt wird. Die Konstruktionsreife war noch nicht vollkommen und die vorgesehene 6,5-mm-Patrone eine schlechte Wahl. Wie dem auch sei, zu seinem Assistenten erwählte er Wassilij Degtjarew, dessen Name innerhalb weniger Jahre sehr bekannt werden sollte.

Diesem Konstruktionsbüro folgte vier Jahre später, im Jahre 1928, ein intensiver Plan, der im ersten mehrerer Fünfjahrespläne zur Expansion der Industrie in der gesamten UdSSR enthalten war. Die moderne russische Waffenindustrie hat ihren Ursprung in diesem Plan. Erst seit dieser Zeit wurden ernsthafte Versuche unternommen, Waffen innerhalb der Grenzen der Sowjetunion ohne die Hilfe anderer Nationen zu entwickeln und herzustellen. Die Bemühungen des kleinen Konstruktionsbüros, das sich natürlich bald gewaltig vergrößerte, führten zu den ausgezeichneten und schlagkräftigen Waffen, die die Rote Armee ein-

setzte, um die deutsche Invasion ihres Landes zum Scheitern zu bringen. Auf längere Sicht führte das zu den ungezählten Millionen sowjetischer Waffen, die die ganze östliche Welt überflutet haben und seit 1945 zur Erhaltung und Festigung des Kommunismus dienen.

Die hervorstechenden Merkmale aller sowjetischen Handfeuerwaffen bestanden in ihrem groben äußeren Gesamterscheinungsbild im Vergleich zu westlichen Waffen der damaligen Zeit sowie in ihrer vollkommen unkomplizierten Konstruktion. Die Fabriken waren nicht in der Lage, für eine hervorragende Oberflächenbehandlung zu viel Zeit zu opfern und zu viel Aufwand zu treiben, auch hielt man das nicht für absolut notwendig. Zwar legte man bei den Bauteilen, wo es sich als notwendig erwies, großen Wert auf Genauigkeit, doch fanden Äußerlichkeiten viel weniger Beachtung, weil sie keine Rolle spielten. Westliche Beobachter neigten deshalb anfangs dazu, die sowjetische Ausrüstung als primitiv und unzufriedenstellend abzulehnen. Aber die Deutschen fanden bald heraus, daß das nicht zutreffend war.

Der sowjetische Konstrukteur mußte auf die überbeanspruchten Fabriken mit ihren älteren und einfachen Maschinen und Werkzeugen Rücksicht nehmen. Folglich wäre es nicht richtig gewesen, Waffen zu entwickeln, die nur auf Fließbändern hergestellt werden konnten. Als die Deutschen 1941 einfielen, gab es in der UdSSR drei Fabriken, die Maschinengewehre herstellten, in Tula, Kowrow und Ischewsk. Als die Front weiter ostwärts vorrollte, mußten Tula und Kowrow evakuiert und ihre Maschinen weiter nach Osten gebracht werden. Welche Auswirkungen diese Verlegungen auf die Waffenproduktion gehabt haben, gaben die Russen nie bekannt, aber sie müssen zumindest für ein Jahr lang katastrophal gewesen sein. Dennoch wurden die beiden Fabriken nicht nur an ihren neuen Standorten mit Erfolg wieder in Betrieb gesetzt, sondern gleichzeitig zwei neue gebaut und eingerichtet. Ein Teil der Werkzeugmaschinen muß im Rahmen des Leih- und Pachtabkommens von den USA geliefert worden sein, denn ein Bedarf solchen Ausmaßes überstieg die Produktionskraft der Sowjets.

Was die sowjetischen Fabriken leisten konnten, als die Kriegsanstrengungen 1944 ihren Höhepunkt erreichten und nachdem sie nach ihrer Verlegung infolge der deutschen Invasion wieder auf Hochtouren arbeiteten, zeigen beispielsweise folgende Produktionsziffern von Maschinengewehren:

Maxim	270 000
Degtjarew	120 000
Degtjarew (Bordwaffe für Panzerfahrzeuge)	40 000
Gorjunow	10 000
Sonstige	150 000
Insgesamt (Summe)	590 000

Über eine halbe Million Maschinengewehre in einem Jahr sind an allen Maßstäben gemessen eine erstaunliche Zahl. Aber die wichtigste Lehre, die aus der sowjetischen Waffenproduktion im Zweiten Weltkrieg gezogen werden kann, ist die russische Betonung eines pragmatischen Standpunktes. Es war realistisch, zu berücksichtigen, daß die Masse derjenigen, die die Waffen benutzen mußten, ungebildet waren und in der zur Verfügung stehenden kurzen Zeit auch nicht ausgebildet werden konnten. Dieser Realismus sagte der Obersten Führung, daß die Fabriken eben nicht in der Lage waren, westliche Konstruktionen herzustellen, wie gut sie auch immer sein mochten. Jene nüchterne Einschätzung schuf einfache, aber zuverlässige Waffen, die durch Soldaten bedient werden konnten, die praktisch überhaupt keine Erfahrungen mit technischen Dingen besaßen.

Pistolen

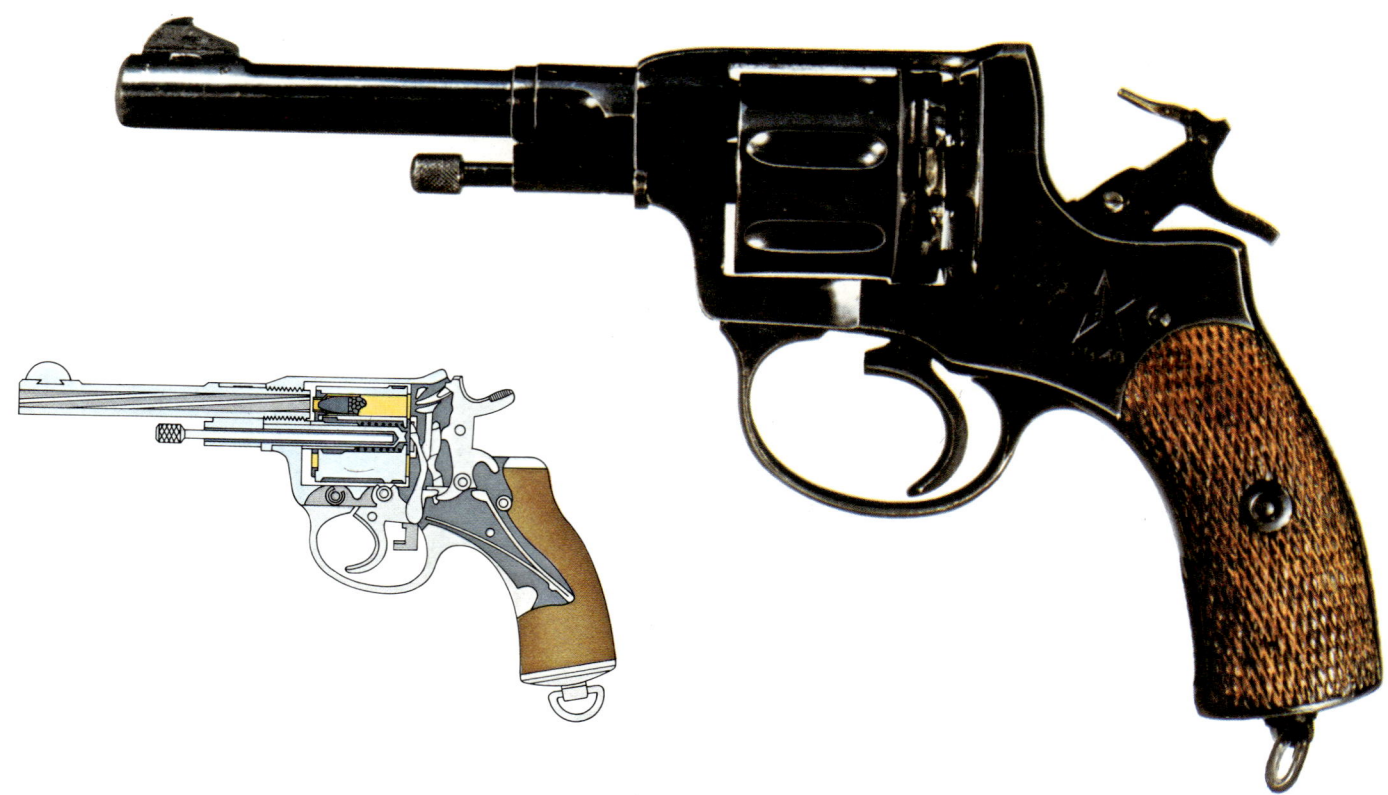

Pistolen waren niemals ein Hauptbestandteil der Bewaffnung des sowjetischen Infanteriesoldaten. Während des Zweiten Weltkrieges nahmen sie ganz entschieden einen niedrigen Platz unter den Herstellungsprioritäten ein. Eine Pistole anzufertigen, nahm fast soviel Zeit in Anspruch, wie die Produktion einer Maschinenpistole, vielleicht noch mehr. Dagegen war eine Maschinenpistole eine viel geeignetere Waffe und erforderte viel weniger Ausbildung. So hatte sich scheinbar bei der Ausrüstung mit Pistolen seit den Vorkriegsjahren nicht viel geändert. Eine mögliche Erklärung könnte sein, daß der Teil des Arsenals Tula, in dem sie vor 1941 gefertigt wurden, weiterhin unter den gleichen Bedingungen arbeitete, obwohl es sich mangels offizieller Unterlagen um eine Spekulation handeln kann.

Zaristische Offiziere trugen Revolver, aber ihre sowjetischen Nachfolger wollten eine aktivere Rolle im Kampf spielen und waren anscheinend damit einverstanden, daß sie die gleichen Waffen wie ihre Soldaten besaßen.

Beim sowjetischen Revolver handelte es sich um eine ältere, komplizierte Konstruktion, die 1940 als so gut wie veraltet gelten konnte. Es handelte sich um den Nagant, ein belgisches Produkt des späten neunzehnten Jahrhunderts. Er entstand in Lüttich, in den Werkstätten von Pieper und Nagant. Die Erstausrüstung der zaristischen Armee kam direkt aus Belgien. Etwa ab 1901 wurde er im Arsenal Tula hergestellt, wo seine Produktion bis 1940 — möglicherweise bis 1945 — lief. Obwohl der Schwerpunkt der Produktion in den Jahren zwischen 1902 und 1914 lag, ist nicht bekannt, wieviele Exemplare tatsächlich hergestellt worden sind.

Der Nagant war insofern ungewöhnlich, als er eine mechanische Vorrichtung besaß, die ein Entweichen des Gasdrucks zwischen Trommel und Lauf verhinderte. Bei allen Revolvern besteht in der Regel ein gerin-

Nagant, Modell 1895	
Munition	7,62-mm-revol'verni-patron obr 1895
Länge	229 mm
Gewicht, ungeladen	0,79 kg
Lauflänge	110 mm
Trommel	7 Schuß
Mündungs-geschwindigkeit	305 m/sek

ger Abstand zwischen diesen beiden Teilen, und der Hersteller versucht, die Toleranzen so eng zu halten, damit der Gasdruckverlust minimal, und die Auswirkungen auf das Geschoß ohne Bedeutung bleiben. Jedenfalls gab sich Nagant nicht damit zufrieden, und konstruierte seine Revolver so, daß die Trommel beim Spannen des Schlaghammers nach vorn gestoßen wurde. Eine besondere Vorrichtung im Mechanismus betätigte eine Stirnplatte. Diese drückte gegen den Hülsenboden der Patrone und bewirkte dadurch eine Abdichtung gegen Gasdruckverlust. Die Spitze des Schlaghammers schlug durch einen Durchbruch in dieser Stirnplatte.

Die Trommel wurde mit dem Patronenlager, das die Patronen enthielt, nach vorn über das hintere Laufende gestoßen. Bei der 7,62-mm-Randpatrone saß das Geschoß vollständig in der Hülse. Die lange Hülse überbrückte den Abstand zwischen Patronenlager und Lauf und bewirkte dadurch einen vollkommen gasdichten Abschluß. Somit konnte bei der Abgabe eines Schusses kein Gas entweichen. Nach dem Schuß wurde die Trommel durch eine Feder zurückgedrückt und ließ sich drehen.

Es wäre erfreulich, wenn man berichten könnte, daß alle diese Komplikationen und der Aufwand eine wesentlich bessere Leistung gebracht hätten, aber bedauerlicherweise war es nicht so. Lediglich ließen sich die Mündungsgeschwindigkeit erhöhen und das beim Schießen übliche Geräusch vermindern, aber sonst nutzte es nicht viel. Erstaunlich ist es, daß die Sowjets diesen Revolver so lange herstellten und nie den Versuch einer Vereinfachung unternahmen.

Die andere während des Krieges verwendete sowjetische Faustfeuerwaffe war die Tokarew TT 33, eine ziemlich einfache Selbstladepistole, die größtenteils auf dem Colt M1911 basierte. Ursprünglich im Jahre 1930 herausgebracht, wurde sie als Militärausrüstung zum Modell 1933. Obwohl sie das gleiche Kaliber wie der Nagant-Revolver besaß, verwendete man eine vollkommen andere Patrone. Vor dem Ersten Weltkrieg hatte Rußland Mauser-Pistolen in bedeutenden Stückzahlen gekauft und verfügte über Bestände an 7,63-mm-Munition für diese Pistolen. Infolge des gleichen Kalibers konnten mit der Tokarew die noch vorhandenen Bestände der 7,63-mm-Patrone verschossen werden. Diese randlosen Patronen wurden zur Standard-Munition für Pistolen und Maschinenpistolen bis in die späten fünfziger Jahre. Sie besaßen praktisch die gleichen ballistischen Eigenschaften wie die Mauser-Patronen, die ein verhältnismäßig leichtes Geschoß mit einer ziemlich hohen Mündungsgeschwindigkeit verfeuerten. Obwohl dadurch die Energiewerte größerer Kaliber erreicht wurden, wirkte sich die höhere Mündungsgeschwindigkeit bei Pistolen unangenehm aus.

Trotzdem, die TT 33 war eine gute Waffe. Das Verriegelungssystem glich vollkommen dem des Colt und wich nur in den Verriegelungswarzen am Lauf ab, die gedreht statt gefräst waren, eine Änderung, die die

Pistolet Obr 1933 (T 33)	
Munition	7,62-mm-patron obr 1930 g
Länge	193 mm
Gewicht, ungeladen	0,83 kg
Lauflänge	116 mm
Magazin	8-Schuß-Kastenmagazin
Mündungs-geschwindigkeit	418 m/sek

Herstellungszeit verkürzte. Der Abzugsmechanismus befand sich als geschlossenes Bauelement im Pistolenrahmen und konnte komplett herausgenommen und gereinigt werden. Es gab, abgesehen von einer Halbraste für den Schlaghammer, keine Sicherheitsvorrichtung irgendwelcher Art.

Eine sehr vorteilhafte Einzelheit bildete das Führungselement für die Patronenzuführung, das aus zwei am Abzugsmechanismus ausgearbeiteten Nasen bestand. Das Magazin konnte daher oben (am Zubringer) flach sein und war somit unempfindlicher gegen unachtsame Behandlung und daraus resultierende Beschädigung, die zu Problemen bei der Munitionszuführung führen konnten. Die meisten Schwierigkeiten bei Pistolen begründeten sich in der schlechten Zuführung durch beschädigte Magazine.

Die Tokarew wurde erstmals 1939 in der Mandschurei verwendet und später im gleichen Jahr in Finnland. Von dieser Zeit ab war sie weitgehend an allen Fronten, hauptsächlich bei den Besatzungen gepanzerter Fahrzeuge und bei dem fliegenden Personal der Luftstreitkräfte anzutreffen. Bilder davon sind sehr selten. Nach dem Kriege wurde sie von einigen der Satellitenstaaten übernommen und tauchte in Korea in den Händen der Chinesen und der nordkoreanischen Truppen auf. Sie ist noch heute die Standardpistole in China und einigen anderen kommunistischen Staaten wie Jugoslawien.

Gewehre - Handlader/Mehrlader

Die russische Infanterie kämpfte während des ganzen Zweiten Weltkrieges mit einem der ältesten Gewehre, das in irgendeinem der am Kriege beteiligten Mächte benutzt wurde. Es handelte sich um das Moissin-Nagant-Gewehr aus dem Jahre 1891, das zumindest einen Teil seiner Funktionsfähigkeit der belgischen Firma Nagant verdankte, die auch den Revolver mit der Gasverriegelung hergestellt hatte. Nagant entwarf ein Fünf-Schuß-Magazin mit Ladestreifen und einem Patronenzuführungssystem, was mit dem eines Zylinderschloßgewehrs verwandt war, das auf Anweisung von Oberst Moissin entwickelt worden ist. Die dar-

aus entstandene robuste Waffe ließ sich einfach herstellen und außergewöhnlich leicht warten. Die einzige jemals an ihm geübte Kritik bestand darin, daß der aus zwei Teilen zusammengesetzte Verschluß unnötigerweise kompliziert war. Aber vielleicht mußte das so sein, um Patentrechte zu umgehen, wie das zur damaligen Zeit bei vielen Modellen üblich war.

Das Moissin-Nagant wurde in enormen Mengen für die zaristische Armee hergestellt, hauptsächlich in Rußland in den Arsenalen von Tula, Sestroryetsk[1] und in Ischewsk, aber auch in Belgien, Frankreich und in der Schweiz bis zur Einrichtung der Produktionsanlagen in den russischen Arsenalen. Die Fertigung lief zumindest bis 1945, obwohl das Gewehr schon lange vor diesem Zeitpunkt veraltet war.

Das ursprüngliche Modell 1891 wurde durch spätere Versionen, hauptsächlich durch das Modell 1930, ersetzt. Bis 1930 war das Kaliber als ››three line‹‹ bekannt. Ein ››line‹‹ beträgt ein Zehntel Zoll oder 2,54 mm. Die Reichweite war an der hinteren Visierung auf Arschin[2] kalibriert. Die russische Revolution beseitigte solche mittelalterlichen Überbleibsel. Nunmehr war das Kaliber 7,62 mm, und die neuen Visiere besaßen Metereinteilungen. Eine Änderung an der Munition nahm man nicht vor. Die Randpatrone von 1908, die im Aussehen und in der Leistung der britischen .303 Zoll oder der amerikanischen 30.06 Winchester-Patrone ziemlich genau entsprach, wurde beibehalten.

Ab 1940 befanden sich noch ein oder zwei weitere Varianten dieses Gewehrs in den Streitkräften. Die Hauptausrüstung und Standardwaffe der Infanterie war das Gewehr 1891/30, mit einer Länge von 1,3 m, eine lange Waffe. Das Gewicht von 3,98 kg konnte für ein Gewehr als normal bezeichnet werden. Sein Magazin mit fünf Schuß war für moderne Zeiten ein eindeutiger Nachteil. Bedingt durch die verwendete Munition besaß es eine Besonderheit in Form einer Sperre (am Zubringer), die die zweite Patrone in der Reihe herunterdrückte. Dadurch konnte die oberste Patrone ohne übermäßigen Druck von unten durch den Verschluß leichter herausgeschoben und nach vorne gebracht werden. Ohne diese Sperre hätte sich die oberste Patrone häufig verklemmt. Kein anderes Land hielt es für erforderlich, bei der Lösung dieses Problems so weit zu gehen, aber die Patrone 1908 besaß einen sehr ausgeprägten Rand, was auch für andere Waffen nachteilig war. Beim Vorwärtsgehen des Verschlusses löste sich die Sperre und gab die nächste Patrone frei.

Das lange Gewehr war plump und unhandlich in der Handhabung, und wurde durch einen kürzeren Karabiner ergänzt, der in einem im Jahre 1910 speziell für die Dragoner hergestellten Modell seinen Ursprung hatte. Dieser Karabiner wurde 1930 und erneut im Jahre 1938 modernisiert. Beide Modelle waren nahezu identisch und unterschieden sich von dem langen Gewehr lediglich durch ihre kürzeren Läufe. Der Karabiner 1938 hatte kein Bajonett, was aber merkwürdigerweise während des Krieges gefordert wurde. Daher erhielt nach erneuter Verbesserung das Modell 1944 ein Klappbajonett, das fest an der Mündung angebracht war und nach rechts in Ruhestellung abgeklappt werden konnte. Offenbar schien es beliebt zu sein. Einige Satellitenstaaten der Sowjetunion kopierten es nach Kriegsende.

Ein besonderes Kennzeichen des Moissin-Nagant-Gewehrs bildeten die Bajonette. Schon bei den frühen Modellen besaßen sie ein langes, dünnes kreuzförmiges Blatt, ähnlich wie es bei den ersten Musketen der Fall war. Möglicherweise gab es in der russischen Armee keine Bajonettscheiden. So mußten die Bajonette von den Soldaten stets aufgepflanzt getragen werden. Dieser Brauch war bis zum Zweiten Weltkrieg weitgehend ausgestorben. Dadurch aber erklärt sich die Einstellung, die zur Einführung eines Klappbajonetts führte.

Eine beträchtliche Zahl langer Gewehre wurden als Scharfschützengewehre verwendet. Die Sowjets stellten ihre Scharfschützen besonders heraus, hauptsächlich die weiblichen, die gute Propagandafotos abgaben. Diese Scharfschützengewehre waren mit einem PU-Zielfernrohr mit dreieinhalbfacher Vergrößerung ausgestattet. Wegen seiner Kürze

Moissin-Nagant M 1891/30

Munition	7,62-mm-patron obr 91 g
Länge	1 232 mm
Gewicht, ungeladen	3,95 kg
Lauflänge	728 mm
Magazin	5-Schuß-integrales-Kastenmagazin
Mündungs-geschwindigkeit	853 m/sek

Nagant Carbine M 91/30

Munition	7,62-mm-patron obr 91 g
Länge	1 019 mm
Gewicht, ungeladen	3,4 kg
Lauflänge	508 mm
Magazin	5-Schuß-integrales-Kastenmagazin
Mündungs-geschwindigkeit	808 m/sek

und seiner für das Auge des Schützen ungünstigen Lage war es beim Zielen unpraktisch. Es wurde später durch das PE mit vierfacher Vergrößerung ergänzt. Dieses Zielfernrohr war länger und lag auch günstiger in Augenposition. Beide Typen paßten in einen Schwalbenschwanzzapfen links an der Hülsenbrücke. Jener Zapfen war ein äußerliches Kennzeichen der Scharfschützengewehre. Das andere Kennzeichen bestand in einem gebogenen Kammerstengel, der durch das Zielfernrohr nicht behindert wurde. Es ist anzunehmen, daß sie besonders ausgesucht und kalibriert wurden, weil die normalen Gewehre ziemlich grob gearbeitet waren.

Unten: Truppen mit dem aufgepflanzten, außergewöhnlich langen Bajonett des Moissin-Nagant-Gewehrs beim Sturm an der Front von Leningrad.

Ihre Produktion endete 1945 in der Sowjetunion vollständig, zu jener Zeit existierten noch einige Millionen Moissin-Nagant-Gewehre. Sie blieben bis in die frühen fünfziger Jahre bei den sowjetischen Streitkräften und wurden schließlich nach ununterbrochener sechzigjähriger Verwendung durch eine Serie von Selbstladern ersetzt. Die Satellitenstaaten benutzten sie noch eine geraume Zeit länger. Sowohl das Gewehr wie auch der Karabiner wurden von den Nordkoreanern und den Chinesen in Korea verwendet. In diesen und anderen Ländern blieben sie solange im Dienst, bis in den späten fünfziger Jahren das überall anzutreffende Kalaschnikow den gesamten Ostblock eroberte.

Selbstladegewehre

Obwohl die Sowjetarmee 1930 und 1932 erhebliche Mittel für die Modernisierung der älteren Moissin-Nagant-Gewehre aufbrachte, wurde der Tatsache, daß in einem modernen Kriege die einzig vernünftige Infanteriewaffe ein Selbstladegewehr mit einer angemessenen Magazinkapazität sei, viel Bedeutung beigemessen und einige Studien in Angriff genommen. Daraus resultierte im Jahre 1936 eine begrenzte Zahl von Simonow-Gewehren, Modell 1936, bekannt als AWS 36, was eine Abkürzung für Automaticheska Wintowka Simonowa Obrazets 1936 G bedeutete.

Das Simonow-Gewehr hatte zwei Nachteile. Es war zu kompliziert und besaß ziemlich schwache Bauteile. Das genügte, um es nach ein- oder zweijährigem Truppenversuch wieder fallen zu lassen. Die Ursache der Schwierigkeiten lag darin, daß Simonow eine komplizierte Verriegelungsmethode gewählt hatte, bei der ein vertikales Verriegelungsstück beim Vorwärtsgleiten des Verschlusses nach oben in einen Hohlblock im Verschluß gedrückt wurde. In dieser Verriegelung dichtete der Verschluß das Patronenlager ab, bis bei eintretendem Gasdruck die Kolbenstange den Verschlußträger nach hinten drückte. Dabei wurde das

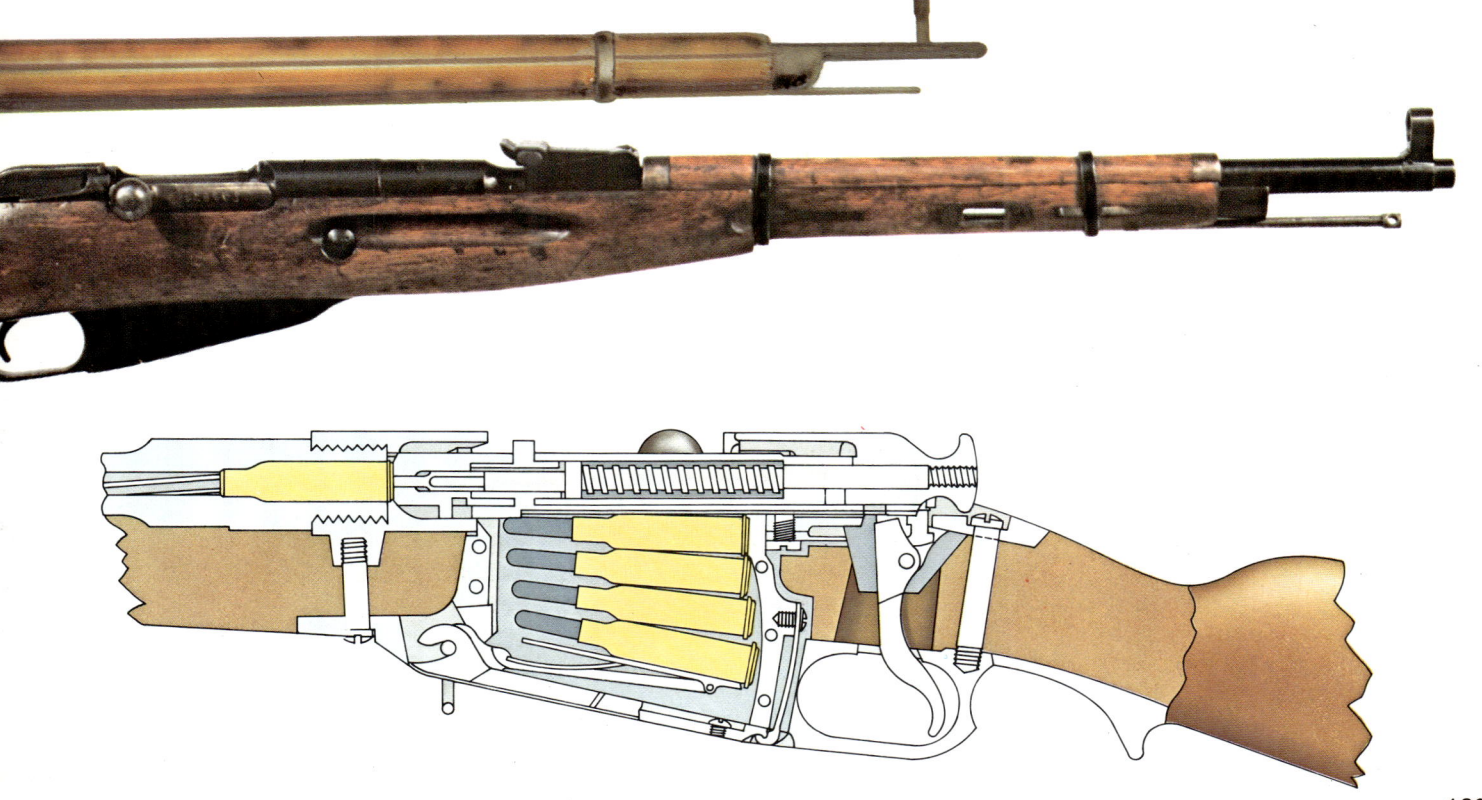

Verriegelungsstück nach unten und der Verschluß nach hinten gedrückt. Unglücklicherweise hatte sich Simonow dazu entschieden, bei seinem System ziemlich kleine und schwache Teile zu verwenden, die sehr genau hergestellt und zusammengesetzt werden mußten, damit sie funktionierten. Diese Teile nutzten sich sehr schnell ab. Was die Sache zusätzlich verschlimmerte, war die Tatsache, daß der Verschluß bei seinem Vorwärts- und Rückwärtsgleiten im Waffengehäuse offen lag, wobei Schmutz und Sand eindringen konnten und sich mit dem Waffenöl vermischten. Eine Abnutzung der gleitenden Teile war somit nicht zu vermeiden.

Den zweiten Nachteil bildete der gewöhnlich schwache Mechanismus. Die Teile waren der Beanspruchung eines Feldeinsatzes nicht gewachsen und zerbrachen, weil man zu großen Wert auf eine Gewichtseinsparung gelegt hatte. Weitere Schwierigkeiten verursachten der unangenehme Mündungsknall und der Rückstoß. Beides konnte durch eine auffällige und ziemlich häßliche Feuermündungsbremse auch nicht vollkommen behoben werden. Jedoch schätzte Simonow die Notwendigkeit für ein angemessen großes Magazin richtig ein, denn es enthielt 15 Schuß. Ferner besaß das Gewehr einen Gasdruckregler und einen Putzstock unter dem Lauf. Schließlich hatte es einen Umstellhebel für Dauerfeuer. Bei dieser Feuerart trat eine derart starke Erschütterung auf, daß das Gewehr scheinbar in seine Bestandteile zu zerfallen drohte.

wirkenden Gaskolben mit langem Gestänge, der sich in einem schweren Gehäuse hin und her bewegte. An der Gewehrmündung war eine ungewöhnliche Muffe aufgeschraubt, die das Korn, die Feuermündungsbremse und den Gasdruckregler trug. Dadurch sollten aufwendige Arbeiten am Lauf vermieden und die Herstellung dieser Teile auf vorhandenen Fertigungsmaschinen für Zylinderschloßgewehre ermöglicht werden. Das Verriegelungssystem war auch hier ungewöhnlich, aber einfach. Der Verschluß verriegelte durch eine Kippbewegung nach unten, wobei er hinten in Verriegelungsnuten ins Gehäuse gedrückt wurde, sehr ähnlich dem Bren, nur erfolgte hier die Kippbewegung nach oben. Um eine Veränderung des Verschlußabstandes zu ermöglichen — was bei dem Simonow nicht möglich war — konnte die Verriegelungsschulter im Gehäuse herausgenommen und gegen andere Größen ausgetauscht werden.

Bei der Gesamtherstellung mußte großer Wert auf sorgfältige Maschinenarbeit und Zusammensetzung gelegt werden, aber die Teile waren widerstandsfähiger, und der Spannschlitz für den Verschluß wurde durch einen festen Schutzüberzug abgedeckt. Das Modell 1938 erwies sich als ausreichend verwendungsfähig, aber etwas anfällig im Einsatz. Es wurde daher durch das Modell 1940 ersetzt, das den ganzen Krieg überdauerte. Eine Verbesserung gegenüber dem Modell 1938 bildete der einteilige Schaft, da der zweiteilige Schaft des Vorgängers leicht splitter-

Ab 1938 war das Simonow nicht mehr gefragt und wurde durch die erste einer Serie von Tokarew-Konstruktionen ersetzt, die als SWT, einer Abkürzung von Samozariadnija Wintowka Tokarewa, oder Selbstladegewehr-Tokarew, bekannt war. In seiner Grundform glich es sehr dem Simonow. Auch der durchbrochene Blechmantel als Handschutz wich nur geringfügig von ihm ab.

Das Tokarew war eine fachgerechte Konstruktion, aber dennoch im Kriege nicht vollkommen zufriedenstellend. Es handelte sich um einen Gasdrucklader mit Gasdruckregler und einem auf den Verschlußträger

SVT 40	
Munition	7,62-mm-patron obr 91 g
Länge	1 226 mm
Gewicht, ungeladen	3,9 kg
Lauflänge	610 mm
Magazin	10-Schuß-integrales-Kastenmagazin
Mündungs-geschwindigkeit	840 m/sek

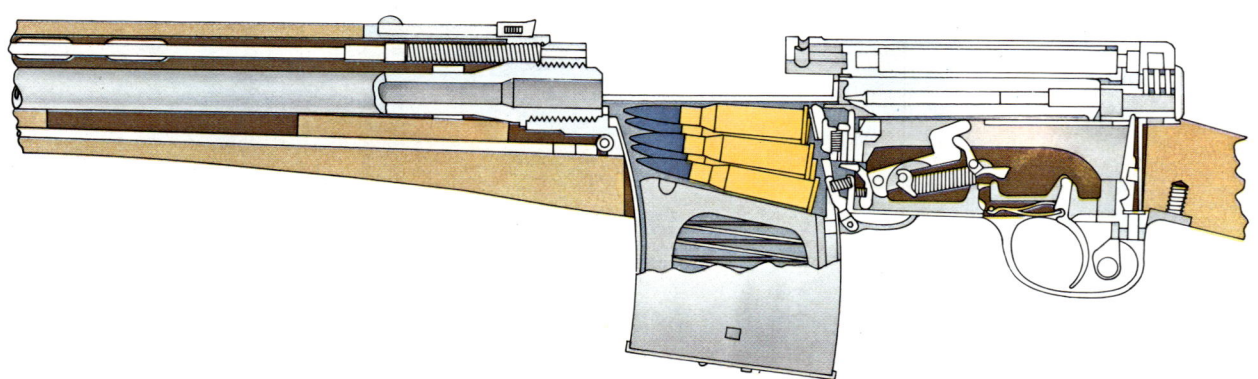

te. 1942 wurde eine automatische Version, AWT, eingeführt. Anscheinend war es aber kein voller Erfolg, weil sich sein Mechanismus für längeres Dauerfeuer nicht eignete.

Die Tokarews versagten hauptsächlich wegen ihrer Anfälligkeit. Zuviel Gewichtseinsparung war vorgenommen worden, damit sie der Infanterist im Einsatz gut tragen konnte. Aber deswegen mußten sie auf dem Schlachtfeld auch besonders achtsam behandelt werden. Der russische Soldat war nicht dafür bekannt, daß er seine Ausrüstung besonders gut pflegte. Zumeist wurden die Tokarews nur an Unteroffiziere und ausgesuchte Mannschaften ausgegeben. Man verwendete sie mit besonders ausgesuchten Läufen weitgehend als Scharfschützengewehre, weil es die Halbautomatik dem Scharfschützen ermöglichte, einen zweiten Schuß abzugeben, ohne erneut zielen zu müssen. Von ihm konnte man auch erwarten, daß er auf sein Gewehr achtete und bei seiner Handhabung ein wenig seine Intelligenz spielen ließ.

Die Scharfschützen-Versionen waren mit dem üblichen PU- und PE-Zielfernrohr ausgerüstet, die man an einer speziellen Halterung an der linken Seite des Gehäuses — günstiger als bei den Moissin-Nagants — angebracht hatte. Es ist interessant, daß auch die Deutschen ihre halbautomatischen Gewehre als Scharfschützengewehre verwendeten. Mög-

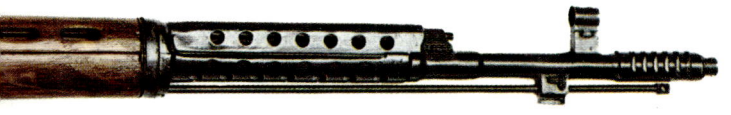

licherweise waren es die gleichen Gründe wie bei den Sowjets. Bemerkenswerterweise sind die deutschen Gewehre 41 und 43 weitgehend nur an der Ostfront benutzt worden.

Die Tokarews wurden nach 1944 nicht mehr hergestellt. Ein Hindernis bestand darin, daß die Werkzeugmaschinen, die für die Produktion benötigt wurden, nur bei zwei Arsenalen vorhanden waren. Eine Herstellung auf breiter Basis ließ sich somit nicht verwirklichen. Jedenfalls betrachteten die Sowjets sie anscheinend nicht als schlechte Waffe und verwendeten sie nach dem Kriege weiter. In den späten vierziger Jahren wurden sie durch neuere Selbstladegewehre ersetzt. Das Tokarew-Gewehr war nach seinem ersten Einsatz ziemlich lange verwendet worden. Die Schwierigkeiten mögen mehr der Munition als irgendeinem Konstruktions- oder Herstellungsfehler zuzuschreiben gewesen sein. Vielleicht sollte man über den Wert der Simonows und der Tokarews nicht zu hart urteilen, weil die meisten Mängel nicht durch sie selbst verursacht wurden.

Maschinenpistolen

Die Sowjetunion griff die Idee der Maschinenpistole wesentlich früher als die anderen europäischen Länder auf und stellte 1934 ein Modell Degtjarews her, das etwa ab 1937 im Spanischen Bürgerkrieg erprobt wurde. Die Degtjarew war eine nicht besonders ideenreiche Waffe. Tatsächlich basierte sie weitgehend auf der deutschen MP 28, deren Grundkonzeption scheinbar auch von einigen anderen Nationen kopiert worden ist. Der Unterschied bei der Degtjarew lag in der Munitionszuführung. Sie besaß ein Trommelmagazin. Dieses Trommelmagazin paßte mit einem kurzen Verbindungsstück in das Waffengehäuse. Diese eigen-

tümliche Anordnung wurde auch bei einigen Modifikationen beibehalten, bis 1940 eine unkompliziertere Waffe erschien, deren Herstellungsweise sehr vereinfacht worden war. Bei ihr fand ein Trommelmagazin Verwendung, das dem der finnischen Suomi äußerst stark ähnelte.

Das Modell 1940 wies in vieler Hinsicht wesentliche Verbesserungen auf, hauptsächlich deswegen, weil das Laufinnere verchromt war. Das ist bei anderen Waffen kaum der Fall. Bei sowjetischen Waffen war es dagegen häufig und bei der PPD M40[3] standardmäßig. Dadurch zeigte sich der Lauf widerstandsfähiger gegen Rost und brauchte durch den Schützen nicht so oft gründlich gereinigt zu werden. Mit anderen Worten, es überlebte auch Vernachlässigungen.

Das Kaliber dieser und aller nachfolgenden sowjetischen Maschinenpistolen war 7,62 mm. Benutzt wurde eine ältere Patronenart, von der 7,63-mm-Mauser abgeleitet und insofern ungewöhnlich, als sie einen flaschenförmigen Hals besaß. Kein anderes Land verwendete eine solche Patrone bei Maschinenpistolen. Die Sowjets mußten sich ihrer Munitionsfertigung wegen zu dieser Lösung entschließen, und in der Praxis gab es keine Schwierigkeiten. Das Kaliber war kleiner als allgemein üblich. Dadurch hatte auch das Geschoß eine geringere Größe, während die Mündungsgeschwindigkeit höher lag, aber bei den kurzen Reichweiten, in denen Maschinenpistolen eingesetzt werden, blieb der Unterschied unerheblich.

Die PPD M40 wurde nie in großen Stückzahlen hergestellt und anscheinend auch nicht oft im Kampf verwendet. Im Jahre 1941, als die Auswirkungen des Winterfeldzuges in Finnland überwunden waren, benötigte man Maschinenpistolen in großer Anzahl als eine Hauptwaffe. Die PPD war für eine Massenproduktion wenig geeignet. Daher entstand die Notwendigkeit für ein neues Modell. Das Projekt wurde von Georg Schpagin in Angriff genommen. Es behielt das Trommelmagazin der Suomi und die 7,62-mm-Patrone. In jeder anderen Hinsicht stand die Massenproduktion im Vordergrund. Das Ergebnis war die unglaublich erfolgreiche PPShM41, eine Waffe, die trotz ihrer Einfachheit und ihres Aussehens eine vielversprechendere Konstruktion als die Sten war. Bei der PPSh verwendeten die Sowjets erstmals die Stahlpreß- und Schweißtechnik. Zur weiteren Vereinfachung konnte die Waffe, die nach dem Rückstoßsystem arbeitete, nur Dauerfeuer abgeben. Sie besaß eine sehr einfache Sicherung. Der Schaft war aus Holz, denn Rußland besaß viel Holz. Auf dem Höhepunkt der deutschen Invasion sah man sich anfangs dazu gezwungen, alte 7,62-mm-Gewehrläufe zu zerschneiden. So konnten aus einem Lauf zwei Läufe für Maschinenpistolen hergestellt werden. Die Züge waren glücklicherweise gleichlaufend.

Die Zahl der Bauteile wurde auf das Notwendigste beschränkt. Viel mehr als der Verschluß, die Schließfeder, der Auszieher und drei oder vier gestanzte Teile im Abzugsmechanismus waren nicht vorhanden. Die Fließbänder hatte man bereits bei der PPD für die Herstellung von den gleichen Trommelmagazinen eingerichtet. Während des ganzen Krieges wurden sie weiter gefertigt. Das Magazin war wahrscheinlich der schwächste Punkt der Waffe. Die verschiedenen staatlichen Arsenale und die verpflichteten Fabriken stellten zwischen 1941 und 1945 enorme Stückzahlen der PPSh her. Die Gesamtzahl betrug fast fünf Millionen. Die Waffe war hauptsächlich deswegen zuverlässig, weil nicht sehr viel ausfallen konnte. Sie überstand auch die schlimmsten Vernachlässigungen, ohne Schaden zu nehmen. Das Magazin war der Schwachpunkt, aber es gab genügend Ersatzteile.

Als die Sowjetarmee 1942 und 1943 zurückschlagen konnte, waren nie genügend Infanteriewaffen vorhanden, um alle Truppen auszurüsten. Das Defizit wurde hauptsächlich durch die PPSh-Maschinenpisto-

len ausgefüllt. Für ganze Einheiten und auch für eine große Anzahl von Partisanen hinter den deutschen Linien waren sie die einzige Bewaffnung. Die Taktik der Sowjets lag im ständigen massierten Angriff, und für diese Art der Kriegführung ist die Maschinenpistole eine ideale Waffe. Für den Scharfschuß und für Störfeuer ist sie nicht geeignet. Sie ist hauptsächlich für den massiven Kampf auf kurze Entfernung gedacht, und so wurde sie eingesetzt. Nach einem Feueransturm aus kürzester Entfernung überrannte die sowjetische Infanterie die deutsche Abwehr und konnte durch nichts aufgehalten werden. In den Ortskämpfen, wie in Stalingrad und Leningrad, bewährten sich die Maschinenpistolen hervorragend. Nach Stalingrad versuchten die Deutschen ihre Maschinenpistolen mit einem Doppelmagazin zu versehen, um dem 71-Schuß-Trommelmagazin der PPSh etwas gleichwertiges entgegensetzen zu können. Auch benutzten die Deutschen selbst die PPSh, indem sie die erbeuteten Bestände auf 9-mm-Kaliber ausbohrten und ihr eigenes Magazin einpaßten. Das Ergebnis war jedoch nicht voll befriedigend.

Obwohl die PPSh M41 die Standard-Maschinenpistole während des Krieges blieb und in der Nachkriegszeit zu einem Symbol des Kommunismus wurde, hatte man noch andere Modelle in den Streitkräften. Abgesehen von der PPD M40, die, wie wir gesehen haben, nie in besonders größerer Anzahl verwendet worden ist, gab es noch zwei weitere, die PPS M42 und M43. Fachleute sind sich nicht einig, ob wirklich eine PPS M42 existierte oder ob es sich nur um eine frühe Version der PPS M43 gehandelt hat. Das aber ist unwesentlich. Die M43 hat es tatsächlich gegeben, und möglicherweise ist sie heute noch vorhanden. Ob die ersten Modelle unter einer anderen Bezeichnung bekannt waren oder ob sie diesen Namen später erhielten, spielt keine große Rolle, weil die Unterschiede äußerst gering sind. Die Sowjetarmee neigt nicht dazu, dem ausländischen Waffenforscher bei der Klassifizierung ihrer Waffen behilflich zu sein.

Die PPS M43, von Sudajew entwickelt, war möglicherweise als Ersatz für die M41 oder vielleicht auch nur als ein Modell für den Bedarfsfall gedacht. Bedarf für sie ergab sich während der Belagerung Leningrads, als die Stadt größtenteils vom Nachschub abgeschnitten war und es an Waffen mangelte. Die M43 wurde in den Fabriken innerhalb der Stadt in großer Zahl hergestellt und sofort an die Fronttruppen verteilt.

Pistolet Pulemyot Shpagina obr 1941 G (PPSh-41)	
Munition	7,62-mm-Pistoletnyi-patron obr 1930 g
Länge	838 mm
Gewicht, ungeladen	3,64 kg
Lauflänge	266 mm
Magazin	35-Schuß-Kastenmagazin oder 71-Schuß-Trommelmagazin
Feuergeschwindigkeit	900 S/min
Mündungs- geschwindigkeit	488 m/sek

Die ersten Truppenversuche erfolgten im direkten Fronteinsatz. Glücklicherweise bewährten sich die Waffen auf Anhieb und wurden zu einem lebenswichtigen Faktor für die Bewaffnung der Truppen, die die Stadt verteidigten. Als die Belagerung 1942 endete, bauten die Fabriken sie weiter, und die gesamte Sowjetarmee wurde mit ihnen ausgerüstet. Größere Stückzahlen wurden jedoch nicht gefertigt. 1945 hörte die Produk-

ks: Ein gestelltes Foto der Verteidiger Stalingrads im Jahre 1944.
i Soldaten sind mit Maschinengewehren PPSh-41 bewaffnet, wäh-
der dritte mit einem leichten Maschinengewehr DP-28 ausgerüstet

hts: Mit PPSh-41 bewaffnete Fabrikarbeiter. Das plumpe Trommagazin ist deutlich zu erkennen. Im Gegensatz zur amerikanin Thompson wurde bei dieser Waffe das Trommelmagazin während des ganzen Krieges beibehalten.

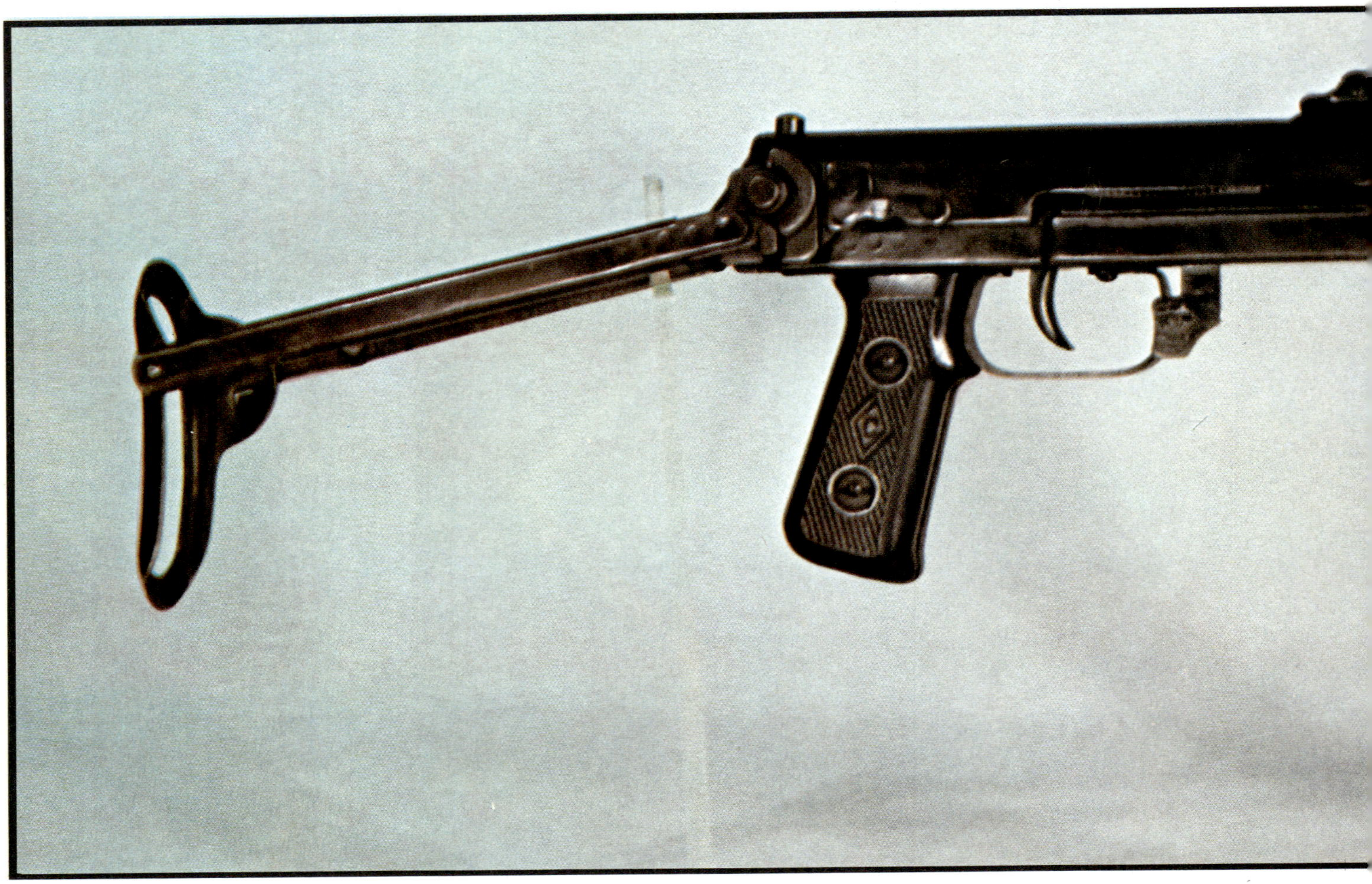

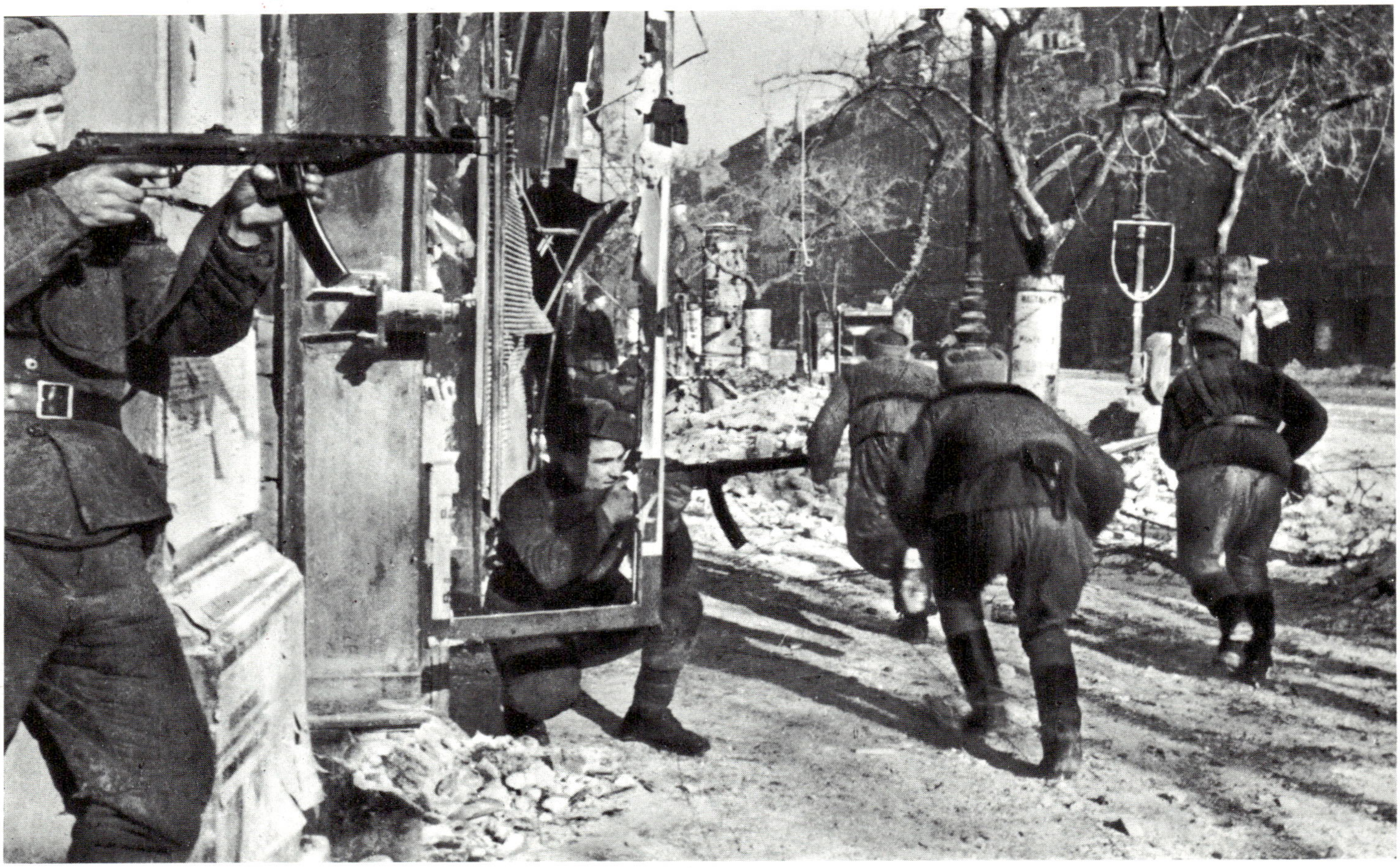

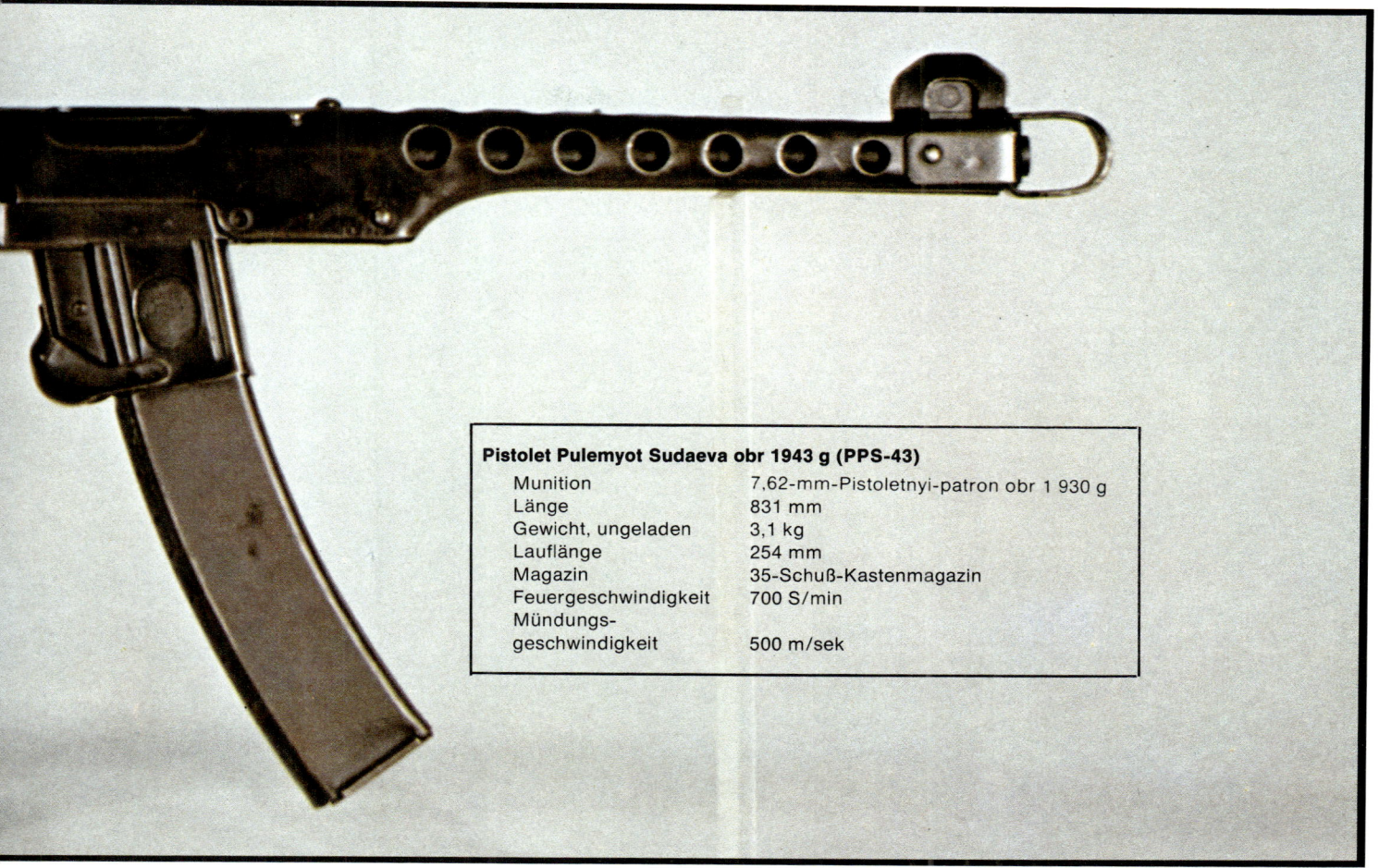

Pistolet Pulemyot Sudaeva obr 1943 g (PPS-43)	
Munition	7,62-mm-Pistoletnyi-patron obr 1 930 g
Länge	831 mm
Gewicht, ungeladen	3,1 kg
Lauflänge	254 mm
Magazin	35-Schuß-Kastenmagazin
Feuergeschwindigkeit	700 S/min
Mündungs-geschwindigkeit	500 m/sek

Links: Mit der PPS-43 bewaffnete Soldaten geben ihren Kameraden während der Kämpfe um Budapest Feuerschutz.

tion ganz auf. Nach dem Krieg wurden Satellitenstaaten mit ihnen versorgt, von denen einige sie über Jahre selbst herstellten beziehungsweise nachbauten. In manchen Winkeln Asiens kann man sie heute noch antreffen.

Tatsächlich hätte die PPS M-43 ein besseres Schicksal verdient, denn sie war eine funktionstüchtige Entwicklung und muß in jeder Hinsicht genau so gut gewesen sein wie die PPSh M41. Der bei ihrer Herstellung verwendete Stahl war von mäßiger Qualität. Die Zahl der Bauteile wurde möglichst gering gehalten und waren soweit wie möglich im Stanz-, Präge- und Schweißverfahren angefertigt worden. Bei den einzigsten Teilen, die nicht aus Metall bestanden, handelte es sich um den Pistolengriff aus Kunststoff und den ledernen Verschlußpuffer. Nach herkömmlichen Methoden wurden nur der Lauf und der Verschluß hergestellt. Die Visiere waren primitiv und die Oberflächenbearbeitung roh. Das ihr eigene Kastenmagazin enthielt 35 Schuß. Es wurde später in geringem Umfang bei der PPSh M41 verwendet und ist mit ihr nur auf einigen sehr seltenen Photos zu erkennen. Wie bei der M41 reichte der Laufmantel bis über die Mündung und bildete dort einen einfachen Mündungsfeuerdämpfer, der das Aufbäumen der Mündung vermindern sollte. Wie auch die M41 schoß sie nur Dauerfeuer. Heute ist es sehr schwierig festzustellen, wieviele dieser Waffen hergestellt worden sind. In Rußland selbst mögen die Produktionsziffern bei einer halben Million — wenn auch nicht wesentlich höher — gelegen haben.

Maschinengewehre

Als man die neuenstandene Rote Armee in den frühen zwanziger Jahren neu ausrüstete, bestand bei der Infanterie ein dringender Bedarf an einem leichten Maschinengewehr. Es wurde ein Versuch unternommen, die vorhandenen Fertigungsanlagen für das Maxim weiter zu nutzen. Ein leichtes Maxim wurde erprobt, das nicht besser als die beiden deutschen Modelle 1915 und 1918 waren. Es stellte sich heraus, daß eine vollkommen neue Konstruktion erforderlich war. Schließlich wurde es von Wassilij Degtjarew entwickelt, einen der bekanntesten Namen in der sowjetischen Waffengeschichte. Er übergab 1926 die fertige Waffe für Erprobungszwecke. Als Modell 1927 — zum Teil auch als Modell 1928 bezeichnet — wurde es eingeführt. Seine russische Bezeichnung lautete Pulemet Degtjarew Piechotnyi, normalerweise mit DP abgekürzt.

Das DP war ein Vorbild für Einfachheit, denn sein Mechanismus bestand aus nur sechs gleitenden Teilen. Nach den damals geltenden Vorstellungen stellte es bezüglich der Zuverlässigkeit und des Kampfwertes einen bedeutenden Fortschritt dar. Es arbeitete nach dem Gasdrucksystem mit langem Kolbenweg. Bei ihm gab es aber auch einige Neuerungen, die speziell darauf abzielten, die Serienproduktion zu vereinfachen. Natürlich wurde es nach den damals üblichen Herstellungsmethoden gefertigt, bei denen hauptsächlich die spanabhebende Bearbeitung von Schmiedeblöcken mit ziemlich feinen Toleranzen vorherrschte. Degtjarew aber gab sich sehr viel Mühe, alle unnötigen Arbeitsvorgänge einzuschränken. Seine Waffe war möglicherweise in der Fertigung eines der einfachsten und billigsten Maschinengewehre, die in irgendeinem Land

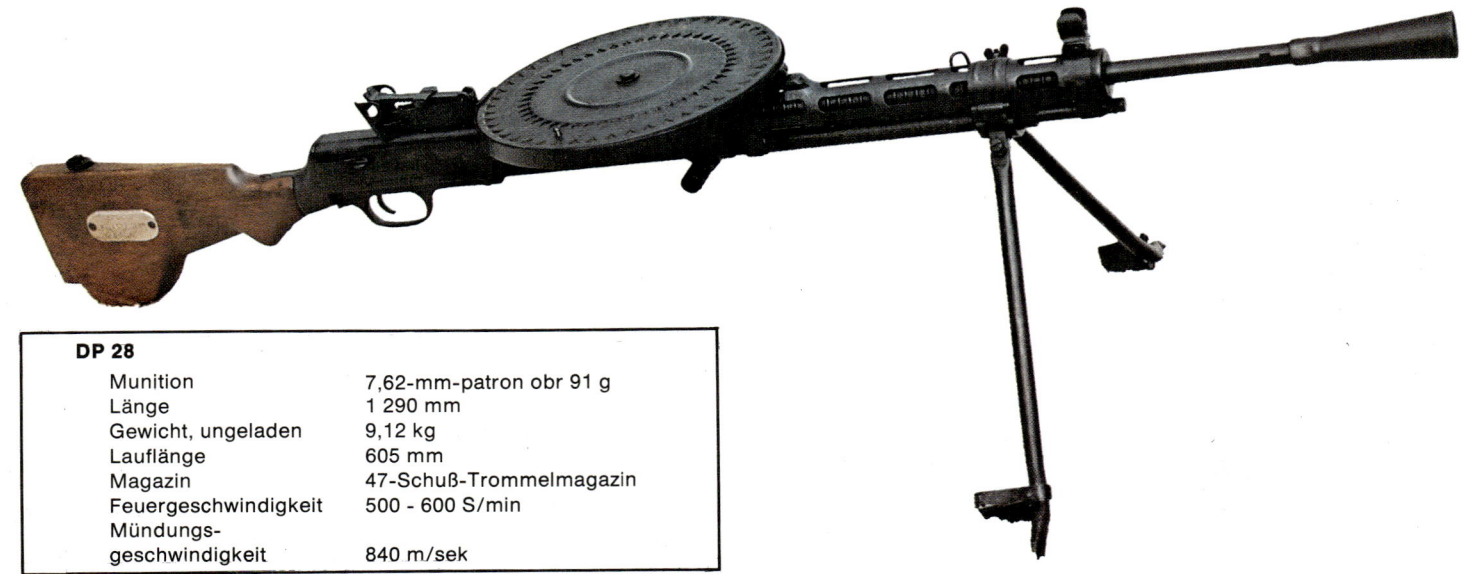

DP 28	
Munition	7,62-mm-patron obr 91 g
Länge	1 290 mm
Gewicht, ungeladen	9,12 kg
Lauflänge	605 mm
Magazin	47-Schuß-Trommelmagazin
Feuergeschwindigkeit	500 - 600 S/min
Mündungs-	
geschwindigkeit	840 m/sek

während des Krieges hergestellt worden sind. Es hatte zwei Besonderheiten. Eine davon war sein Verriegelungssystem. An den Seiten des Verschlusses befanden sich zwei Verriegelungswarzen, die durch den Schlagbolzen bei seiner Vorwärtsbewegung nach außen in die Verriegelungsnuten im Waffengehäuse gedrückt wurden. Es war eine gute Methode, denn die Patrone wurde nicht eher gezündet, bis die Verriegelung eingetreten war. Sie wurde erst aufgehoben, wenn der Gaskolben den Schlagbolzen zurückgedrückt hatte. Diese wirksame Methode ging auf eine Erfindung aus dem späten neunzehnten Jahrhundert in Schweden zurück, die aber noch nie praktisch verwertet worden war. Außer von Degtjarew wurde sie bis dahin nur bei Experimenten erprobt.

Unten: Feuerunterstützung durch ein DP-28 während des Vorrückens. Diese spezielle Waffe ist nicht mit dem sonst üblichen Mündungsfeuerdämpfer ausgerüstet.

Die andere Besonderheit des DP war das Magazin. Aus Gründen der Gewichtseinsparung wollte Degtjarew lieber ein Magazin als einen Gurt verwenden. Aber die Randpatrone 1891/1908 verursachte (wie auch heute noch) Ladehemmungen, wenn sie aus einem einreihigen Kastenmagazin zugeführt wird. Um das zu verhindern, benutzte er ein rundes Magazin, bei dem die Patronen von einem durch eine Feder gedrehten Deckel nach unten und durch einen Schlitz herausgedrückt wurden. Das Ergebnis war restlos zufriedenstellend. Das problemlose Magazin faßte nicht weniger als 47 Patronen, zu einer Zeit, als die meisten leichten Maschinengewehre noch mit Kastenmagazinen von 30 Schuß ausgestattet waren. Beim Tragen war es jedoch unhandlich und konnte leicht beschädigt werden. Außerdem ließ es sich umständlich und schwierig auffüllen. Die Munition trug der zweite Gewehrschütze in einem stählernen Kasten, der drei gefüllte Magazine enthielt, was sogar für einen robusten russischen Soldaten eine ziemlich schwere Last gewesen sein muß.

Diese bemerkenswerte Waffe wurde auf der Basis eines Gewehrs bei jeder Infanteriegruppe mit zehn Mann eingesetzt und während des ganzen Krieges ohne bedeutende Änderungen verwendet. Bereits vorher hatte es begrenzt erste Gefechte in der Mandschurei, Spanien und Finnland erlebt. Es spricht vieles für Degtjarews Voraussicht, daß seine Konstruktion trotz dieser verschiedenartigsten Einsatzbedingungen nicht geändert werden mußte. Spät im Jahre 1944 stellte sich heraus, daß die unter dem Lauf befindliche Rückholfeder mit der Zeit nachließ, was durch die Erhitzung des Laufes bedingt war. Somit wurde sie am hinteren Teil des Gehäuses angebracht und befand sich in einer weniger schönen Verlängerung über dem Kolben. Die Lebensdauer konnte zwar verlängert werden, aber die Waffe war nicht mehr so angenehm zu handhaben. Daher wurde zusätzlich ein Pistolengriff für die rechte Hand des Schützen angebracht

Weil es sich ausgezeichnet bewährte, fand das DP auch als Panzer- und Flugzeug-MG Verwendung. In der Rolle als MG für Panzerfahrzeuge bestand der einzige Unterschied darin, daß es statt des Kolbens einen Pistolengriff besaß und das größere Magazin 60 Schuß enthielt. Nach der Erprobung der ersten Modelle wurden schwerere Läufe eingebaut, die für eine höhere Schußfolge geeignet waren. Die Waffe für Flugzeuge glich der Variante für die Panzer weitgehend, bildete aber seiner für den Luftkampf viel zu niedrigen Schußfolge nur einen verzweifelten Notbehelf.

Bei dem MG für die Infanterie war ein relativ leichter Laufwechsel möglich, obwohl er nicht ganz so leicht wie bei der tschechischen ZB-Serie durchgeführt werden konnte. Es besaß keinen Griff, mit dem man die heißen Teile herausheben konnte. Die DP-Serie verschoß nur Dauerfeuer, wobei der Verschluß nach jedem Feuerstoß in seiner hintersten Stellung blieb. Die einzige Sicherung bestand in einem Griff hinter dem Abzugsbügel, der eingedrückt werden mußte, um den Abzug freizugeben. Ein einfaches Zweibein, ein hölzerner Kolben und ein offenes Visier, das bis zu 1 500 m reichte, vervollständigten die einfache Ausrüstung der Waffe. Sie verblieb so lange in den Streitkräften, bis sie nach dem Kriege vom RP46 abgelöst wurde. Es existieren keine Unterlagen über die Produktionsziffern, aber sie müssen gewaltig gewesen sein.

Als Unterstützungswaffe benutzten die Sowjets eine Version des Maxim, das bereits 1905 den Streitkräften diente. Die Maschinengewehre

PM Modell 1910 (Maxim 1910)	
Munition	7,62-mm-patron obr 91 g
Länge	1 107 mm
Gewicht, ungeladen	23,8 kg
Lauflänge	721 mm
Munitionszuführung	250-Schuß-Textilgurt
Feuergeschwindigkeit	550 S/min
Mündungs-geschwindigkeit	863 m/sek

im Zweiten Weltkrieg waren das Modell von 1910. Die Arsenale waren maschinell sehr gut eingerichtet, um sie herzustellen. Auf jeden Fall gab es 1941 große Mengen an Beständen. Das war gut, denn die Herstellung des Maxim erfordert viel Zeit und gut ausgebildete Facharbeiter. Den Vorteil des Maxim bildeten seine Zuverlässigkeit und die Möglichkeit, daß bei ihm die Randpatrone ohne Ladehemmungen benutzt werden konnte. Das waren genau die gleichen Gründe, die die Briten dazu bewegten, an ihren Vickers festzuhalten. Die gemeinsamen Nachteile der beiden Waffen bestanden in der Schwerfälligkeit, in der Wasserkühlung, im Aufwand bei der Fertigung und im großen Gewicht. Das Maxim der Russen war schon seit 1906, als sie es zum ersten Male herstellten, das schwerste aller Staaten. Während des Zweiten Weltkrieges wog das Modell 1910 23,8 kg (dazu kam aber noch die Lafette, die weitere 50 kg wog). Selbst dem stärksten russischen Bauern mußte eine solche Last als unzumutbare Bürde erscheinen. Zur Erleichterung erhielt die Waffe kleine Räder. So konnte die Bedienungsmannschaft sie hinter sich herziehen, ähnlich einem kleinen Artilleriegeschütz, aber ohne Protze. Es handelte sich hier um die Sokolow-Lafette mit einem U-förmigen stählernen Rohr als Lafettenschwanz und zwei Stützen, die nach vorne ausgeschwenkt werden konnten und beim Schießen zusätzliche Stabilität verliehen. Diese beiden Stützen entfielen aber später wegen der Produktionsvereinfachung. Einige der frühen Modelle besaßen einen kleinen stählernen Schild zum Schutze der Bedienung. Da der aber das Gewicht um weitere 25,5 kg steigerte, wurde er sehr bald weggelassen. Während des Winters benutzte man kleine Skis. Außerdem existierte eine Ausstattung mit gewöhnlichen Dreibeinen statt der Sokolow-Lafette. Anscheinend aber sind sie sehr unbeliebt gewesen, denn man sieht sie auf Fotografien nur äußerst selten. Die Schwierigkeiten für die Bedienung des Maxim, besonders im Winter, wenn das Kühlwasser vor dem Einfrieren bewahrt werden mußte, dürften enorm gewesen sein. Aber das Maxim belohnte die Mühe mit seiner Zuverlässigkeit und langen Lebensdauer.

Oben: Ein erobertes Maxim-Maschinengewehr, 1910, mit einer Sokolow-Lafette.

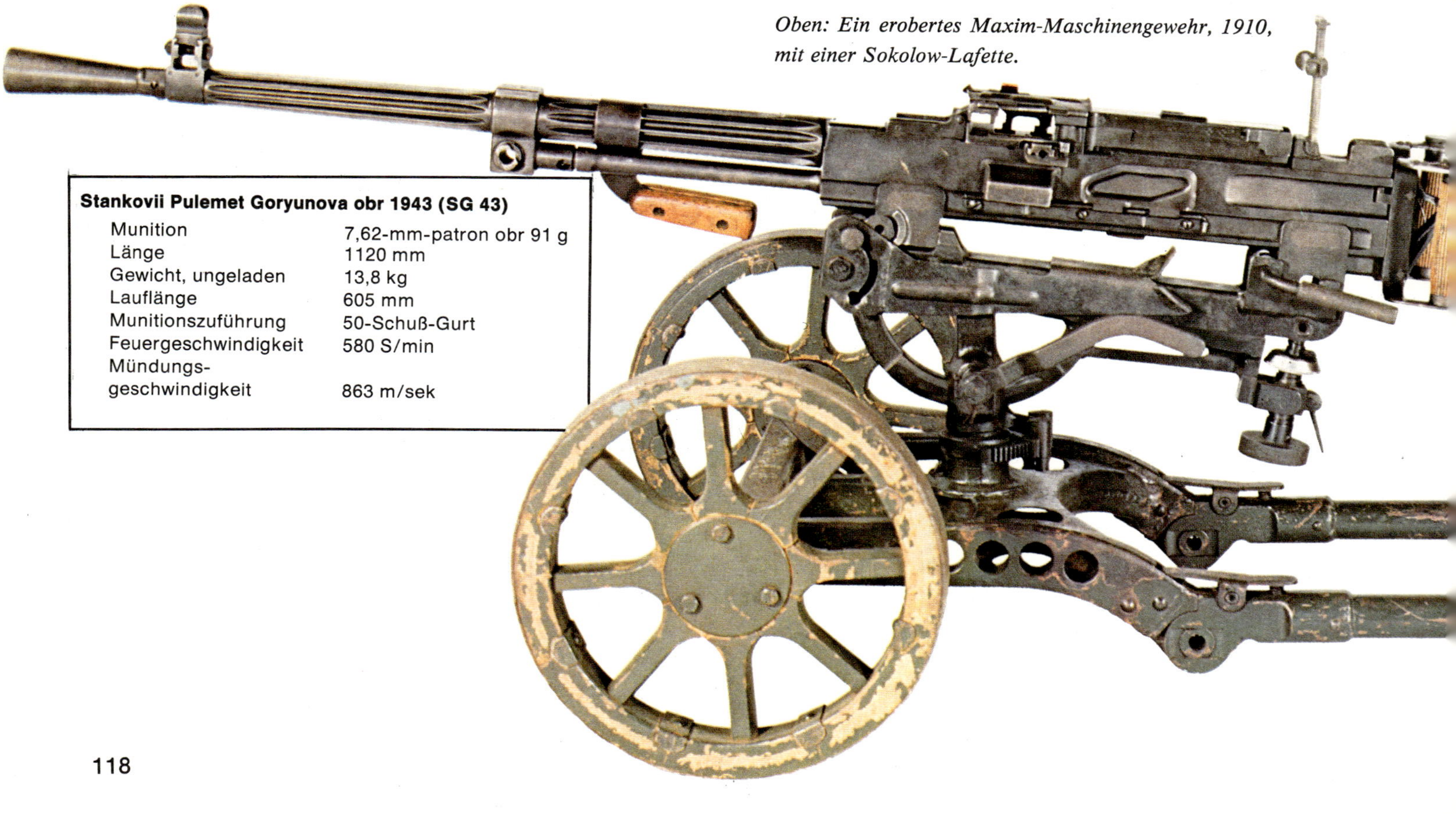

Stankovii Pulemet Goryunova obr 1943 (SG 43)

Munition	7,62-mm-patron obr 91 g
Länge	1120 mm
Gewicht, ungeladen	13,8 kg
Lauflänge	605 mm
Munitionszuführung	50-Schuß-Gurt
Feuergeschwindigkeit	580 S/min
Mündungs-geschwindigkeit	863 m/sek

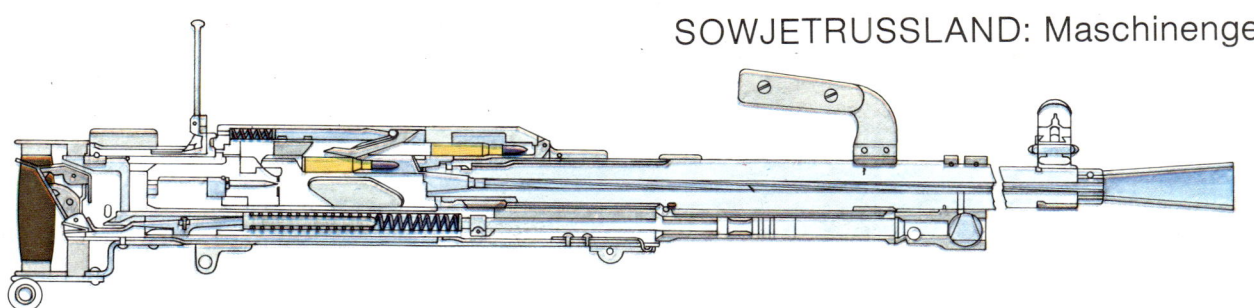

Es überlebte den Krieg ohne Änderungen bis in den Korea-Konflikt hinein, obwohl es bereits 1946 aus den sowjetischen Streitkräften ausgesondert wurde. China hielt an seinen Maxims bis 1962 und vielleicht noch länger fest. Auch heute noch taucht es in kleineren Ländern auf und war vereinzelt auf der arabischen Halbinsel bis vor kurzem anzutreffen. Im Jahre 1941 hatte das Maxim lange Zeit im Dienst bei den Streitkräften gestanden, so daß seine Ablösung äußerst dringend erschien. Trotz seiner Güte mußte der Aufwand für die Herstellung auf die Dauer die Möglichkeiten übersteigen. Die Konstrukteure wurden daher bedrängt, ein neues Modell zu schaffen. Degtjarew, der große Favorit und möglicherweise der profilierteste Konstrukteur von Handfeuerwaffen seit John Browning, tat sein Bestes. Aber das Ergebnis war einer seiner seltenen Mißerfolge. Er entwickelte eine vergrößerte Version seines DP, wobei er das gleiche Verriegelungs- und Gasdrucksystem, einen langen Lauf mit Kühlrippen, ein schweres rechteckiges Waffengehäuse und Vorrichtungen, die die Montage auf Lafetten des Maxim ermöglichten, verwendete. Die Munitionszuführung erfolgte mit Gurt. Den Hanfgurt des Maxim ersetzte ein Metallgurt. Die Leistung des Degtjarew entsprach den Vorstellungen, aber für große Stückzahlen war eine Produktion zu aufwendig. Nur wenige wurden gefertigt. Die Sowjetarmee verfolgte andere Pläne.

Ihre Wahl fiel auf das Gorjunow oder Stankovy Pulemet Gorjunowa Obrazets 1943G, bekannt als SG43. Pjotr Maximowitsch Gorjunow schuf im Jahre 1942 eine funktionstüchtige Waffe für Dauerfeuer. Heute liegt die Vermutung nahe, daß Gurjunow vor dieser Zeit schon an einem Maschinengewehr für Panzerfahrzeuge gearbeitet hat, weil seine Waffe Merkmale besitzt, die bei Infanteriewaffen dieser Art nicht üblich sind, beispielsweise das Gewicht des Laufes. Was immer die Hintergründe gewesen sein mögen, die Waffe funktionierte und wurde eingeführt.

Gorjunow wählte das Gasdrucksystem mit langem Kolbenweg. Die Verriegelung erfolgte durch einen Kippverschluß. Aber die Kippbewegung erfolgte seitwärts, was sehr ungewöhnlich ist, weil angenommen wird, daß eine unausgeglichene, einseitige Belastung am Waffengehäuse entstehen würde. Das könnte zur Folge haben, daß die Waffe ungenau schoß. Das Gehäuse war robust genug, um jene Belastungen auszuhalten, und in dieser Hinsicht gab es nie Beanstandungen. Von der Kippbewegung abgesehen, glich der Verriegelungsvorgang dem des Tokarew-Gewehrs. Die Verriegelung war in jeder Lage der Waffe so wirksam, daß man sie sogar auf den Kopf stellen konnte, was offenbar eine ziemlich weithergeholte Kampfanforderung gewesen sein mag.

Gorjunow war gezwungen, die Patrone Modell 1908 benutzen, und was noch bedenklicher erschien, die Hanfgurte des Maxim. Bei diesem Hanfgurt mußte jede Patrone wegen des Hülsenrandes nach hinten herausgezogen werden. Gorjunow brachte nicht nur das zustande, sondern entwickelte auch einen Metallgurt, der eine Verbesserung gegenüber dem Hanfgurt darstellte, der Wasser aufsog, anschwoll und Ladehemmungen verursachte. Seine Metallgurte mit 50 Schuß konnten zusammengesetzt werden. Auf diese Weise ließ sich der Gurt beliebig verlängern. Unter Inkaufnahme von geringem Mehrgewicht konnte der Gurt auch schußbereit an der Waffe getragen werden.

Anders als beim Maxim besaß der Lauf des Gorjunow eine Luftkühlung und konnte durch eine ausgebildete Bedienung ziemlich schnell gewechselt werden. Im Gegensatz zum Maxim ließ sich das Gorjunow relativ einfach herstellen, weil es aus viel weniger Teilen bestand. Der Konstrukteur brüstete sich damit, daß die einzig benötigte Feder die Rückholfeder war, die sich in einer teleskopischen Führung befand. Große Aufmerksamkeit wurde der Tatsache geschenkt, daß der Schütze leichten Zugang zum Zuführungsmechanismus hatte, um Ladehemmungen zu beheben, eine Vorsichtsmaßnahme, die auf den schlechten Erfahrungen mit der russischen Munition beruhte. Die Waffe konnte ohne Spezialwerkzeuge leicht zerlegt werden. Viele der Gorjunows waren auf der Sokolow-Lafette montiert. Gegen Ende des Krieges trat an die Stelle der Lafette häufig ein im Jahre 1930 entwickeltes Dreibein, weil es einmal leichter herzustellen war und zum anderen weniger Metall benötigte.

Das Maxim wurde als Unterstützungswaffe der Kompanie nie durch das Gorjunow ersetzt, weil zu keiner Zeit genügend vorhanden waren. Sofort nach Kriegsende aber führte man es offiziell als Unterstützungswaffe in der ganzen Armee ein. Es wurde sogar in Panzer eingebaut, und das auch heute noch. Auch in allen Staaten des Warschauer Paktes wird es hergestellt und bei den Streitkräften verwendet. Obwohl in der Zwischenzeit ständig neue Varianten auftauchten und noch immer auftauchen, blieb seine ursprüngliche Form seit rund 35 Jahren unverändert.

Anti-Tank-Gewehre

Bereits frühzeitig im Jahre 1930 erkannte Sowjetrußland genauso deutlich wie jede andere Nation, daß in künftigen Kriegen eine eigene Panzerabwehrwaffe für die Infanterie erforderlich sein würde. 1932 wurde der Versuch unternommen, ein rückstoßfreies Gewehr mit einem Kaliber von 37 mm herzustellen. Das war ein kühner Schritt, aber er brachte keinen Erfolg. Die Forderung wurde insofern abgeändert, als man nun ein Standardgewehr mit großem Kaliber verlangte, wie es bei anderen Nationen üblich war. Die Erprobungen verliefen wenig erfolgversprechend. Ein Bericht nennt nicht weniger als 15 verschiedene Modelle, die zwischen 1936 und 1938 getestet wurden. Keines davon entsprach den Anforderungen.

Schließlich verlangte die Rote Armee, eine Mauser aus dem Ersten Weltkrieg nachzubauen. Sokolow, der diese Modifikation vorzunehmen

119

hatte, entschied sich für die Verwendung der vorhandenen sowjetischen 12,7-mm-Patrone für schwere Maschinengewehre anstelle der Herstellung einer speziellen Mauserpatrone. Gleichzeitig führte er ein Magazin mit fünf Schuß ein. Die Büchse war vollkommen funktionstüchtig, einfach in der Herstellung und verhältnismäßig leicht zu tragen. Die Schwierigkeit bestand darin, daß es der Patrone an ausreichender Durchschlagskraft fehlte. Sie konnte nicht einmal aus einer Entfernung von 400 m eine Panzerung von 12 mm durchschlagen. Einige dieser unzureichenden Waffen wurden 1939/40 im Winterfeldzug gegen Finnland eingesetzt und möglicherweise untermauerte das die offiziellen Testberichte. Jedenfalls versuchte es die Sowjetarmee nochmals im Jahre 1939. Zu diesem Zeitpunkt wurden mindestens drei verschiedene Projekte vorgelegt, bei denen die neue 14,5-mm-Patrone eines anderen schweren Maschinengewehrs Verwendung fand.

Die Serie aus dem Jahre 1939 war nicht viel besser. Die Konstruktion von Schpitalni beinhaltete anscheinend einen Flammenwerfer, und Wladimirows Modell konnte nur von zwei Mann bedient werden. Rukawschinkow entwickelte ein halbautomatisches Gewehr, das vielversprechend war und für die nächsten zwei Jahre weiterverfolgt wurde. Ihm blieb aber schließlich doch der Erfolg versagt. Die Rote Armee war zu diesem Zeitpunkt in ziemlicher Bedrängnis und trug sich mit dem Gedanken, die deutsche Panzerbüchse PzB 39 zu kopieren. Bevor sie sich jedoch endgültig dazu entschloß, versuchte sie es noch einmal mit einer einheimischen Konstruktion. Zwei erfahrene Konstrukteure, Degtjarew und Simonow, wurden mit dieser Aufgabe betraut und beauftragt, dabei die 14,5-mm-Patrone zu verwenden.

Simonow entschied sich für ein halbautomatisches System und brachte das PTRS 41, Protivotankovyi Ruzhe Simonowa Obrazets 1941G, um seine volle Bezeichnung zu verwenden, heraus. Mit 2,13 m Länge und einem Gewicht von 21 kg war es eine enorm lange und schwere Waffe. Damit sie sich besser tragen ließ, konnte der Lauf mittels Keilverschluß am Waffengehäuse abmontiert werden. Es besaß das klassische Gasdrucksystem mit langem Kolbenweg. Die Verriegelung erfolgte zwischen vorderen Verriegelungswarzen am Verschluß und der Laufhülse. Durch ein Magazin, das unterhalb des Waffengehäuses angebracht war, wurde die Munition zugeführt. Zum Laden mußte das Magazin nach unten geklappt und ein Ladestreifen eingeführt werden. Dann wurde das Magazin wieder am Waffengehäuse eingerastet und

dabei die oberste Patrone in die Verschlußbahn gebracht. Anschließend brauchte der Schütze lediglich bei jedem Schuß abzuziehen.

Beim PTRS konnte der Gasdruck so reguliert werden, daß die Waffe auch bei Schmutz und Frost funktionsfähig bleibt. Theoretisch stellte es eine ideale Waffe dar. Unglücklicherweise war sie ziemlich leicht gebaut und neigte dazu, unzuverlässig und leicht zerbrechlich zu sein. Trotzdem wurde sie in großen Stückzahlen hergestellt und diente während des ganzen Krieges der gesamten Armee als Ausrüstung. Nach 1945 verschwand sie fast vollkommen. Wenn seitdem von Zeit zu Zeit Berichte über ihren Einsatz erschienen sind, so stellte es sich gewöhnlich heraus, daß sie mit dem PTRD, einem Schwestergewehr, verwechselt wurde.

Gleichzeitig entwickelte Degtjarew sein PTRD und verfolgte mit ihm eine andere Richtung. Er arbeitete auf eine möglichst zuverlässige und leicht herzustellende Waffe hin und konstruierte ein Zylinderschloßgewehr für Einzelschüsse, das, obwohl einfach, bemerkenswert genial in seiner Konzeption war. Seine Länge — wie beim PTRS — rührte daher, daß es ebenfalls die 14,5-mm-Patrone benutzte. Jedoch war es leichter und brachte 17,3 kg auf die Waage. Zum Tragen ließ es sich nicht auseinandernehmen. Dadurch war es vielleicht schwerer zu tragen als das PTRS. Obwohl das wahrscheinlich stimmt, besaß es andererseits einen beneidenswerten Ruf für Zuverlässigkeit.

Rechts: Kriegsbeute — ein deutscher Soldat mustert eine Anzahl eroberter Anti-Tank-Gewehre PTRD. Diese Waffen erwiesen sich als besonders wirkungsvoll im Einsatz gegen leichte Panzer.

Protivotankovoe Ruzh'yo Degtyarova obr 1941 g (PTRD)

Munition	14,5-mm-patron obr 1941 g
Länge	2 000 mm
Gewicht, ungeladen	17,3 kg
Lauflänge	1 227 mm
Magazin	Einzellader
Mündungs- geschwindigkeit	1 010 m/sek
Panzerbrechende Wirkung	25 mm auf 500 m bei einem Auftreffwinkel von 0°

Die Konstruktion war ein Beispiel für Einfachheit. Der Lauf lief hinten in einem runden Waffengehäuse aus, das mehr eine Verlängerung des Laufes bildete. In ihm bewegte sich der Verschluß. Kolben und Pistolengriff befanden sich an einer Führung, in der Lauf und Gehäuse beim Schuß zurückschnellten. Dadurch wurde der Rückstoß teilweise aufgefangen und das Gewehr angenehmer beim Schuß als bei dem von Simonow. Während des Rücklaufes des Verschlusses wurde er von einem Führungselement nach oben gedrückt und dabei automatisch ent-

Protivotankovoe Ruzh'yo Simonowa obr 1941 g	
Munition	14,5-mm-patron obr 1941 g
Länge	2 134 mm
Gewicht, ungeladen	20,86 kg
Lauflänge	1 220 mm
Magazin	5-Schuß-Kastenmagazin
	(durch Ladestreifen auffüllbar)
Mündungs-	
geschwindigkeit	1 010 m/sek
Panzerbrechende	25 mm auf 500 m bei
Wirkung	einem Auftreffwinkel von 0 °

riegelt. Er blieb in seiner hintersten Stellung, während der Lauf wieder nach vorn ging und dabei die leere Patronenhülse auswarf. Der Schütze brauchte nur eine neue Patrone ins Patronenlager zu schieben und den Verschluß zu schließen. Obwohl der Autor niemals die Gelegenheit hatte, mit dieser speziellen Waffe zu schießen und sich seine eigene Meinung zu bilden, muß es nach seiner Ansicht für eine schnelle Schußfolge geeignet gewesen sein. Jedenfalls war sie für die Panzerbekämpfung schnell genug.

Ab Ende 1941 wurde jeder Zug mit einem dieser Gewehre ausgerüstet. Wenngleich sie für die Bekämpfung der deutschen Panzerkampfwagen III und IV ziemlich wertlos waren, so zeigten sie doch eine ausreichende Wirkung gegenüber leichteren Fahrzeugen und wurden auch laufend im Kampf gegen Maschinengewehr- und Verteidigungsstellungen verwendet. Sie ließen sich leicht tarnen und gut bewegen. Mit ihrer starken Patrone war ihre Reichweite gegen leichte Ziele praktisch nur durch das Sehvermögen des Schützen begrenzt. Später wurden einige in Korea als Scharfschützengewehre benutzt. Es liegen Berichte vor, wonach UN-Stellungen auf eine Entfernung von 1500 m unter Scharfschützenfeuer genommen wurden, ohne daß eine Gegenwehr möglich war.

Das PTRD muß eine bessere Waffe als das Simonow gewesen sein, weil es nach dem Kriege von einigen Armeen der Ostblockstaaten übernommen wurde. In den späten sechziger Jahren war es noch im albanischen Heer vorhanden. Eines erbeutete man vor einigen Jahren von den Rebellen des Dhofargebietes in Oman.

1 Anm. des Übers.: Nach der National Geographic Society: Sestrÿoretsk, ein Ort nördlich Leningrad. In deutschen Karten als Sestroreck eingetragen.
2 Anm. des Übers.: 1 Arschin ist eine russische Elle = 0,7112 m.
3 Anm. des Übers.: PPD = Pistolet-Pulemet Degtjarew Obrazets, entsprechend PPSh [Schpagin, PPS (Sudajew)].

VEREINIGTE STAATEN

Die Vereinigten Staaten besaßen schon immer eine bedeutende zivile Waffenindustrie. Waffen haben beim Heranwachsen eines jeden amerikanischen Jungen traditionell eine Rolle gespielt. Das soll nicht heißen, daß jeder Junge, der sich mit Waffen beschäftigt, auch ein guter Soldat wird, aber es wird ein Interesse an Waffen und deren Pflege gefördert. In Kriegszeiten ist das von ganz besonderer Bedeutung. Die starke heimische Industrie bildete die Grundlage für das US-Beschaffungssystem für Handfeuerwaffen. Diese Aufgabe erfüllt sie auch heute noch. In Friedenszeiten konnte der geringe Bedarf an Waffen und Munition leicht durch die staatlichen Arsenale, in der Hauptsache durch Springfield, gedeckt werden. Wenn der Bedarf die Kapazität dieser Einrichtungen überstieg, wurden Verträge mit der Industrie abgeschlossen, die ohne große Verzögerungen mit der Produktion beginnen konnte. Dieses System hat sich während beider Weltkriege gut bewährt.

Nur zu bereitwillig schlossen Firmen wie Colt, Winchester, Remington, Smith & Wesson, Harrington, Richardson und viele, viele andere diese Regierungsverträge ab, obwohl die Konkurrenz gewöhnlich äußerst scharf und die US-Regierung häufig keineswegs großzügig bei den Preisen war. Aber diese Firmen waren in der Lage, während der kritischen Jahre des Zweiten Weltkrieges die Vereinigten Staaten zum Waffenarsenal der Freien Welt werden zu lassen.

Die Waffen, die sie herstellten, wurden durch das Department of the Army (Beschaffungsamt des Heeresministeriums) ausgewählt. In der Regel beauftragte man mit der Auswahl einer bestimmten Waffe ein Board of Ordnance (Beschaffungsausschuß), der speziell für diesen Zweck gebildet wurde. So finden immer wieder das Board of Ordnance oder Ordnance Board Erwähnung. Das ist sehr irreführend, weil es bei den Briten ebenfalls ein Ordnance Board gibt, das aber eine andere Aufgabe hat. Trotzdem unterschied sich das amerikanische Auswahlsystem für Waffen nicht wesentlich von dem anderer Länder. Wenn aber Projektvorstellungen an die Industrie gingen, waren die Angebote gewöhnlich viel umfangreicher. Als beispielsweise 1941 eine Ausschreibung für einen leichten Karabiner an die amerikanische Waffenindustrie erfolgte, wurden nicht weniger als 25 unterschiedliche Entwürfe zur Erprobung angeboten. Da man auch alle auf ihre Eignung hin überprüfte, entstanden erhebliche Schwierigkeiten, denn der Aberdeen Proving Ground mußte nachweisen, daß alle einem fairen Test unterzogen worden waren.

Aber die Allmacht des Department of the Army wurde anscheinend auch von Zeit zu Zeit in Frage gestellt, und das mit Erfolg. Im Juli 1945 forderte der Vorsitzende des Pacific War Board 15 000 M-1-Gewehre kurz. Um die Angelegenheit zu beschleunigen, wies er die Feldzeugeinheit an, unter seinem Befehl eine Erprobungsreihe von 150 Gewehren zusammenzustellen und eines davon nach Washington zu schicken, damit man sich dort überzeugen konnte, wovon die Rede war und keine Mißverständnisse bei Übermittlung der Bewertung entstehen konnten.

Washington war entgegenkommend und erteilte eine Bestellung für die geforderten 15 000 Exemplare, aber der Krieg endete, bevor die Arbeit in Angriff genommen werden konnte. Nach so langer Zeit ist es sehr schwierig, zu beurteilen, wie die Entscheidungsbefugnisse zwischen den verschiedenen Boards genau festgelegt waren. Aber wie dieses Beispiel zeigt, gab es anscheinend auf dem Gebiet der Handfeuerwaffen für die amerikanischen Streitkräfte verschiedene gleichwertige Stimmen, denn offenbar ist die Forderung des Pacific War Board nie in Frage gestellt worden.

In ihrer Gesamtheit können die Grundsätze bei der Auswahl und der Herstellung von Infanteriewaffen der amerikanischen Streitkräfte keinesfalls als falsch bezeichnet werden. Im Gegensatz zu den Deutschen, Italienern und Japanern hielten die Amerikaner an ganz bestimmten Kalibern bei der Munition und ganz bestimmten Waffenkonstruktionen fest. Wie es sich zeigen sollte, war das in Kriegszeiten ein ganz entscheidender Vorteil, wenn von Anfang an die richtige Wahl getroffen wurde. In den Vereinigten Staaten war das zweifellos der Fall. Die 30-06 Patrone, die heute einer gewissen Kritik ausgesetzt ist, konnte im Jahre 1940 trotz ihres Alters mit nur wenigen anderen verglichen werden. Andernfalls hätte sich sicherlich nicht jeder für die Verwendung der .45-Zoll-Colt-Patrone (11,43 mm) im Nahkampf entschieden. Sie besaß aber (so glaubten es zumindest die Amerikaner) eine Stoppwirkung und war in großen Mengen verfügbar. Die Entscheidung für ein Selbstladegewehr während der schwierigen Zeit der Rezession bildete ein Glanzstück. Das Durchsetzungsvermögen gegenüber den vielen Komitees und Ausschüssen, die versucht haben müssen, die Entwicklung zu verhindern, konnte nur durch einen Mann wie Douglas MacArthur aufgebracht werden. Auch die Serie der Browning-Maschinengewehre entsprach ihrer Aufgabe, obwohl man beim BAR nachsichtig sein muß. Die Besonderheit der amerikanischen Bewaffnung lag darin, daß das Department of the Army an seiner Richtung festhielt und sich auf eine begrenzte Anzahl bekannter und bewährter Konstruktionen beschränkte, auf die man sich verlassen konnte, obwohl es von Erfindern und Herstellern, die mit typischer amerikanischer Tatkraft vor Ideen überschäumten, bedrängt wurde. Zeitweise muß das zu erheblichen Belastungen geführt haben, doch zahlte sich die anerkennenswerte Standhaftigkeit voll aus.

Die Truppen, die mit diesen Waffen ausgestattet wurden, waren die Infanteriebataillone, deren Gliederung sich von der anderer Armeen nur geringfügig unterschied. Der Unterschied bestand im schweren Zug, den jede Schützenkompanie, und in der schweren Kompanie, die jedes Bataillon besaß. Während praktisch jedes Bataillon im Kriege in irgendeiner Form über eine schwere Kompanie zur Unterstützung verfügte, ging die US-Army mit dem schweren Zug bei jeder Kompanie einen Schritt weiter. Dieser Zug führte einige Mörser und einige Maschinengewehre, was dem Kompaniechef eine zusätzliche eigene Feuerkraft in die Hand gab. Folglich war die Infanteriekompanie der Amerikaner, solange sie ausreichend Munition hatte, schlagkräftiger und unabhängiger als alle anderen. Man war im US-Heer davon überzeugt, daß Feuerkraft mehr als alles andere zählt. Die Feuerkraft, die eine amerikanische Infanteriekompanie einsetzen konnte, kann als sehr beachtlich bezeichnet werden. Sie mag nicht die Kapazität für schnelles Dauerfeuer der deutschen Infanteriekompanie mit ihren zehn Maschinengewehren erreicht haben, aber die Gewehrschützen glichen das mit ihren Garands fast aus, und zwar ohne Berücksichtigung der Mörser des schweren Zuges.

Allerdings bestanden einige bemerkenswerte Lücken bei der amerikanischen Bewaffnung. Beispielsweise gab es nie einen zufriedenstellenden Gewehr-Granatenwerfer, obwohl sich einige zur Ausrüstung zählten. Im amerikanischen Heer wurden Granaten mit der Hand geworfen. Es ist möglich, daß wegen der verschwenderischen Mörser- und Artillerieunterstützung diese Gewehr-Granat-Geräte nicht erforderlich waren. Außerdem fehlte ein leichtes Maschinengewehr bei der Infanteriegruppe, auf das wir noch im Kapitel Maschinengewehre zurückkommen werden. Es gab noch andere Schwachstellen, aber sie lagen nicht auf dem speziellen Gebiet der Handfeuerwaffen. Aber was auch immer die Schwächen gewesen sein mögen, im allgemeinen war der US-Soldat gut bewaffnet, gut ausgerüstet und hervorragend versorgt. Als er in den Krieg zog, stand ein starkes und verständnisvolles System hinter ihm, das widerstandsfähige und zuverlässige Waffen mit ausreichender Munition bereitstellte. Es war eine erfolgreiche Kombination, die überzeugend zum Sieg beigetragen hat.

Unten: US Marines waten bei Tinian an Land. Sie halten ihre M 1-Karabiner und Garand-Gewehre M 1 hoch über dem Wasser.

Pistolen

Selbstladepistole, Kaliber .45 inch, M 1911 A 1 (Colt)

Munition	.45 inch M 1911 (11,4 mm)
Länge	216 mm
Gewicht, ungeladen	1,13 kg
Lauflänge	127 mm
Magazin	7-Schuß-Kastenmagazin
Mündungs-geschwindigkeit	262 m/sek

Die Geschichte der US-Militärpistolen während des Zweiten Weltkrieges ist sowohl kurz als auch unkompliziert, weil es sich fast nur um die Geschichte der Colt-Selbstladepistolen, Modell 191 A1, handelt. Der Colt war eine weitere Konstruktion John Brownings. Sein Ursprung geht auf das Jahr 1892 zurück, als Browning erstmalig mit Faustfeuerwaffen nach dem Rückstoßsystem experimentierte, aber das endgültige Modell akzeptierte das Heer erst am 29. März 1911 und übertrug die Herstellung der Colt Company. Während des Ersten Weltkrieges wurde es sowohl von Offizieren, Unteroffizieren als auch von vielen anderen Soldaten, soweit sie es erhalten konnten, getragen. Es waren niemals genügend vorhanden. Beim Waffenstillstand wiesen die Bestandslisten weniger als 500 000 auf. In der Zeit zwischen den beiden Kriegen lief die Produktion in beschränktem Umfang weiter. Colt besaß ein erweiterungsfähiges Fließband, als 1941 der erneute Krieg ausbrach.

Die Colt-Pistole war eine bemerkenswerte Waffe, denn sie stellte eine ziemlich einfache Konstruktion dar. Lauf und Gleitstück blieben während des Rückstoßes miteinander verriegelt und wurden, wenn der Gasdruck im Patronenlager auf den Sicherheitspegel abgesunken war, beim Rücklauf durch einen Riegel voneinander getrennt. Sie bestand aus nur drei Hauptteilen, dem Griffstück, dem Gleitstück und dem Lauf. Der Erfolg der Waffe begründete sich in ihrer vollkommen unkomplizierten und durchdachten Konstruktion. Wenn dieTeile nicht richtig zusammengesetzt waren, funktionierte die Pistole nicht. Obwohl das als logisch erscheinen mag, konnte es von einigen anderen Pistolen nicht gesagt werden, außerdem war die Konstruktion enorm robust und sicher. So konnte zum Beispiel das Gleitstück nicht nach hinten wegfliegen, wenn eine stärkere Munition verfeuert wurde, was bei einigen anderen

Konstruktionen durchaus möglich war. Der Abzugsmechanismus war vollkommen sicher und ließ sich nur auslösen, wenn die Sicherung am Griff eingedrückt und der Abzug betätigt wurde. Abzug und Schlaghammer waren bis zur vollkommenen Verriegelung des Patronenlagers nicht miteinander verbunden.

Der Colt verfeuerte die starke .45-Zoll-(11,43-mm-)-Colt-Pistolenpatrone mit einem Geschoß von 230 grain (11,5 g) und einer Mündungsgeschwindigkeit von 860 ft/sec (262 m/sec), was ihn zu einer der stärksten Militärpistolen des Krieges werden ließ. Der Aufprall des schweren Geschosses reichte vollkommen aus, einen Mann sofort außer Gefecht zu setzen. Jedoch war der Rückstoß beachtlich, und es bedurfte sehr viel Übung, um ein überdurchschnittlicher Schütze zu werden. Auf jeden Fall stellte er eine höchst akkurate Pistole dar. Wenn man mit ihm umzugehen verstand, ließ sich eine wirksame Reichweite von wenigstens 100 m erzielen. Auch danach war noch ausreichende Geschwindigkeit vorhanden, die das Geschoß weitertrug, wo es auf seiner Flugbahn beträchtlichen Schaden zu verursachen mochte. In jeder Beziehung bildete es eine Art »Taschenartillerie[1]«, obwohl man zum Tragen schon eine ziemlich große Tasche benötigte.

Im Heer trugen den Colt alle Offiziere und Unteroffiziere sowie Fahrer, Fernmelder, Maschinengewehrschützen, Mörserbedienungen und jeder, der einen ausreichenden Grund finden konnte. Er ist noch heute die Einheits-Seitenwaffe der US-Streitkräfte und die stärkste Militärpistole der Welt, die weiterhin militärische Verwendung findet, eine beachtliche Anerkennung für John Browning.

Aber nicht bei allen der verwendeten Pistolen handelte es sich um Colts, weil es nicht genügend von ihnen gab. Die Marine zum Beispiel

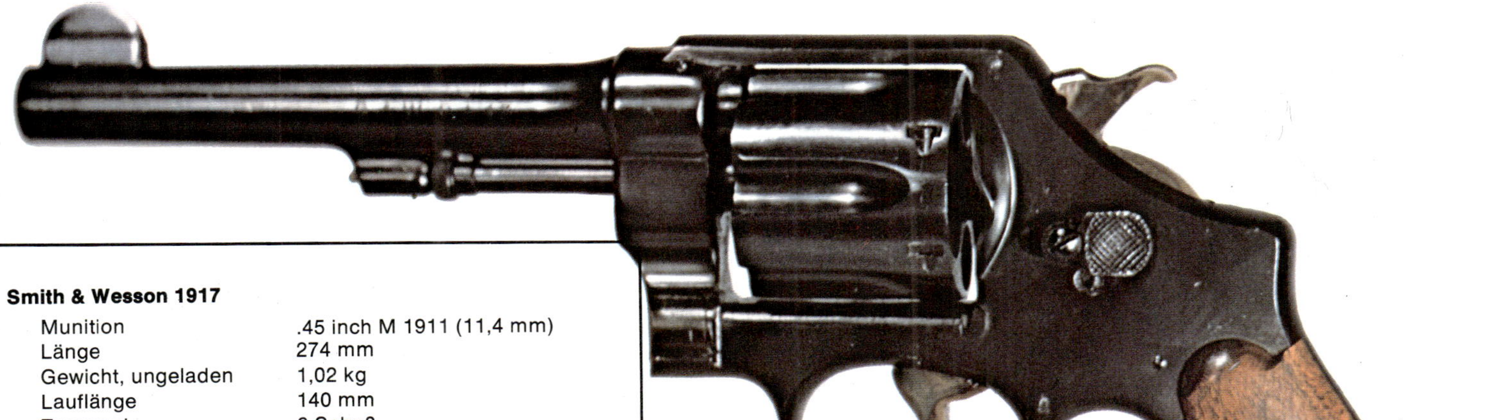

Smith & Wesson 1917

Munition	.45 inch M 1911 (11,4 mm)
Länge	274 mm
Gewicht, ungeladen	1,02 kg
Lauflänge	140 mm
Trommel	6 Schuß
Mündungs-geschwindigkeit	262 m/sek

mußte sich mit dem .38-Zoll- (9,65-mm-) Smith & Wesson Militär- und Polizeirevolver begnügen, der ein sehr guter Ersatz war und für Reichweiten, in denen Pistolen meist benutzt werden, vollkommen zufriedenstellte. Über eine Million dieser Revolver wurden bis 1944 gefertigt und entweder US-Streitkräften oder britischen Einheiten zur Verfügung gestellt. Sie erwarben sich einen Ruf für Treffgenauigkeit und angenehme Handhabung, den nur wenige andere erreichten.

Ein weiterer Revolver, der bei den Streitkräften Verwendung fand, war der Smith & Wesson Modell 1917, Kaliber .45 Zoll, von dem es noch große Bestände aus dem Ersten Weltkriege gab. Es handelte sich

Oben: Mit seinem schußbereiten Colt M 1911 sucht ein Marinesoldat nach Japanern im Dschungel auf Saipan im Juli 1944.

um einen Standard-Sechs-Schuß-Trommelrevolver mit einem festen Rahmen und einer ausschwenkbaren Trommel. Wegen seiner Robustheit und Unanfälligkeit gegen Ladehemmungen besaß er einen guten Ruf. Viele von ihnen wurden zur Bewaffnung der Home Guard[2] nach Großbritannien geschickt, aber etwa 100 000 dienten zur Bewaffnung der Marineinfanterie in den Vereinigten Staaten und auch des Heeres. Fast die gesamte Militärpolizei war mit diesem Revolver ausgerüstet, weil es nie genügend Selbstladepistolen für sie gab. Als das Gerücht umlief, die Smith & Wesson 1945 solle ausrangiert werden, protestierte der Provost Marshall General[3] und bestand darauf, eine genügende Anzahl für die Bewaffnung der Polizei im Bedarfsfalle beizubehalten. Er war vorausschauender als viele andere, denn ein neuer Krieg in Korea ließ nur fünf Jahre auf sich warten.

Alle diese Faustfeuerwaffen überstanden ihren Einsatz bei den Streitkräften mit nennenswerten Modifikationen gegenüber den ursprünglichen. Die Colt-Selbstladepistole wurde geringfügig modifiziert, wodurch sich auch ihre Bezeichnung M-1911 A1 änderte. Die Waffe selbst wurde davon kaum berührt. Alles, was die Fabriken zu tun hatten, bestand darin, sie in ausreichenden Stückzahlen herzustellen, um den Bedarf zu decken. Die Einführung des Karabiners M-1 verringerte den Bedarf an Pistolen, der nach 1942 leichter gedeckt werden konnte. Aber zu allen Zeiten wurden — genehmigt oder nicht genehmigt — viele Seitenwaffen in US-Einheiten getragen, und die Benutzer waren in ihrer Handhabung sehr geübt.

Gewehre - Handlader/Mehrlader

Obwohl die Vereinigten Staaten die erste kriegführende Nation des Zweiten Weltkrieges war, die ihre Truppen mit einem Selbstladegewehr ausrüstete, mußte ein Zylinderschloßgewehr trotzdem weiter verwendet werden. Es handelte sich um das Springfield. Das Springfield war eine alte Konstruktion aus der Vorkriegszeit. Es hatte seine Ursprünge im Spanisch-Amerikanischen Krieg von 1890, in dem die amerikanischen Soldaten von dem spanischen Mauser beeindruckt und von ihren eigenen Krag-Jorgensen-Gewehren enttäuscht waren, hauptsächlich deswegen, weil die Mauser Ladestreifen besaßen und daher ununterbrochenes Schnellfeuer abzugeben vermochten, während die Krags nur mit einzelnen Patronen geladen werden konnten. Somit begann das US-Army Ordnance[4] im Jahre 1900 ein neues Gewehr zu entwickeln, bei dem der Verschluß und das Ladesystem des Mausers Verwendung fanden. Gegen 1903 verfügten sie über ein geeignetes Modell, das auch Eigenschaften anderer Gewehre mit denen des Mausers in sich vereinte. Außerdem wurde bei ihm eine randlose Patrone benutzt, weil sich das Ordnance Board voll über die Probleme des Ladens von Randpatronen bewußt war. Wörtlich stellte das Ordnance Board fest: ››Das Komitee ist der

der Anpassung des Magazins beachtliche Schwierigkeiten, um zu vermeiden, daß der Rand der obersten Patrone hinter den der unteren Patrone gerät. Wenn das eintritt, werden die beiden Patronen zusammen beim Schließen des Verschlusses nach vorne gebracht und bewirken eine Ladehemmung.‹‹ Das ist eine bewundernswerte, zutreffende und knappe Beschreibung des Fluches der Randmunition.

In seiner Konstruktion war das Gewehr für das frühe zwanzigste Jahrhundert beispielhaft. In seiner Abstammung verdankte es jedoch nichts einem bestimmten einheimischen Konstrukteur oder einer Fabrik. Obwohl das Verriegelungssystem genau auf dem gleichen Prinzip wie das des 1898 Mauser beruhte, war es geringfügig verbessert worden. Das Spannstück stammte vom Krag Jorgensen, das Magazin vom Lee-Enfield. Beim zweiteiligen Schlagbolzen handelte es sich um eine US-Erfindung. 1906 wurde die Konstruktion auf eine .30-Zoll-(7,62-mm) Pa-

Meinung, falls ein Gewehr mit Ladestreifen angenommen werden soll, sollte es für die Verwendung einer Patrone mit Auszieherrille entwickelt werden. Randpatronen lassen sich bei Ladestreifen nicht so gut verwenden wie Patronen mit Auszieherrille und können nicht so einfach vom Ladestreifen in die Waffe abgestreift werden. Es bestehen außerdem bei

Springfield M 1903

Munition	.30 inch M 1903 und M 1906 (7,62 mm)
Länge	1 097 mm
Gewicht, ungeladen	3,94 kg
Lauflänge	610 mm
Magazin	5-Schuß-integrales-Kastenmagazin
Mündungs-geschwindigkeit	853 m/sek

Oben: Ein US-Scharfschütze mit einem mit Zielfernrohr M 330 C ausgerüsteten Zylinderschloßgewehr Springfield M 1903 A 4 in Burma.

trone mit Spitzgeschoß umgerüstet, die heute in der ganzen Welt als die 30-06 bekannt ist. Es verwunderte nicht, daß das Springfield von 1903 den verschiedenen Mauser der gleichen Periode — in erster Linie der Version von 1908 — sehr ähnlich sieht. Es besitzt ebenfalls den auffallenden geraden Handschutz, der bis an die hintere Visiereinrichtung reicht und dieselbe Fingerkehle im unteren Vorderschaft. Die Mündung ragt in der gleichen Länge am Vorderschaft heraus. Ferner hat es den gleichen Kornschutz, das gleiche integrale Magazin mit bündigem Kastenboden und den etwas ungewöhnlichen geraden Kammerstengel.

Die ersten Modelle erwarben einen Ruf für hervorragende Treffgenauigkeit, was größtenteils auf einem komplizierten und einem vortrefflich gearbeiten hinteren Visier beruhte, das ideal für Schießplätze, aber nicht für praktische Anwendung in einem Kriege geeignet war. Der Krieg brach jedoch erst 1917 aus, und die Konstruktion blieb unverändert. Bis 1940 wurden über 1 700 000 Springfields M 1903 hergestellt. Die überwiegende Mehrzahl muß in den US-Armouries[5] vorhanden gewesen sein. Als die Produktion 1939 eingestellt wurde, waren etwa 1 300 000 allein von der Springfield Armoury gefertigt worden, der Rest in Rock Island. Springfield produzierte keine mehr, weil die Fabrikation auf die Garand umgestellt wurde. Im November 1941 — möglicherweise schon etwas zu spät — erhielt Remington einen Vertrag. Remington hatte einen guten Start, weil ihm durch die British Purchasing Commission[6] Anfang 1941 bereits Mittel zugewiesen worden waren, um Gewehre herzustellen. Man hatte im Sommer damit begonnen, die Maschinen

von Rock Island zum Werk im Bundesstaat New York zu überführen. Keines der Gewehre erreichte jemals Großbritannien, da die USA den gesamten Ausstoß für sich beanspruchten. Es ist aber ein interessantes Beispiel, auf welche Weise Teile der amerikanischen Industrie mit britischem Geld auf eine Basis für die Kriegsproduktion gebracht wurden.

Als bei Remington die eigentliche Produktion anlief, vereinfachte sie das Gewehr soweit wie möglich, um es nach dem Stanzverfahren statt nach herkömmlichen Fertigungsmethoden herstellen zu können. Die hintere Visiereinrichtung wurde sehr vereinfacht, was offensichtlich die Treffgenauigkeit nicht beeinträchtigte und im Gegenteil möglicherweise eine Verbesserung bedeutete. Der Lauf besaß nur noch zwei Züge. Zum damaligen Zeitpunkt war das ein kühnes Unterfangen, aber beim Schießen machte das nicht den geringsten Unterschied aus. Die Holzteile wurden auf das allernotwendigste reduziert und hatten keine Fingerkerben mehr. Das Gesamterscheinungsbild verriet reine Zweckmäßigkeit. Es blieb ein hervorragendes Gewehr.

Als am 23. Februar 1944 das letzte Gewehr hergestellt wurde, hatte Remington 1 084 371 Stück produziert. Diese Zahl schloß das Modell 1903 A4 ein, eine Scharfschützenversion, dessen Bauteile, wie gewöhnlich, sorgfältig ausgewählt wurden und dessen einziges Visier ein festes Zielfernrohr war. Der gewaltige Ausstoß Remingtons reichte aber kaum aus. Spät im Jahre 1942 übernahm die Smith Corona-Schreibmaschinenfabrik einen Vertrag zur Herstellung von Springfields. Bis 1945 stellte sie fast eine viertel Million her. Die Gesamtziffer während des Zweiten Weltkrieges belief sich auf 1 318 915 Gewehre. Damit stieg die Gesamtproduktion seit 1903 auf 3 023 730, wovon ein großer Teil den Krieg überstanden haben muß und heute noch irgendwo existiert. Nach 1945 wurde das Gewehr nur noch als Scharfschützengewehr — wofür es sich hervorragend eignete — beibehalten und zuletzt von den US-Streitkräften in Korea verwendet.

Die Briten führten ebenfalls das Springfield, jedoch nur in begrenzter Zahl. Es handelte sich um eine schnell eingekaufte Lieferung nach dem Fiasko von Dünkirchen und stammte aus Reservebeständen. Sie sollten den verheerenden Verlust der in Frankreich zurückgelassenen 90 000 Gewehre ersetzen. Für das US-Heer war es von Vorteil, daß das gesamte britische Fehl nicht allein durch Springfields ausgeglichen werden mußte, weil bei Kriegseintritt im Jahre 1941 weniger als die Hälfte der Heereseinheiten den Garand besaßen. Die Springfields verblieben als Infanteriegewehr bis 1943 in den Streitkräften. Zunächst wurde die Marineinfanterie vollständig mit ihnen ausgerüstet. Die ersten Infanteriegefechte gegen die Japaner auf den Philippinen wurden mit Springfields geführt. Im Verlauf des Krieges, als sich der Ausstoß von Garands erhöhte, stellte man mehr und mehr Springfields den alliierten Streitkräften zur Verfügung. Viele davon kamen über den Atlantik, um die britischen und freien französischen Truppen auszurüsten. In Großbritannien dienten sie allerdings nur als Reservewaffen, weil außerdem die 30-06-Munition eingeführt werden mußte.

In den US-Streitkräften existierte ein weiteres Zylinderschloßgewehr, das jedoch nur für Ausbildungszwecke benutzt wurde. Es handelte sich um das Modell 1917 oder Enfield, ursprünglich eine britische Konstruktion aus den Jahren vor dem Ersten Weltkrieg. Es sollte als Ersatz für das Lee-Enfield dienen, das bei seinem ersten Erscheinen viel Kritik hervorrief. Das Projekt kam aber bis 1914, als den USA ein Auftrag erteilt wurde, es mit Kaliber .303 Zoll (7,7 mm) herzustellen, nicht viel weiter. Viele Tausend sind gefertigt worden und waren als Muster 1914 oder P-14 bekannt. Es sind jetzt Sammlerstücke. Aber das amerikanische Heer war 1917 knapp an Gewehren und begrüßte es, sie mit dem Kaliber 30-

06 herzustellen. Beim Stopp der Produktion im Jahre 1919 hatten über 2 Millionen die Werkstätten verlassen. Im Jahre 1940 wurden über eine Million nach Großbritannien zur Bewaffnung der Home Guard gesandt, der Rest ging an US-Ausbildungseinrichtungen. Es gilt fast als sicher, daß keines dieser Gewehre jemals im Kampf eingesetzt worden ist. Sie füllten aber gefährliche Lücken in einer kritischen Zeit. Ohne sie hätte die Home Guard während des ganzen Krieges Flinten benutzen müssen.

Selbstladegewehre

Das US-Heer kann sich rühmen, als erstes ein Selbstladegewehr als Standardwaffe eingeführt zu haben. In anderen Ländern hatte man einige Versuche unternommen, Selbstladegewehre in den frühen Jahren unseres Jahrhunderts herzustellen, aber nicht, bevor das Garand M 1 1937 in die Hände der amerikanischen Soldaten gelangte, war eines von ihnen ausgereift genug und geeignet, um die zuverlässigen Zylinderschloßmodelle zu ersetzen. Die Geschichte des Garand ist es wert, erzählt zu werden. Für dieses Buch dürfte sie nur von untergeordneter Bedeutung sein, aber sie zeigt die Sorgfalt und die Entschlossenheit, die für seine Entwicklung erforderlich waren.

Die ersten Bemühungen, einen zufriedenstellenden Selbstlader zu finden, gingen bereits auf das Jahr 1916 zurück, aber nicht vor 1931 gelangte das US-Army Ordnance Board zur Auffassung, daß ein geeigneter Standard erreicht worden war. Damals gab es zwei Konkurrenten, ein Gewehr mit Kippverschluß von Pedersen (der übrigens versuchte, Vickers im Vereinigten Königreich dafür zu interessieren) und ein Gewehr mit Drehverschluß von John Garand. Beide benutzten eine .276 Zoll (7-mm-)Patrone, die im Frankfort Arsenal entwickelt worden war. Das Magazin des Garand faßte 10 dieser Patronen. Gleichzeitig erprobte Garand sein Gewehr mit dem Kaliber .30 Zoll (7,62 mm), weil er wußte, daß in den USA große Bestände dieser Munition existierten. Das sollte sich auszahlen. Als der Stabschef (Chief of Staff), Douglas MacArthur die Entscheidung für die Einführung des Garand mit dem Kaliber .276 Zoll genehmigen sollte, lehnte er ab und bestand darauf, die .30-Patrone zu verfeuern. Garand konnte beweisen, daß sein Gewehr mit diesem Kaliber vollkommen funktionstüchtig war und erhielt so den Auftrag. Nicht zum ersten Mal, und vielleicht auch nicht zum letzten Mal, gaben die vorhandenen Munitionsbestände den Ausschlag bei der Entscheidung für ein Gewehr.

Durch die Wahl dieses Kalibers faßte das Magazin jetzt nur acht Schuß, weil die .30 in ihren Abmessungen größer als die .276 war. Alle anderen Eigenschaften blieben gleich. Beim Garand handelte es sich um einen konventionellen Gasdrucklader, dessen Gaszylinder sich unter dem Lauf befand und bis an die Mündung reichte. Tatsächlich lag der Gaskanal direkt unter der vorderen Visiereinrichtung, wodurch die

Rechts: Mit Karabiner M 1 und Garand M 1 bewaffnete Marines bereiten sich im März 1945 bei der Eroberung der Insel Iwo Jima darauf vor, japanische Scharfschützen abzuwehren.

Waffe den Anschein erweckte, zwei Läufe zu besitzen. Das Gaskolbengestänge war deshalb länger als bei den meisten anderen Gewehren und an ihm befand sich eine Rückholfeder, die auf ihn einwirkte, um den Verschluß bei seiner Vorwärtsbewegung nach vorn zu ziehen, anstatt ihn, wie bei den meisten anderen Konstruktionen, zu schieben. Der Mechanismus war sowohl einfach als auch robust. Der Verriegelungsschieber, eine Verlängerung der Gaskolbenstange, war unterhalb des Laufes gebogen und endete an der rechten Seite des Verschlusses in einer Verriegelungsnute, die eine kleine Verriegelungswarze am Verschluß und den Spannhebel betätigte. Die Vorwärts- und Rückwärtsbewegung des Verriegelungsschiebers bewirkte die Drehung des Verschlusses zur Entriegelung. Es brachte ihn dann nach hinten, um die leere Patronenhülse auszuwerfen und schob ihn anschließend nach vorn, um eine neue Patrone aufzunehmen. Schließlich bewirkte er durch eine erneute Drehung die Verriegelung. Der ganze Mechanismus lag vollkommen offen und war vor Witterungseinflüssen nicht geschützt, trotzdem traten kaum Ladehemmungen auf.

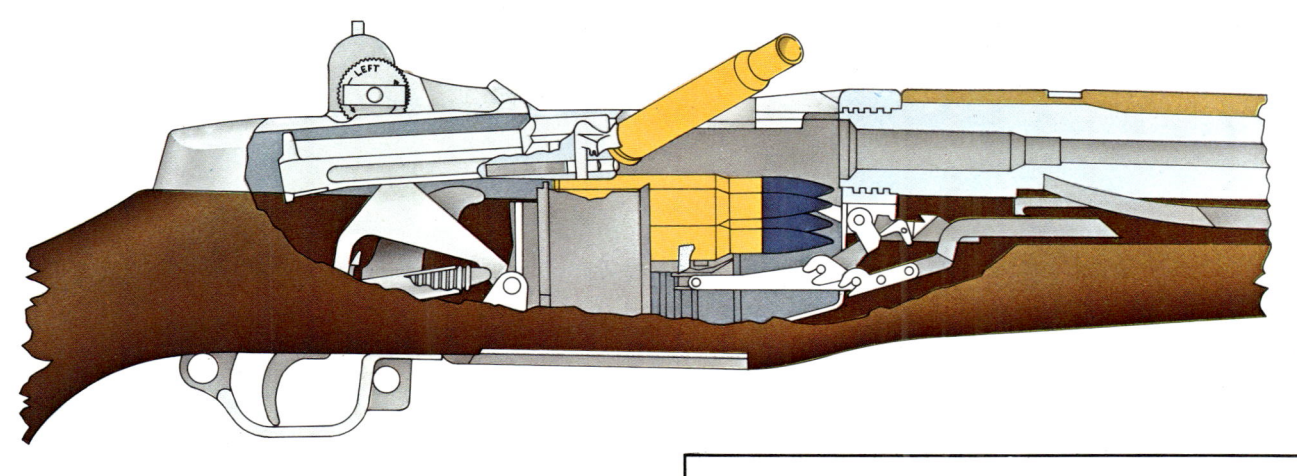

Gewehr, Kaliber .30 inch M 1906

Munition	.30 inch M 1906 (7,62 mm)
Länge	1 103 mm
Gewicht, ungeladen	4,37 kg
Lauflänge	610 mm
Magazin	8-Schuß-integrales-Kastenmagazin
Mündungs-geschwindigkeit	853 m/sek

Die ganze Konstruktion war ziemlich massiv im Vergleich zu anderen Entwicklungen, dennoch nicht schwerer. Das Waffen- oder Verschlußgehäuse war enorm stark und da es keine Vorholfeder aufzunehmen hatte, ziemlich kurz. Die hintere Visiereinrichtung befand sich auf dem Gehäuse. Das Fassungsvermögen des Magazins war dadurch so beschränkt, daß das US-Heer ein Gewehr mit einem hervorstehenden Magazin ablehnte. Aus irgendwelchen Gründen wurde angenommen, daß es den Schützen bei der Handhabung behinderte und Schmutz eindringen konnte. Die acht Patronen wurden mittels Patronenrahmen geladen, der so lange in der Waffe blieb, bis die letzte Patrone zugeführt war und die folgenden zwei Dinge eintraten. Der Verschluß wurde durch

richtet die Geschichte des Garand-Gewehrs M 1 über die meisten Erfolge und die größte Zufriedenheit.

Eine weitere amerikanische Erfolgsgeschichte ist die des kleinen Karabiners M 1, .30, eine höchst angenehm zu handhabende Waffe, obwohl sie nicht ganz so tödlich war, wie die meisten Benutzer es glaubten. Dieser Karabiner entstand nach dem Ersten Weltkrieg aus der vernünftigen Einsicht, daß Pistolen eine nicht besonders effektive Waffe im Kriege seien, so gut sie sich auch immer für den Wilden Westen geeignet haben. Den Ausgangspunkt bildete eine allgemein gehaltene Spezifikation für eine leichte Schulterwaffe zur Verwendung bei den Soldaten, die nicht an der vordersten Front ihren Dienst verrichteten (zum Beispiel

eine Raste offengehalten und dann der leere Patronenrahmen nach oben ausgeworfen, was ein deutliches »Pingping«-Geräusch verursachte. Man behauptete, daß die hellhörigen Japaner im Dschungel auf dieses Geräusch achteten und angriffen, wenn sie es hörten, weil es bedeutete, daß eine kurze Pause zum erneuten Laden des Gewehres entstand. Das hört sich gut an, aber es geschah wahrscheinlich nicht öfter als nur einmal.

Das Springfield Arsenal stellte den Hauptanteil der Garands her. Nachdem bis Ende 1938 lediglich 7 500 Stück gefertigt waren, wurde es ab Anfang 1941 auch von der Winchester Repeating Arms Company gebaut. Im Dezember 1941 lief bei beiden Firmen bereits die Massenproduktion. Zusammen stellten sie nicht weniger als 4 033 353 her, von denen 3,5 Millionen von Springfield kamen.

Es gab während des Krieges einige geringfügige Änderungen und Verbesserungen, was keine bedeutende Änderung der Konstruktion bedeutete. Eine Modifizierung erfolgte zur Aufnahme einer Vorrichtung zum Verschießen von Granaten. Ausgesuchte Versionen wurden als Scharfschützengewehre benutzt, obwohl das Springfield mit Zylinderschloß sich für beide dieser Aufgaben besser eignete. Im Jahre 1944 entstand der Ruf nach einer kürzeren und leichteren Version für den Einsatz bei Luftlandeunternehmen. Ein zufriedenstellendes Modell kam aber nie zur Truppe, einfach deshalb, weil das einfache Verkürzen des Laufes nicht einen brauchbaren Karabiner schafft. Nach dem Krieg wurde die Konstruktion fortlaufend modifiziert bis sie mit dem M 14 aus dem Jahre 1958 ihren Höhepunkt erreichte. Bis zu diesem Zeitpunkt blieb das Garand M-1 das Standardgewehr der US-Army und einiger anderer Armeen der NATO. Während des Koreakrieges wurde es in der gleichen Form wie im Zweiten Weltkrieg benutzt. Es gab viele Versuche, es zu kopieren. Die Japaner bauten ganz einfach identische Kopien, die für ihre 7,7-mm-Patrone kalibriert waren. In Italien baute sie die Fabrik Beretta unter Lizenz für die NATO-Länder und leitete davon für die italienische Armee eine eigene Version ab, die heute noch mit dem NATO-Kaliber 7,62 mm Verwendung findet. Von allen Handfeuerwaffen be-

Karabiner M 1	
Munition	.30 inch M 1 Carabine (7,62 mm)
Länge	905 mm
Gewicht, ungeladen	2,48 kg
Lauflänge	457 mm
Magazin	15- oder 30-Schuß-Kastenmagazin
Mündungs-geschwindigkeit	593 m/sek

Geschützbedienungen, Fahrer und die steigende Anzahl der Fernmelder). Die Idee wollte nicht recht in Gang kommen, und 1938 gab man sie wegen fehlender Mittel ganz auf. Durch den Erfolg der deutschen Fallschirmjäger aber entstand die dringende Notwendigkeit einer Waffe zum Schutz rückwärtiger Räume. Schnell wurde eine Ausschreibung an nicht weniger als 25 Firmen gegeben, die erwartungsgemäß mit voneinander abweichenden Vorstellungen reagierten. Da Winchester gerade mit der Einrichtung ihrer Fabriken für die Herstellung der Garand beschäftigt war, kam sie spät ins Rennen, aber ihr Konzept beruhte auf einer verkleinerten Garand, und damit hatte sie Erfolg.

Bei der Munition des Karabiners handelte es sich um die des Winchester 1905-.32 Zoll-Selbstladegewehrs (8,13 mm), allerdings mit einem leichteren Geschoß, wodurch die maximale effektive Reichweite auf 300 m (vielleicht auch weniger) begrenzt war. Das aber bedeutete einen wesentlichen Fortschritt im Vergleich zu dem, was von einem nur teilweise mit einer Pistole ausgebildeten Mann erwartet werden konnte. Auch das höhere Gewicht von 5,5 lb (2,49 kg) war dadurch gerechtfertigt. Ein Magazin mit 15 Schuß garantierte eine ausreichende Reserve an Feuerkraft. Er war wohlproportioniert und lag gut in der Hand. Der Mechanismus wurde durch einen Gaskolben mit kurzem Kolbenweg angetrieben, einem der ersten dieser Art, der sich bewährte. Im Gegensatz zu den damals üblichen starken Gewehren mit ihrem erheblichen Rückstoß, war das Schießen mit dem kleinen Karabiner eine reine Freude. Er wurde sofort bereitwillig akzeptiert und auf der Seite der Alliierten zur populärsten Waffe des ganzen Krieges. Erstmalig ist er 1942 in Nord-

Oben: Paul E. Ison der Ersten Marine Division mit seinem Garand-Gewehr M 1 beim Sturmangriff auf Iwo Jima.

afrika eingesetzt worden. Sehr schnell übernahmen ihn dann die Luftlandetruppen und viele andere, die ihrer habhaft werden konnten.

Im Dschungel von Burma war der Karabiner von unschätzbarem
Wert und heute noch wird er dort verwendet. Auf dem Kriegsschauplatz
im Pazifik wurde er in großer Zahl von der US-Marineinfanterie und allen Küstenlandungstruppen benutzt, die ihn für die beste Waffe bei den
oft verwirrenden Kampfhandlungen auf kurze Entfernungen an den Kü-
sten der von Japanern besetzten Inseln hielten. Später, während des
Krieges, wurde die Waffe für Dauerfeuer eingerichtet und erhielt ein
Magazin mit 30 Schuß. Mit diesen Neuerungen kam sie aber nicht mehr
zum Einsatz. Die meisten Schützen besaßen zwei gefüllte Magazine in
einer am Kolben festgebundenen Kanvastasche. Man fand sich damit
ab, daß der Nachteil der schwächeren Patrone normalerweise durch die
größere Munitionsreserve ausgeglichen wurde. Für den Fallschirmabsprung stellte man eine Version mit Klappschaft her, was wegen der ohnehin schon kurzen Waffe nicht ganz gerechtfertigt war. Später im Kriege rüstete man eine geringe Anzahl von ihnen mit einem Infrarot-Nacht-
sichtgerät aus.

Winchester und die Inland-Division von General Motors fertigten
den Hauptanteil der 6 Millionen Karabiner, die bis 1945 produziert wurden. Dann endete die Produktion, ist aber seither wieder neu aufgenommen worden! In Korea war der Karabiner allgegenwärtig, ebenso während der über zwei Jahrzehnte andauernden Kämpfe in Indochina und
auf dem Malaiischen Archipel. Er wurde kürzlich für die Verwendung

bei der Royal Irish Constabulary in Nordirland gekauft und wird wohl
in den nächsten Jahren noch öfter auftauchen, denn er scheint genauso
unverwüstlich und nützlich wie der Jeep zu sein.

Schließlich muß noch ein weiteres Selbstladegewehr, das in den US-
Streitkräften verwandt wurde, kurz erwähnt werden. Es ist das Johnson,
eine brillante, aber unkonventionelle Konstruktion mit Rückstoßsystem. Melvin Johnson versuchte kurz vor dem Kriege das US-Heer für
sein Gewehr zu interessieren, aber da die Wahl bereits auf das Garand
gefallen war, bestand kein Interesse. Die Marineinfanterie trug sich mit
dem Gedanken einer Order, aber der einzige bedeutende Auftrag erfolgte 1940, als Niederländisch-Indien 50 000 Stück bestellte. Die ersten
Auslieferungen trafen mit der japanischen Invasion zeitlich zusammen,
so daß die Marineinfanterie die restlichen für ihre schnell aufgestellten
Einheiten übernahm. Die OSS-Organisation[7] übernahm einige wenige
und man fand heraus, daß sie wegen des leicht abnehmbaren Laufes eine
geeignete Waffe für Fallschirmjäger bildeten. Kleine Bestellungen hielten die Fabrik bis 1944 in Betrieb, aber die Genehmigung des Ordnance

*Unten: Ein Marinesoldat mit seinem schußbereiten Karabiner M 1 be-
reitet sich vor, einen Munitionsgurt in eine vordere Maschinengewehrstellung auf Tarawa zu bringen, 1944.*

Board traf nie ein, und trotz laufender Verbesserungen wurde die Produktion nach 70 000 Stück eingestellt. Einige dieser Waffen erbeuteten die Japaner und einige andere wurden von der Marineinfanterie während des Feldzuges auf den Salomon-Inseln geführt. Die meisten verblieben bei den Ausbildungseinrichtungen in den USA. Nach dem Kriege kaufte Chile etwa 1 000 für seine Polizei, und die US-Marineinfanterie gaben ihre Kriegsbestände für den Privatverkauf frei. Somit existieren heute viel mehr dieser Gewehre, als es im Hinblick auf die Herstellungszahlen und ihre Verwendung bei den Streitkräften gerechtfertigt erscheinen mag.

Maschinenpistolen

Die Vereinigten Staaten waren das dritte Land der Welt, das eine Maschinenpistole entwickelte, wenngleich sie das nur für den zivilen Markt taten. Bis zum Beginn des Zweiten Weltkrieges interessierte sich das Heer nicht für Maschinenpistolen. Die ursprüngliche Thompson er-

schien 1918 als Waffe für den Schützengrabenkrieg. Dieser Zeitpunkt war jedoch schon reichlich spät für ihre Einführung zu einer solchen Verwendung. Abgesehen von einer geringen Anzahl, die von der Marine 1928 übernommen wurde, hielt sie sich während der nächsten 20 Jahre nur als Gangsterwaffe und im Einsatz bei Tumulten. 1940 traf die britische Armee eine Entscheidung zur dringenden Beschaffung von ›»Tommy Guns[8]‹‹ in großer Anzahl. Ein bedeutender Auftrag wurde an die Hersteller vergeben, die sofort Unterauftragnehmer herausfanden, die sie bei der Fertigung unterstützten, weil sie selbst nicht die erforderlichen Anlagen besaßen.

In ihrer Fertigung stellte die Maschinenpistole Thompson, Modell 1928, eine gute Waffe dar. Möglicherweise war sie zu gut, denn sie erforderte komplizierte und schwierige Maschinenarbeit, was die Produktion sehr verteuerte. Außerdem war sie in dieser schweren Ausführung mit dem großen Magazin für die vorgesehene Verwendung zu schwer. Bei diesen ersten Thompsons handelte es sich um das Originalmodell von 1921 mit nur sehr geringen Abweichungen. Bei ihnen wurde lediglich die Jahreszahl 1921 mit einer ›»8‹‹ überstempelt. Viel mehr erfolgte nicht. Das war das klassische ›»Tommy Gun‹‹ wie man es in allen Gangsterfilmen sehen konnte. Mit zwei abgewinkelten Pistolengriffen mit Fingerkerben, ein Lauf mit Kühlrippen, Holzschaft und dem hervorstechenden Trommelmagazin dicht vor dem Abzugsbügel. Bis 1939 waren war-

Maschinenpistole, Kaliber .45 inch M 1 (Thompson)

Munition	.45 inch M 1911 [(.45 in ACP, 11,4 mm)]
Länge	813 mm
Gewicht, ungeladen	4,82 kg
Lauflänge	266 mm
Magazin	20- oder 30-Schuß-Kastenmagazin
Feuergeschwindigkeit	700 S/min.
Mündungsgeschwindigkeit	277 m/sek

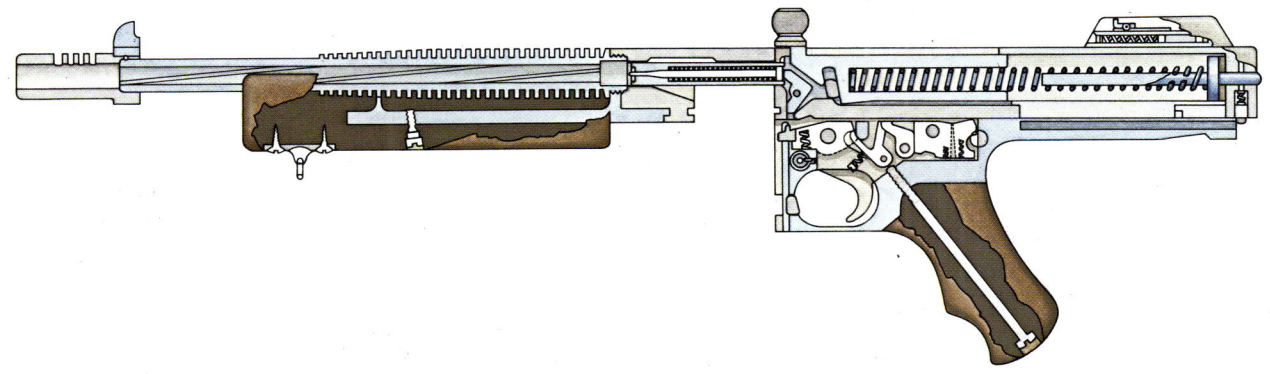

scheinlich nicht mehr als 20 000 dieser bemerkenswerten, doch teuren Waffen hergestellt worden. Die Firma stand vor dem Bankrott. Der Umfang des neuen Auftrages verlieh ihr Auftrieb.

Die Thompson bildete wegen der Anwendung eines damals einzigartigen verzögerten Rückstoßsystem eine Neuheit. Sie bestand darin, daß der Reibungswiderstand zweier schiefer Ebenen den Verschluß so lange geschlossen hielt, bis das Geschoß die Mündung verlassen hatte und anschließend die Funktion eines Rückstoßladers wie üblich ablief. Das Trommelmagazin war eine weitere Neuheit. Es gibt keine Beweise, daß jemals vorher etwas ähnliches verwendet worden ist. Möglicherweise entstand es aus der Notwendigkeit, genügend Munition mitführen zu müssen, wenn man im Grabenkrieg sich von Querwall zu Querwall dukkend hervorarbeiten mußte, ohne zu wissen, was einen an der nächsten Ecke erwartete. Die entstandene Waffe entsprach den Anforderungen der damaligen Zeit, aber, wie es sich später klar herausstellte, war sie mit einem Gewicht von 4,9 kg (ungeladen) viel zu schwer für .45-Zoll-(11.43-mm) Pistolenmunition.

Trotzdem bestellten die Briten, da 1940 nichts anderes zum Kauf zur Verfügung stand, 107 500 jener Waffen und die Franzosen schlossen sich mit weiteren 6 000 an, die später nach Großbritannien umgeleitet wurden. Das amerikanische Heer gab 20 450 in Auftrag. Etwa im August 1941 betrug die Gesamtzahl der Bestellungen 318 900. Den Hauptanteil der Aufträge erhielt die Savage Arms Company. Andere gingen an eine von den Patentinhabern der Firma Thompson eigens dafür errichteten Fabrik. Schließlich fertigten diese beiden zusammen 90 000 Waffen im Monat. Als das Produktionsband im Jahre 1944 gestoppt wurde, hatte die Gesamtzahl eine Höhe von 1 400 000 erreicht. Jedoch waren nicht alle davon das Modell 1928. Das Heer griff ein und vereinfachte die Konstruktion, damit ihre Herstellung leichter und ihre Wartung einfacher vorgenommen werden konnte. Mit verschiedenen bedeutenden Änderungen gegenüber dem Original wurde im März 1942 die Waffe als M-1A1 (Thompson) neu bezeichnet.

Bei der M-1A1 ließ man die Rückstoßverzögerung fallen, und die Waffe arbeitete nach dem üblichen Rückstoßsystem. Das Trommelmagazin wurde durch ein 30-Schuß-Kastenmagazin ersetzt und einige Bauteile, die spanabhebende Verarbeitung verlangt hatten, fielen fort. Kurz danach ersetzte man den komplizierten Schlagbolzen und Schlaghammer durch einen an der Stirnfläche des Verschlusses feststehenden Schlagbolzen. Dennoch war der Aufwand für die Fabrikation zu aufwendig, so daß nur wenige hergestellt werden konnten. Nach langen und umstrittenen Erprobungen im Aberdeen Proving Ground entschied sich das amerikanische Heer 1941 für die M-3 Maschinenpistole und begann 1942 mit ihrer Entwicklung. Die M-3 ging mit der Sten und der MP 40 bei der einfachen und unkomplizierten zeitgemäßen Produktion von Waffen einher. Sie wurde unter dem Stanz- und Prägeverfahren mit einem Minimum an herkömmlichen Fertigungsmethoden hergestellt. Auf alles unnötige wurde verzichtet. Nichts an ihr war unnötig oder schön. Bei einfachen und praktischen Konturen waren der Mechanismus elemantar und die Kosten niedrig. Als funktionstüchtige, in großen Mengen angefertigte Waffe, versagte die Thompson nicht so leicht.

Trotz aller offensichtlichen Nachteile, die der Thompson eigen waren, erwarb sie sich eine außergewöhnliche Beliebtheit bei allen, die sie benutzten. Sie mag schwer und unhandlich gewesen sein, aber auch nach allen bei ihr durchgeführten Veränderungen behielt sie ihre guten Eigenschaften. Sie war zuverlässig und schlagkräftig. Die .45-Zoll-Colt-Pistolenmunition besaß genügend Energie, und die Waffe funktionierte auch unter den ungünstigsten Bedingungen. In England weigerten sich die

Spezialeinheiten und Fallschirmjäger, auf sie zu verzichten, als die Stens zur Umrüstung angeboten wurden. Das gleiche galt auch für US-Einheiten, die eigenmächtig genug waren, offizielle Erlasse zu mißachten. So kam es, daß die hochgeschätzte Waffe der Chikago-Gangster noch 1945 auf allen Kriegsschauplätzen eingesetzt wurde. In Irland ist sie so legendär geworden, daß sie vereinzelt in den Händen der IRA angetroffen wird, obwohl sie dort trotz ihrer Robustheit die üblichen Vernachlässigungen und die unsachgemäße Behandlung nicht überstand. Die M-3 stellte einen würdigen Nachfolger dar, wenn es nur die Soldaten erkannt hätten. Weil sie, abgesehen von einem durch einen Schutzdeckel abgedeckten Auswurfschlitz am Waffengehäuse keine weiteren Öffnungen besaß, war sie besoders unempfindlich gegen Schmutz und Wasser. Der Verschluß lief auf Stahlführungen, wodurch die Waffe wesentlich ruhiger war. Die Schußfolge beschränkte sich auf 400 Schuß/min. Dadurch

konnte die Waffe ohne Schwierigkeiten im Ziel gehalten werden. In dieser Beziehung übertraf sie die überwiegende Mehrzahl ähnlicher Waffen, einschließlich der Thompson, deren Mündung sich bei Dauerfeuer nach oben aufbäumte und nicht nach unten gehalten werden konnte. Ein zusätzlicher Vorteil bestand darin, daß die niedrige Schußfolge keine besondere Einrichtung für Einzelfeuer erforderte, weil sogar der ungeschickteste Schütze einen Einzelschuß abgeben und den Abzug wieder loslassen konnte, bevor der nächste Schuß ausgelöst wurde. Aber trotz aller dieser Vorteile war die M-3 in den USA niemals beleibt. Die GI's nannten sie »Grease Gun« oder »Cake Decorator[9]«. Wegen ihres Aussehens und ihrer Unausgewogenheit verurteilte man sie.

1944 wurde eine weitere Vereinfachung vorgenommen. Der Verschluß wurde nun gespannt, indem man den Auswurfschlitz öffnete, den rechten Zeigefinger in eine Vertiefung am Verschluß steckte und ihn dann einfach zurückzog. Das ging sehr gut. Aufgrund einer weiteren Modifikation konnte die klappbare Schulterstütze aus Metall als Werkzeug für das Zerlegen, zum Laden des Magazins und als Reinigungsstock benutzt werden. Fraglos war sie dafür besser geeignet, als für ihren eigentlichen Zweck. Hierfür konnte sie kaum ungeeigneter sein, weil sie an der Schulter entsetzlich hin und her rutschte und infolge ihrer Form für die Visierlinie des normalen Schützen ungünstig war. Bei allen Modellen bildete das Magazin ein Problem. Die Neigung zu Ladehemmungen konnte nie ganz behoben werden. Trotzdem war sie ein gutes Beispiel für amerikanischen Erfindergeist und Genialität und hätte einen besseren Ruf verdient als sie ihn besitzt.

Entgegen der üblichen Annahme existierte zumindest eine weitere Maschinenpistole während des Krieges in den US-Streitkräften. Es handelte sich um die Reising, eine ungewöhnliche Waffe, die 1938 konstruiert und 1940 von der amerikanischen Marineinfanterie gekauft wurde. Der Leser wird inzwischen wohl mit der Neigung der Marinetruppen zur eigenen Auswahl ihrer Waffen und Ausrüstung, die im Gegensatz zum Heer standen, vertraut sein. Für Generationen waren die US-Marines in der Vergangenheit ein Musterbeispiel für diese Geflogenheit, was für sie nicht immer günstig gewesen ist, wie es das Beispiel der Reising zeigt. Es handelte sich hier um eine ziemlich komplizierte Waffe mit einem beim Schuß verriegelten Verschluß, was bei automatischen Waffen nicht unbedingt von Vorteil ist. In ihrer Kompliziertheit ging sie insofern noch weiter, indem sie im eigentlichen Sinne überhaupt nicht automatisch feuerte, sondern eine schnelle Folge von Einzelschüssen abgab. Bei diesem Vorgang wurde ein Schlaghammer für jeden Schuß gespannt, zurückgehalten und abgelassen, eine ziemlich abweichende Methode vom üblichen einfachen Verschluß mit feststehendem Schlagbolzen. Um die

Kompliziertheit noch zu steigern, war der Verschluß beim Schuß fast verriegelt. Das Magazin, das es in zwei verschiedenen Größen gab, war unzulänglich und verursachte leicht Ladehemmungen. In ihrer Gesamtheit bildete sie aufgrund ihrer Eigenschaften eine hoffnungslos unzuverlässige Waffe, es sei denn, daß sie in einem äußerst gepflegten Zustand gehalten und sorgsam behandelt wurde, was nur von wenigen Soldaten erwartet werden kann. Zu ihrem Vorteil läßt sich sagen, daß sie leicht und angenehm beim Schuß war, aber das genügte nicht. Insgesamt wurden etwa 100 000 dieser Waffen hergestellt. Als es sich bei der US-Marineinfanterie abzuzeichnen begann, daß keine weiteren mehr abgenommen würden, unternahm man den Versuch, die restlichen an irgendeinen Verbündeten zu verkaufen, der naiv genug war, sie zu akzeptieren.

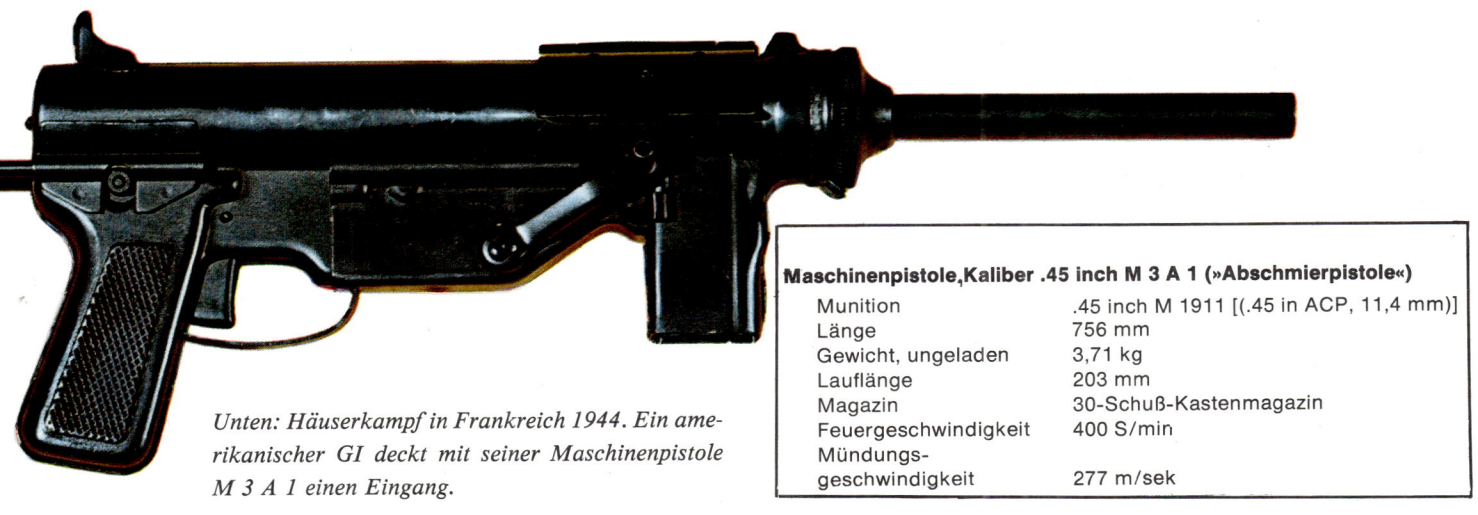

Unten: Häuserkampf in Frankreich 1944. Ein amerikanischer GI deckt mit seiner Maschinenpistole M 3 A 1 einen Eingang.

Maschinenpistole, Kaliber .45 inch M 3 A 1 (»Abschmierpistole«)	
Munition	.45 inch M 1911 [(.45 in ACP, 11,4 mm)]
Länge	756 mm
Gewicht, ungeladen	3,71 kg
Lauflänge	203 mm
Magazin	30-Schuß-Kastenmagazin
Feuergeschwindigkeit	400 S/min
Mündungsgeschwindigkeit	277 m/sek

Maschinengewehre

Im Gegensatz zu den Briten und Franzosen entwickelten die Amerikaner nach dem Ersten Weltkrieg nie ein echtes leichtes Maschinengewehr. Dem kann man schwer folgen, aber anscheinend lag das an einer Mischung von Unerfahrenheit und Knappheit an finanziellen Mitteln. Die US-Army war nicht lange genug in den Schützengräben gewesen, um dort den Wert leichter Maschinengewehre schätzen zu lernen. Sie übernahmen nicht weniger als 37 000 Chauchat-Gewehre von den Franzosen mit dem Ergebnis, daß man sich heute noch in Amerika daran erinnert. Denn die Chauchats waren katastrophal. Im eigentlichen Sinne stellten sie auch keine Maschinengewehre dar, wofür man sie üblicherweise ansah. Die französische Armee hatte ihre eigene Kriegstaktik entwickelt und übertrug sie auf die Amerikaner, die nur zu glücklich waren, jeden taktischen Rat anzunehmen, den sie erhalten konnten. Die Überlegungen gingen dahin, daß die im Niemandsland vorrückende Infanterie sich vor den verheerenden Wirkungen des defensiven Maschinengewehrfeuers durch ständiges eigenes Feuer während des Vorrückens selbst schützen konnte. Mit anderen Worten, Verteidigung durch Angriff, eine Erweiterung der bereits verworfenen Theorie von ››toujours l'attaque‹‹. Das war eine Idee, die bereitwillige Aufnahme bei den untereinander rivalisierenden amerikanischen Generalen fand.

Das ständige Feuer sollte durch die Männer, die das Chauchat trugen, aus dem Hüftanschlag abgegeben werden. Der berühmte Konstrukteur John Browning nahm diesen Gedanken auf, nannte ihn ››Walking Fire[10]‹‹ und produzierte seine eigene Waffe hierfür. Es war ein Selbstladegewehr, das Browning Automatic Rifle oder BAR, das nur noch für wenige Wochen vor Kriegsende an der Westfront Verwendung fand. Nach dem Kriege wurde es von einer Reihe von Ländern übernommen und zur Standardunterstützungswaffe des US-Infanteriezuges. So zog 1941 das US-Heer zum zweiten Mal mit in den Krieg. Es bewährte sich nie so recht, obwohl es von den Amerikanern immer hoch geschätzt wurde, möglicherweise mehr aus Nationalstolz als aus realistischer Einschätzung. Das BAR ist ein klassisches Beispiel für Kompromisse, wo letzten Endes keine der Anforderungen erfüllt werden. Als leichtes Maschinengewehr war es zu schwach und sein 20-Schuß-Magazin viel zu klein. Das hatte man bereits 1918 erkannt und ein 40-Schuß-Kastenmagazin geschaffen, das lediglich für die Fliegerabwehr gedacht war, weil sich die Waffe mit diesem größeren Magazin nur schlecht mit einem Zweibein einsetzen ließ. Als Gewehr war es zu schwer und besaß nur wenige Vorteile gegenüber dem Garand. Später während des Krieges wurde der Aberdeen Proving Ground mit einer Untersuchung der Möglichkeiten eines größeren Magazins und der Einrichtung für Dauerfeuer für das Garand beauftragt. Das hätte eigentlich das Ende des BAR bei seiner Verwendung im Infanteriezug bedeutet, was aber nicht eintrat. Das BAR blieb mit der gleichen Werteinschätzung durch die Amerikaner bis zum Ende des Koreakrieges in den Streitkräften.

Die Verwendung des BAR während des Krieges war äußerst beeindruckend, da es von den US-Truppen auf allen Kriegsschauplätzen geführt und 1940 in beschränkter Anzahl bei der britischen Home Guard Verwendung fand. Nach dem Kriege wurde eine große Anzahl an befreundete Länder verkauft und während der meisten kleineren Kriege seit 1945, einschließlich der Kämpfe in Vietnam, eingesetzt. In den USA produzierten verschiedene Auftragnehmer im Zweiten Weltkrieg und im Koreakrieg über 350 000 BAR. Darüber hinaus stellten die FN-Fabrique Nationale in Belgien und die Carl Gustafs Stads Gevärsfaktori in Schweden einige tausend her.

Die Marineinfanterie wich bei der Waffenbeschaffung wie üblich ab und entschied sich für das Konzept eines echten leichten Maschinengewehrs, das in ihre taktische Doktrin paßte. Als einziges war in den späten dreißiger Jahren das Johnson-LMG verfügbar, ein größerer Bruder des Johnson-Gewehres, das sie übernommen hatte. Zweifellos handelte es sich beim Johnson um eine hervorragende Waffe mit vielen wünschenswerten Vorzügen. Mit größerer Unterstützung des Heeres hätte hier eine sehr schlagkräftige Waffe entwickelt werden können. Lange nach dem Kriege wurden begrenzte Stückzahlen in Israel als Dror hergestellt. Obwohl für die Einsatzbedingungen in der Wüste nicht besonders geeignet, war die Waffe vollkommen verwendungsfähig. Trotz ihrer leichten Empfindlichkeit eignete sie sich scheinbar auch für die Marineinfanterie. Immerhin konnte sie schnell und einfach zerlegt werden, was sie für den Einsatz beim Fallschirmabsprung attraktiv machte. Ein Fallschirmjäger trug im Jahre 1941 bei einem Absprung in Quantice eine zerlegte Waffe in einer Waffentasche. Neunzig Sekunden nach dem Aufsetzen war sie bereits feuerbereit. Etwa 10 000 wurden gefertigt und Einheiten der Marineinfanterie, der OSS und der First Special Force der US-Army[11] zur Verfügung gestellt. Die Marineinfanterie kämpfte mit ihr höchst erfolgreich im Pazifik und bedrängte ständig das Heer, sie eben-

Unten: Ein Browning-Selbstladegewehr im Bug gibt 1943 bei einer Landung im Pazifik Feuerschutz.

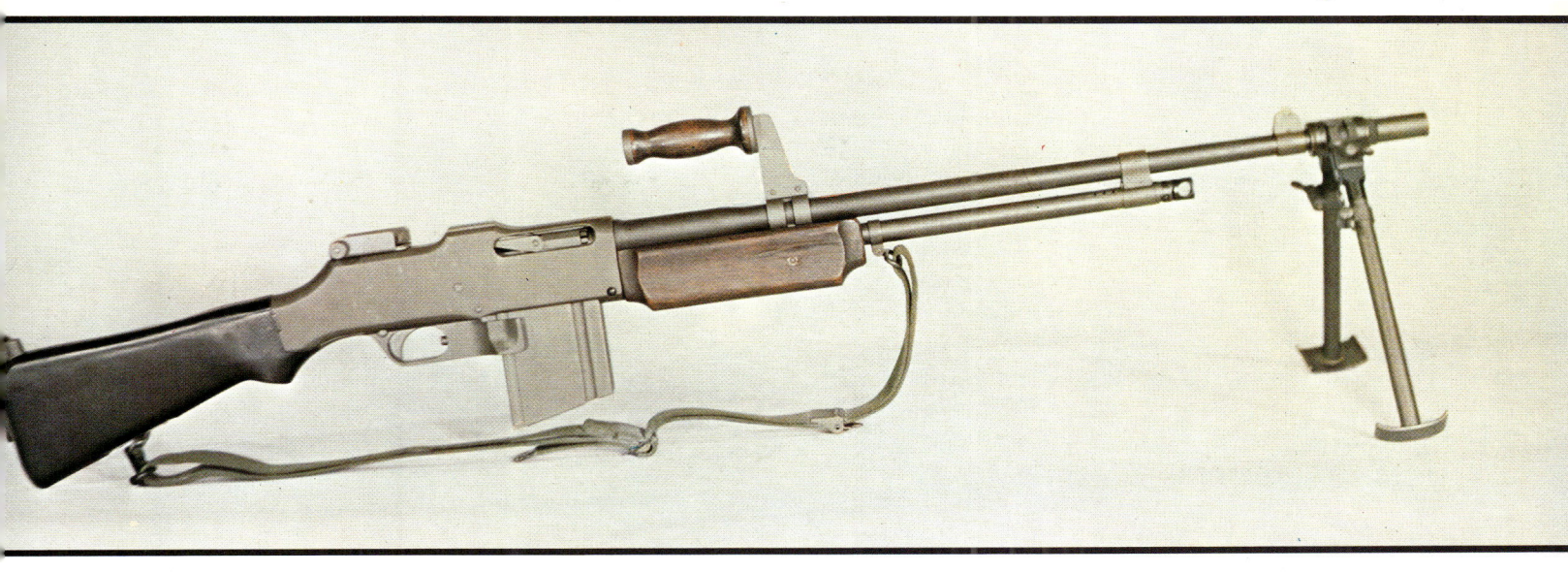

Browning-Selbstladegewehr (BAR)

Munition	.30 inch M 1906 (7,62 mm)
Länge	1 219 mm
Gewicht, ungeladen	7,28 kg
Lauflänge	610 mm
Magazin	20-Schuß-Kastenmagazin
Feuergeschwindigkeit	500 S/min
Mündungs-	
geschwindigkeit	807 m/sek

falls einzuführen. Das Heer erteilte stets die gleiche Antwort: ››Auf dem Gebiet der Handfeuerwaffen ist das Marine Corps ein Abnehmer des Ordnance Corps. Deshalb muß der Annahme einer automatischen Schulterwaffe, die keine Standardwaffe des Heeres ist, entgegengewirkt werden. Und trotz ständiger Verbesserung am Johnson ruhte damit die Angelegenheit weiter.

Das leichte Maschinengewehr und das Gewehr von Johnson arbeiteten nach dem gleichen Rückstoßprinzip, aber beim ersteren erfolgte die

Munitionszuführung durch ein 20-Schuß-Kastenmagazin an der linken Seite des Waffengehäuses. Beide Waffen besaßen die gleiche Ladeeinrichtung, bei der das Magazin von rechts immer wieder aufgefüllt werden konnte. Somit hatte der Schütze stets genügend Reservemunition zur Verfügung, und das seitlich angebrachte Magazin war anscheinend für keinen Schützen hinderlich. Die US-Army First Special Force behauptete: ››Pfund für Pfund ist das die wertvollste Bewaffnung, die eine Einheit je besessen hat.‹‹ Aber auch diese Untermauerung konnte die offizielle Anerkennung für das Johnson nicht bewirken und es verschwand 1945 aus den Streitkräften.

Für das Heer blieb das Maschinengewehr das Browning. Mit seinen Entwicklungen des BAR und des wassergekühlten mittleren Maschinengewehrs übertraf Browning im Jahre 1917 alle und von da an waren diese Waffen vorherrschend. Brownings mittleres Maschinengewehr glich dem Maxim sehr, was auch für den Antrieb, der auf dem Rückstoßprinzip beruhte, galt. Aber aus Patentgründen mußte Browning den Kniegelenkverschluß des Maxim vermeiden, und er ersann eine einfachere und leichtere Verriegelungsmethode, bei der er ein vertikales Verriegelungsstück verwendete. Zur Verriegelung des Laufes mit dem Verschlußstück wurde es nach oben geschoben und anschließend während des Rückstoßes wieder aus der Verriegelung herausgedrückt. Der Lauf war wassergekühlt und das Waffengehäuse groß und rechteckig. Die Waffe ruhte auf dem Dreibein. In seiner Leistungsfähigkeit entsprach es der 30-06

Patrone des Maxims. Der einzige augenscheinliche Unterschied bestand darin, daß die Bedienungshandhabung durch einen Pistolengriff und einen Abzug ersetzt waren. Bei der Waffe konnte man entweder einen Hanf- oder Metallgurt verwenden. Es hatte genau die gleichen Aufgaben wie die mittleren Maschinengewehre anderer Armeen zu erfüllen. 1918 wurde es mit großem Erfolg eingesetzt und 1919 gab es eine Version für die Kavallerie mit einem schweren luftgekühlten Lauf, die man auch in Panzerfahrzeuge einbaute. Schnell fand man heraus, daß Luftkühlung fast genauso gut wie Wasserkühlung war und zugleich den Vorteil einer erheblichen Gewichtsverminderung brachte. Demzufolge führte man es auch bei der Infanterie zur Ergänzung der wassergekühlten MG ein. Bei Beginn des Zweiten Weltkrieges wurden beide Versionen nebeneinander verwendet. Als sich die Produktion erhöhte, modifizierte man die schweren, wassergekühlten MG entweder oder überführte sie in Reservebestände. Gegen Ende des Krieges war praktisch jedes Browning bei der Infanterie luftgekühlt.

Ein Kuriosum im sonst üblichen Konzept der Brownings bildete die sogenannte leichte Version, die ihre Modellbezeichnung im Februar 1943 erhielt. Seit Beginn des Zweiten Weltkrieges waren starke Forde-

Links: Ein bei einer gepanzerten Einheit eingesetztes, luftgekühltes Browning M 1919 A 4 sichert eine Straße in Frankreich, 1944.

rungen nach Gewichtsverminderung bei den Brownings, oder aber nach Einführung eines echten leichten Maschinengewehrs laut geworden. Dem Verlangen nach einem neuen Maschinengewehr wurde vom Beschaffungsamt zweifellos aus Produktionsgründen nicht entsprochen. Selbst der Zustimmung zu einer leichteren Version des Brownings bedurfte es einigen Drucks. Als sie endlich erschien, stellte sie sich als höchst unglücklicher Kompromiß heraus.

Die Waffe erinnerte an das deutsche Maxim-Modell von 1915. Durch eine neue Lauflagerung und eine Änderung am Waffengehäuse wurde sie etwas leichter. Als Neuerung besaß die Waffe einen Kolben, vorn am Lauf ein Zweibein, rechts einen kleinen Pistolengriff und sonst nicht viel mehr. Das US-Ordnance-Corps verfolgte allgemein während der Prüfungen und Schwierigkeiten im Zweiten Weltkrieg einen vernünftigen und beständigen Kurs, aber bei dieser Gelegenheit versagte es. Schlimm genug, daß die Waffe wegen mangelnder Rückstoßkraft nicht richtig

Maschinengewehr, Kaliber .30 in M 1919 A 4

Munition	.30 inch M 1906 (7,62 mm)
Länge	1 041 mm
Gewicht, ungeladen	14,04 kg
Lauflänge	610 mm
Munitionszuführung	250-Schuß-Textilgurt
Feuergeschwindigkeit	500 S/min
Mündungs- geschwindigkeit	853 m/sek

funktionierte, sie war außerdem auch weder leicht noch gut zu tragen. Mit 14,74 kg hatte es ein um ganze 50 % (ungeladen) höheres Gewicht als irgendein anderes zeitgenössisches leichtes Maschinengewehr. Wenn man dazu einen Gurt mit 250 Schuß hinzufügt, ist das Konzept absurd. Das stellte man bald fest. Nur wenige sind hergestellt und noch weniger im Kampf eingesetzt worden.

Die anderen Browning waren fraglos nachhaltige Erfolge. Der einfache Mechanismus war problemlos und konnte den Forderungen nach einer schnellfeuernden Flugzeugbewaffnung leicht angepaßt werden. Alle britischen und amerikanischen Flugzeuge des Zweiten Weltkrieges trugen diese Browning-MG's. Die USA verwendete hauptsächlich die .5 Zoll-(12,7 mm)-Version, die man am Ende des Ersten Weltkrieges ent-

wickelt hatte. Mit diesem Kaliber war es als schwerere Unterstützungswaffe für die Infanterie gedacht und eine effektivere Fliegerabwehrwaffe als das Kaliber .30. Seine Hauptverwendung fand es aber in Panzern und Flugzeugen. In jeder Beziehung war es eine vergrößerte .30 mit einem Ölstoßdämpfer für das Abfangen des Rücklaufes des Verschlusses

Mitte: Auf einem Jeep montiertes Browning M 2 HB .50 in Frankreich.

Unten: Ein im Kampf gegen japanische Stellungen eingesetztes Browning M 2 HB auf Guadalcanal 1942.

und einem stärkeren Abzugstollen. Die Munition besitzt eine interessante Geschichte, weil die 1918 durch Winchester entwickelte Normalpatrone sich als zu schwach erwies. Schließlich wurde die deutsche Mauser-12,7-mm-Munition für Panzerbüchsen als Muster genommen. Die daraus resultierende Winchester-Munition ist noch immer eine fast identische Kopie der Mauser von 1917, die innerhalb weniger Monate schnellstens entwickelt wurde, als die ersten Tanks über die deutschen Schützengräben hinwegrollten.

Während der zwanziger Jahre erhielt das .5-Browning — wie auch alle anderen — einen leichteren luftgekühlten Lauf, und in dieser Form wurde es im Zweiten Weltkrieg verwendet. Hauptsächlich baute man es in Fahrzeuge ein. Als spät im Jahre 1942 der Jeep erschien, war es üblich, ein .5-Browning auf ein Säulengestell in der Mitte seiner Ladefläche zu montieren. Es wurde auch in der schweren Kompanie des Bataillons für allgemeine Unterstützungsaufgaben benutzt. Diese Verwendung behielt es bis in die späten fünfziger Jahre, um anschließend wieder ausschließlich in Panzer eingebaut zu werden. Die verhältnismäßig niedrige Schußfolge war einer seiner Nachteile, ausgenommen beim Zielschuß. In der Rolle als Fliegerabwehrwaffe, die darin besteht, daß eine besonders dichte Feuergabe abgegeben werden muß, um einige wenige Treffer zu erzielen, wurde das besonders deutlich. Das .5-Browning spielte außerdem in den Überlegungen des Heeres eine große Rolle, wo die Überzeugung bestand, daß kein Anti-Tank-Gewehr erforderlich sei, während diese sich in europäischen Heeren ständig vermehrten. Man ging davon aus, daß das Browning ebenso effektiv wie jedes Gewehr sein würde. Im Hinblick auf den Ursprung der Munition erscheint das als ein unbedingt vernünftiges Argument. Tatsächlich war zur Zeit, als die USA in den Krieg eintraten, der Gedanke der Anti-Tank-Gewehre

Browning .50

Munition	.50 inch (12,7 mm)
Länge	1 653 mm
Gewicht, ungeladen	38,22 kg
Lauflänge	1 143 mm
Munitionszuführung	110-Schuß-Metallgurt
Feuergeschwindigkeit	500 S/min
Mündungsgeschwindigkeit	898 m/sek

Luftgekühltes Browning .30

Munition	.30 inch M 1906 (7,62 mm)
Länge	978 mm
Gewicht, ungeladen	14,97 kg
Lauflänge	610 mm
Munitionszuführung	230-Schuß-Textilgurt
Feuergeschwindigkeit	500 S/min
Mündungsgeschwindigkeit	853 m/sek

schon überholt. Das Browning wurde selten für die Panzerbekämpfung eingesetzt, erwarb aber einen beneidenswerten Ruf bei der Vernichtung von leicht gepanzerten Fahrzeugen und Lastkraftwagen, besonders in der Wüste und Italien.

Zusammenfassend kann festgestellt werden, daß die amerikanischen Grundsätze bei Maschinengewehren im Zweiten Weltkrieg weder besonders abenteuerlich noch erfinderisch waren. Zumindest der Autor wird dem Fehlen eines leichten Maschinengewehrs und den halbherzigen Anstrengungen, eines zu finden, stets kritisch gegenüberstehen. Aber die Hauptüberlegungen des Ordnance Corps gingen dahin, daß sie einige gute Konstruktionen besaßen. Man zog aus ihnen den maximalen Nutzen und wurde nicht durch fortwährende Modifikationen und Änderungen abgelenkt. Das ist ein fester Grundsatz für jeden Beschaffer von Ausrüstung. Das Übel besteht darin, daß nur sehr wenige daran festhielten.

1 Anm. des Übers.: In der deutschen Soldatensprache wurde der Ausdruck Taschenflak gebraucht.
2 Anm. des Übers.: Heimwehr.
3 ibd.: Etwa Chef der Feldgendarmerie (Militärpolizei) im Generalsrang.
8 Anm. des Übers.: Thompson Maschinenpistole.
9 Anm. des Übers.: Fettpresse oder Konditorspritze.

4 Anm. des Übers.: etwa Beschaffungsamt.
5 Anm. des Übers.: etwa Zeughäuser.
6 ibd.: Britische Einkaufskommission.
7 Anm. des Übers.: OSS: Office of Strategic Services.
10 Anm. des Übers.: Vorrückendes Feuer.
11 Anm. zu Spezialeinheit des VS Heeres.

Begriffserläuterungen

1. **Auswerfen** Funktionsvorgang in einer Handfeuerwaffe, bei dem die leere Patronenhülse nach dem Ausziehen aus dem Patronenlager ausgeworfen wird.
2. **Ausziehen** Funktionsvorgang, bei dem die leere Patronenhülse aus dem Patronenlager herausgezogen wird. Während des Vorganges wird während der ersten Phase die Hülse aus dem festen Kontakt mit der Wandung des Patronenlagers gelöst und während der zweiten Phase vollständig herausgezogen.
3. **Bajonett** Eine Waffe mit kurzer Schneide, die für den Nahkampf an der Gewehrmündung angebracht werden kann. Meist handelt es sich um ein Messer mit zweischneidiger Klinge, das am Lauf aufgepflanzt wird oder in einigen seltenen Fällen fest an der Waffe angebracht ist und beim Tragen abgeklappt werden kann.
4. **Ballistik** Die äußere Ballistik behandelt die Bewegung des Geschosses vom Verlassen der Mündung bis zum Ziel. Die innere Ballistik befaßt sich mit der Bewegung des Geschosses innerhalb der Waffe.
5. **Ballistit** Ein Treibmittel bestehend aus einer Mischung von Nitrozellulose und Nitroglyzerin, die 1888 von Nobel erfunden wurde.
6. **Detonation** Von starker Gasbildung und lautem Knall begleitete chem. Umsetzung. Sie wird durch eine Stoßdruckwelle eingeleitet. Die Detonation wird durch Initialsprengstoffe ausgelöst.
7. **Felder** Die zwischen den im Lauf eingeschnittenen Zügen stehengebliebenen Teile.
8. **Funktionstelle** Unter den Funktionsteilen eines Gewehrs versteht man gewöhnlich das Waffengehäuse, den Verschluß und die Abzugsvorrichtung.
9. **Geschoßflugbahn** Die Bahn, die das Geschoß vom Verlassen der Laufmündung bis zum Aufschlagpunkt beschreibt.
10. **Gipfelpunkt** ist der höchste Punkt der Geschoßflugbahn.
11. **Handschutz** Schutzverkleidung, die den Lauf unmittelbar hinter dem Patronenlager an der Stelle umgibt, an der die Waffe beim Schießen durch die linke Hand gestützt wird.
12. **Kaliber** Der Durchmesser des Laufes von Feld zu Feld gemessen.
13. **Karabiner** Ein kurzes Gewehr, ursprünglich für berittene Truppen gedacht, ausgestattet mit den Gewehrriemen und Karabinerhaken, wie sie zum Einsatz vom Sattel aus erforderlich waren.
14. **Kordit** Das erste britische rauchlose Treibmittel bestehend aus Nitrozellulose und Nitroglyzerin, in lange Stränge geformt.
15. **Leuchtspurmunition** Munition, bei der am Ende des Geschosses ein hell brennender Leuchtsatz angebracht ist.
16. **Nachbrenner** Eine Patrone, die nicht unmittelbar beim Schlag durch den Schlagbolzen zündet.
17. **Patronenrahmen** Ein Metallrahmen, der gewöhnlich fünf Patronen für das Magazin eines Gewehrs enthält. Mittels dieses Patronenrahmens können mit einer Ladebewegung alle fünf Schuß geladen werden. Beim Schließen des Verschlusses wird der Patronenrahmen ausgeworfen. Ein Ladestreifen erfüllt die gleiche Funktion. Der Ladestreifen fällt durch eine Öffnung unterhalb des Magazins heraus. In den USA ist Ladestreifen die bevorzugte Bezeichnung und gilt für beide Typen.
18. **Revolver** Eine Faustfeuerwaffe mit einer Anzahl von Läufen oder mit einer Trommel mit mehreren Patronenlagern, die nach jedem Schuß in Abfeuerstellung gedreht werden. Gewöhnlich versteht man darunter eine Faustfeuerwaffe mit fünf oder sechs Patronenlagern.
19. **Rohrseele** Das Innere des Laufes von der Ladeöffnung bis zur Mündung.
20. **Rückstoß** Die Rückwärtsbewegung einer Waffe beim Schuß.
21. **Rückstoßprinzip** Einfachstes Funktionssystem für automatische Waffen.
22. **Schaft** Die Holzteile eines Gewehrs oder Maschinengewehrs.
23. **Selbstladepistole** Auch als automatische Pistole bekannt. Jede Pistole, bei der die Kraft der Treibladung für den automatischen Ladevorgang ausgenutzt wird.
24. **Treibladung** Die Menge des Treibmittels in der Patronenhülse.
25. **Übergangskegel** Der konische Teil der Laufbohrung zwischen dem Patronenlager und der Laufseele.
26. **Verschluß** Vorrichtung für die Verriegelung des Patronenlagers am Ende des Laufes.
27. **Verschlußabstand** Zwischenraum zwischen Stirnfläche des verriegelten Verschlusses und hinterem Laufende.
28. **Visierwinkel** ist der Winkel zwischen der Visierlinie und Seelenachse der auf das Ziel gerichteten Waffe.
29. **Zündhütchen** Zündmethode bei modernen Patronen. Das Zündhütchen, gewöhnlich aus Kupfer, befindet sich in der Mitte des Hülsenbodens und wird durch mechanischen Schlag durch einen Schlaghammer oder Schlagbolzen zur Entzündung gebracht. Durch eine entstehende Stichflamme wird das in der Patronenhülse befindliche Treibmittel entzündet.

Quellenverzeichnis

BARKER A. J., *British and American Infantry Weapons of World War II*, Arms & Armour Press, London 1969.

BARKER A. J. & WALTER J., *Russian Infantry Weapons of World War II*, Arms & Armour Press, London 1971.

BENUSSI G., *Armi Portatili, Artigliere e Semoventi del Regio Esercito Italiano 1900 to 1943*, Intergest, Milan, 1975.

CHINN G. !, *The Machine Gun* — 4 vols., Government Printing Office, Washington DC, 1951 - 4.

ELLIS C. & CHAMBERLAIN P., *Handbook on the British Army 1943*, Arms & Armour Press, London, 1976; Hippocrene Books, New York, 1976.

HOBART F. W. A., *A Pictorial History of the Submachine-gun*, Ian Allen, London, 1973

HOGG I. V., *The Encyclopedia of Infantry Weapons of World War II*, Arms & Armour Press, London, 1977.

HOGG I. V., *German Pistols and Revolvers, 1871 - 1945*, Arms & Armour Press, London 1970; Galahad Books, New York, 1971.

HOGG I. V. & WEEKS J., *Military Small Arms of the Twentieth Century*, Arms & Armour Press, London, 1978; Digest Books, Northfield, Ill., 1972.

JOHNSON G. B. & LOCKHOVEN H. B., *International Armament*, — 2 vols., International Small Arms Publishers, Cologne, 1965.

McLEAN D. B., *German Infantry Weapons*, Normount Armament Co., Forest Grove, Oreg., 1968.

MUSGRAVE D. D. & NELSON T. B., *The World's Assault Rifles and Automatic Carbines*, T.B.N. Enterprises, Alexandria, Va., 1967.

NELSON T. B., *The World's Submachine-guns*, International Small Arms Publishers, Cologne, 1963.

REYNOLDS E. G. B., *The Lee-Enfield Rifle*, Herbert Jenkins, London, 1960.

SMITH W. H. B. & SMITH J., *The Book of Rifles*, The Stackpole Co., Harrisburg, Pa., 1972.

SMITH W. H. B. & SMITH J., *The W.H.B. Smith Classic Book of Pistols and Revolvers*, The Stackpole Co., Harrisburg, Pa., 1968.

SMITH W. H. B., *Small Arms of the World*, Arms & Armour Press, London, 1978; The Stackpole Co., Harrisburg, Pa., 1946.

US WAR DEPARTMENT, *Handbook on German Military Forces* — reprinted by The Military Press, 1970.

THE WAR OFFICE, *Textbook of Small Arms*, HMSO, London, 1929.

WEEKS J., *Infantry Weapons*, Pan Books, London, 1972; Ballantine Books, New York, 1971 — reprinted 1975.

WILSON R. K. & HOGG I. V., *Textbook of Automatic Pistols*, Arms & Armour Press, London, 1975; The Stackpole Co., Harrisburg, Pa., 1975.

Stichwortverzeichnis

Die Hauptseitenangaben sind in fetter Schrift, die Bildangaben in kursiver Schrift gesetzt.

››Abschmierpistole‹‹, 134

Anti-Tank-Gewehre (Panzerbüchsen), 11, 39 bis 41, *56 - 57*, 70 - 71, 91, 119 - 121, 141

Arisaka-Gewehre,
Modell 1905 *58, 59*, 61, *62, 63*
Modell 99, *59*, 61 - 64
Typ 97, **64**

Artillerie, 11

AVS 36 (Simonow) Selbstladegewehr, 105, **109 - 110**

AVT (Tokarew) Automatisches Gewehr, 111

Bajonett, 8, *9*, 11, *59*, 61, *65*, 68, *79*, 80, 83, 98, 108, *109*

Beretta Pistolen, 42
Modell 1916, *45*, 46
Modell 1922, 1923 u. 1931, **46**
Modell 1934, *455* 46
Modell 1935, 46

Beretta Maschinenpistolen, 33, 42, *65*
Modell I, 50
Moschetto Automatico Modello 1918 (MAB 18) **48**
Modell 1938 (A) **48 - 49**, *48, 49*
Modell 1938/42, 42, **49 - 50**, *49*

Bergmann Maschinenpistole, **30 - 31**, 48, 64, *65*, 83

Berthier, 100
Karabiner, *93, 97*, 98
Gewehr, **97 - 98**

Birmingham Small Arms (BSA) Company, 72, 83, 84, 91

Borchardt, Hugo, 22

Boys Anti-Tank-Gewehr, *90*, 91

Breda Maschinengewehre, 42
Modell 1924, 50
Modell 1930, 50, **51 - 52**, *51, 52*, 54
Modell 1937, **54 - 55**, *55*

Bren Leichtes Maschinengewehr, 7, 14, 33, 73, 80, 84, **85 - 86**
Mark I, *87*
Mark II, *87*

Browning 9 mm (Modell 35 oder à Grande Puissance), *76*, 77

Browning, Automatisches Gewehr (BAR), 11, 100, 123, 136, *136, 137*

Browning, John, 119, 124, 136

Browning Maschinengewehre, 103, 123
luftgekühlt (M1919A4), *17, 138*, **139**, *139, 141*
leichte Version, **139 - 140**
wassergekühlt, *11, 17*, **138 - 139**
.30, **140 - 141**, *141*
.50, **140 - 141**, *140*

Carcano Gewehr,
Karabiner, 48, 49
Granatwerfer, **47 - 48**
Mauser-Kaliber, 47
Modell 1891, 42, *43*, **46 - 47**, *46, 47*
Modell 1891/38, *47*

Chatellerault Modèle 24/29 Leichtes Maschinengewehr, 92, **100 - 103**, *100, 101*

Chauchat Maschinengewehr, 92, 100, 136

Colt M 1911AI Selbstladepistole, 93, *93*, 94, 107, **124**, *124, 125*

Colt .45 Revolver, 76

Degtjarew, Wassily, 104, 111, 115 - 117, 119, 120

DP 28 Leichtes Maschinengewehr, *112*, 115 bis 118, *116*

Dreyse Maschinengewehr, *35*

Enfield Revolver Nummer 2, **74 - 76**, *75*
Mark 2, 76

Erma Maschinenpistolen, **31 - 33**

Fallschirmjäger-Gewehr Modell 1942 (FG 42) Sturmgewehr, 19, **26 - 29**, *27, 28*

Fiat, 50

Fiat-Revelli Maschinengewehr (s. Revelli)

FNAB Maschinenpistole, 50

››Gangster-Waffe‹‹, 10, 83

Garand MI Selbstladegewehr, 7, 10, 11, 24, 26, 64, 80, *93*, 122, *123*, 127, **128 - 130**, *128, 129, 131*, 136

Gasdruckladesystem, 14, 54, 86, 100, 110, 116, 119, 128

Gewehr 41 (G 41) Selbstladegewehr, 26, 27, *27*, 111

Gewehr 43 (G 43) Selbstladegewehr, 19, **26**, 27, *27*, 80, 111

Gewehre, 7 - 11, 14, 16, 19, 20, 83
Anti-Tank (s. Anti-Tank-Gewehre)
Sturmgewehre, 10, 11, 27 - 29
Zylinderschloßgewehre, 7, 12, 26, 46, 61, 73, 79, 96, 98, 126, *127*
Handlader, 7, 12, 23 - 26, 46 - 48, 61 - 64, 77 - 80, 95 - 98, 107 - 109, 126 - 128
Herstellungsmethoden, 11
Selbstlader, 7, 10, 19, 26 - 29, 64, 77, 79, 109 - 111, 126, 128 - 132

Glisenti 1910 9-mm-Patrone, 44, 45, 48

Glisenti Modell 10 1910 Selbstladepistole, **44 - 45**, *44*, 53, 60

Goryunow, Peter Maximowitch, 119

Granate, 8, 47, 123

Granatwerfer, 8

Gurtzuführung, 16, 18

Haenel Selbstladegewehr, 19, **29**, *29*

Hotchkiss Maschinengewehre

Modèle 1897, 66
Modéle 1897, 66
Modèle 1914, *59, 92, 102*, 103, *103*

Johnson Leichtes Maschinengewehr, **136 - 138**

Johnson Selbstladegewehr, **132 - 133**

Kalashnikow AK 47 Sturmgewehr, 11, 109

Kanone, 8
Maschinenkanone, 8

Karabiner, 21, *23, 93, 97*, 98, 108, *108*, 122, *128*, 130

Kyunana Shiki Modell 97 (1937) Anti-Tank-Gewehr, *59*, **70 - 71**, *71*

Lanchester Maschinenpistole, **83**

Lauf, Beschreibung, 12
Kühlung, 15

Lebel Revolver, 95

Lebel Gewehr, 7, 92, *93*, **96 - 97**, *96*

Lee-Enfield Gewehre, 72, 98
Kurzes Magazin Lee-Enfield (SMLE), 7, 73, 79, 127
Nr. 1, Mark 3, 77
Nr. 4, *73, 77, 78*, 79 - 80, *81*
Nr. 5, 80, *81*

Lehky Kulomet ZB 30 Maschinengewehr, 39, *39*

Lewis Leichtes Maschinengewehr, 7, 70, 72, **84 - 85**, *85*

Luftlandetruppen, Fallschirmjäger, 10, 20, 26, *28*, 50

Luger Parabellum-08-Pistole, 7, 20, *21*, **21** bis 22, *22*, 44, 60, 76

M 1 Karabiner, *123, 128*, **130 - 132**, *132*

M 1 Gewehr (s. Garand)

M 3 A 1 Maschinenpistole, **134**, *135*

M 35 Anti-Tank-Gewehr, 57

M 60 Maschinengewehr, 27

Maschinengewehre, 11, *11*, 12, 14, 15, 16, 17, 17, 18, 19, *19*, 34 - 39, 50 - 55, 66 - 70, 84 - 90, 100 - 103, 115 - 119, 136 - 141
Kühlung, **14**, 15
Allzweck, 18
schwere, 19
leichte, 7, 14, 16, 17, 37, 42, 50, 66, 68, 69, 80, 86, 100, *112*, 115, 136, 139, 141
mittlere, 50, 68, 70, *88*, 90, 92, 138

Magazinzuführung, 16, 18
Trommelzuführung, *16*, 17, 33, 111, 117, 134

Mannlicher-Parravicino-Carcano Gewehr (s. Carcano)

Mannlicher Gewehr, 26

Manufacture d'Armes de Saint-Etienne (MAS), 94, 98, 99

Marengoni, Tullio, 48

MAS Selbstladepistolen

143

Modèle 1935 A, 93, **94**, *95*
Modèle 1935 S, **94**
MAS 35, *95*
MAS 36 Gewehr, 92, 93, **98**, *98*
MAS 38 Maschinenpistole, 93, **99 - 100**, *99*
Maschinengewehr 34 und 42 (s. MG 34, 42)
Maschinen-Karabiner Modell 1942 (s. MK 42)
Maschinenpistolen, 7, 10, *10*, 11, *13*, 16, *16*,
17, 19, *19*, 30 - 33, 48 - 50, 64 - 65, 73, 77,
77, 81 - 84, 98 - 100, 111 - 115, 133 - 135
Herstellungsmethoden, 11, 19
Funktionsweise, 14, 15
Mauser, 19, 22, 23, 35, 44, 46, 47
Mauser C 96 Pistole, 20, *20*, **21**, 76, 107
Mauser Gewehre (s. Modell 98, 98 K), 7, 19,
22 - 26, 39, 40, 59, 61, 126
Panzerbüchse, 39, 40, 57, 91, 120, 141
österreichische Version, 26
tschechische Version, 26
Mauser Selbstladegewehr, 26
Maxim, Hiram, 16
Maxim Maschinengewehre, 15, 22, 39, 53, 90,
115,
118 - 119, 138
Maxim 08/15, **34 - 35**, *34*, 139
russisches Modell (s. PM Modell 1910)
MG 34 Maschinengewehr, 7, 17, 18, *19*, 35
bis 37, *35*, 36, 39
MG 42 Maschinengewehr, 15, 17, 18, 37 - 39,
37, *38*
MK 42 Sturmgewehr, **29**, *29*
Modell 17 ››Enfield‹‹ Gewehr, **127 - 128**
Modell 98 Karabiner (98 K), 8, **23 - 24**, *23*, *24*,
26, 29, 61
Modell 98 Gewehr, 23, **24**, *25*, 126
Modell 1, 2 und 3 Maschinenpistolen, 64
Modèle D'Ordonnance 1892 Revolver, **94**, *94*
Mörser, 7, 8, 19, 123
Moissin Nagant Gewehr, *104*, 105
Modell 1891, **107 - 108**
Modell 1891/30, **108 - 109**, *108*, *109*, 111
Karabiner M 91/30 und 38, **108**, *108*
Mondragon Selbstladegewehr, 26
MP 18 Maschinenpistole, **30 - 31**, *30*, 83
MP 28 Maschinenpistole, **30 - 31**, *30*, *31*, 83,
111
MP 34 und 35 Maschinenpistolen, *30*, 31, 83
MP 38 und 40 Maschinenpistolen (››Schmei-
ßers‹‹), 7, *19*, **31 - 33**, *32*, 39, 50, 83, 84,
134
MSS 41 Anti-Tank-Gewehr, *41*
Nagant Modèle 1895 Revolver, **106 - 7**, *106*
Nambu Selbstladepistole,
04, **60**, *60*
››Baby‹‹, 60
Nambu, Kijiro, 59, 60, 66 - 68
Ölsysteme für Munition, 52, 54, 66, 68
Owen Gewehr, 48

Panzerbüchse (s. PzB)
Parabellum 08 Pistole (s. Luger)
Patronen, 12
Glisenti 1910 9 mm, 44, 45, 48
Lebel 8 mm, 92, 97, 98, 100, 103
Herstellung, 11, 12
mittelstarke, 10, 11, 29
Parabellum 9 mm, 15, 20, 22, 44, 45, 48,
74, 84
Pistole, 14, 15
Gewehr, 11
Maschinenpistole, 14
.30 - 06, 123, 127, 128, 139
.303 in., 72, 80, 86, 108
PIAT (Projector, Infantry, Anti-Tank), 91
Pistolet Pulemyot (s. PPS-43, PPSh-41)
Pistolen, 8, 16, 18, 19
Selbstlader, 8, 14, 15, 20 - 22, 44 - 46, 60
bis 61, 77, 94 - 95, 107, 124
Revolver, 7, 8, 12, 74 - 76, 94, 106 - 107,
125 - 126
PM Modell 1910 Maxim Maschinengewehr,
105, *117*, **118 - 119**, *118*
PPD 40 Maschinenpistole, 111
PPS 42 und 43 Maschinenpistolen, 105, **113**
bis 115, *114*, *115*
PPSh-41 Maschinenpistole, 17, 33, *104*, 105,
111 - 113, *112*, *113*
PTRD Anti-Tank-Gewehr, **120 - 121**, *120*,
121
PTRS 41 Anti-Tank-Gewehr, **120**, *121*
PzB Modell 38, 39 und 40 Anti-Tank-Gewehr,
40 - 41, *40*, *41*, 120
Reising Maschinenpistole, **135**
Revelli Maschinengewehr, 42
Modell 1914, 50, **52 - 53**, *53*
Modell 1935, **53 - 54**
Revolver (s. Pistolen)
Rheinmetall, 35, 36
Royal Small Arms Factory, Enfield, 72, 74,
83, 86, 91
Ruby Selbstladepistole, 95
Rückstoß, Beschreibung des, 12
Verstärker, 14
System (Prinzip), 14, 21, 22, 37, 44, 138
Rückstoßlader, Funktionsweise, 14, *14*, 45, 53,
95, 111, 134
Schmeißer, Hugo, 30
Schmeisser Maschinenpistolen, 7, 30 - 33
Schrotflinten, 8
Schwarzlose Maschinengewehr, 39
SG 43 Maschinengewehr, *118*, 119
Shiki Kenju (Typ 94) Selbstladepistole, **61**, *61*
Shiki Kikantanju (s. Typ 100)
Shpagin, Georg, 105, 111
Simonow, Selbstladegewehr (s. AVS)
Smith & Wesson .38 Revolver, **76**, 125
.45, 76, **125 - 126**, *125*

Solothurn, 18, 35, 41
S. 18/100 Anti-Tank-Gewehr, 56
S. 18/1000 Anti-Tank-Gewehr, **56 - 57**, *56*
››Spandau‹‹ Maschinengewehr, 39
Springfield armoury, 122, 127, 130
Springfield M 1903 Gewehr, 71, **126 - 127**,
126, *127*
M 1903/A4, **127**, *127*
Sten Maschinenpistole, *49*, 72, 93, 111, 134
Mark I, 83
Mark II, 73, *82*, *83*, **84**
Mark III, **84**
Mark IV, 84
Mark V, **84**
Sterling Maschinenpistole, 84
››Stink-Spritze‹‹/››Stink-Pistole‹‹, 84
Sturmgewehr, Selbstlader, 19
Suomi Maschinenpistole, 64, 65, 83, 111
SVT (Tokarew) Selbstladegewehre, 105
SVT 38, **110 - 111**
SVT 40, 26, *110*, 111
Tokarew T 33 Selbstladepistole, **107**, *107*
Tokarew Selbstladegewehre (s. AVT, SVT)
Thompson (››Tommy‹‹) Maschinenpistole, 10,
13, *16*, 17, 77, *81*, 83, **133 - 134**, *133*
Type 01 (1941) Maschinengewehr, 66
Type 3 (1914), **66**, 67, 68
Type 11 (1922), *59*, *63*, **66 - 68**, *69*
Type 92 (1932), *59*, 66, 70
Type 96 (1936), 68, 70
Type 97 (1937), 70
Type 99 (1939), *59*, 68, *69*, 70
Type 100 Maschinenpistole, *59*, 65, *65*
Type 100 (1944 Version), 65, *65*
TZ-45 Maschinenpistole, 50

Ungarische Gewehre, 26
Vickers Gas Operated (VGO) Leichtes Ma-
schinengewehr, 89
Vickers Mittleres Maschinengewehr, 70, *88*,
89, *89*, 90, 103
Vickers-Berthier (VB) Leichtes Maschinenge-
wehr, 73, **86 - 89**
Villar Perosa Maschinenpistole, 48, 83
Walther P 38 Pistole, 20, 22, *22*
Walther Selbstladegewehr, 19, **26 - 28**
Webley 1923 Polizeirevolver, 74
Webley & Scott, 72
Webley & Scott Mark 6 Revolver, **74**, *74*
Winchester Repeating Arms Company, 122,
130, 132, 141
››Woolworth-Pistole‹‹, 84

ZB Maschinengewehre, 18, 68, 100, 117
ZB 26 und ZB 30, 39, *39*, 70, 80, 85, 86